U0095850

一線之間

流轉於民族歷史、流行象徵、身分認同的眼妝符號

EYELINER：
A CULTURAL HISTORY

ZAHRA HANKIR

扎赫拉・漢克爾——著　羅亞琪——譯

CONTENTS

前言 —— 005

導論 眼線筆記 —— 015

術語釋義 —— 025

Chapter 1 美人駕到
娜芙蒂蒂和眼線來到世上 —— 030

Chapter 2 禁忌民族
沃索節和沃達貝人 —— 080

Chapter 3 象徵反抗的眼線
伊朗的波斯眼線 —— 096

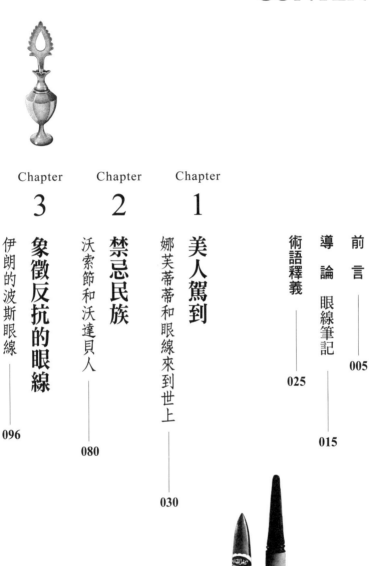

Chapter 4 佩特拉的海盜
約旦哈希米德王國的眼線文化 — 138

Chapter 5 不只是一種裝扮
喬洛文化的貓眼 — 162

Chapter 6 眼睛之舞
喀拉拉的卡塔卡利舞和南亞眼線 — 186

Chapter 7 藝伎的凝視
京都的目貼 — 216

Chapter 8 少了它感覺好赤裸
變裝皇后與眼線的改造力量 — 250

Chapter 9
回到黑暗
公眾眼中的艾美·懷絲和眼線 —— 286

Chapter 10
#彩繪眼線
網紅時代的眼線 —— 312

謝辭 —— 337

註釋 —— 341

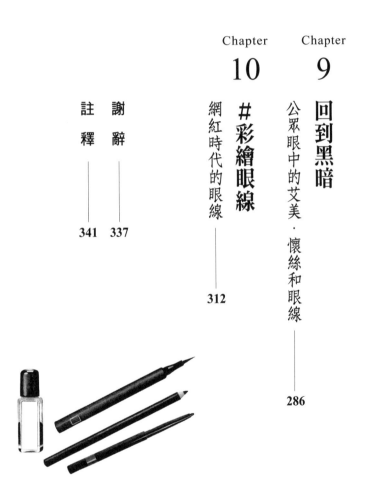

前言

我那時候肯定是十七歲左右，其實我不太確定。但是，我記得自己很沒安全感。當時，我母親把我拖去參加親戚的訂婚宴，根據伊斯蘭教的傳統，在這種宴會上男女必須隔離開來。在我的故鄉，也就是黎巴嫩（Lebanon）南部省的西頓，媽媽為了襯托她褐綠色的眼睛，在眼皮上畫上森林綠的眼線，內眼線則使用墨黑色的中東眼線。她只會在特殊場合這樣打扮，像是婚禮、朋友來家裡作客，或是我的追求者來家裡提親時（即使我不願跟這些追求者交流，但媽媽也還是支持我）。我常常看她化妝，她會非常謹慎、小心地做這件事，過程充滿儀式感，彷彿這不只是美容而已，也是超脫的時刻。她肩上扛著的重擔包括六個小孩、一份全職工作和全世界——由於這個國家總處於搖搖欲墜的狀態，她永遠都被混亂所圍繞。可是，她那隻畫眼線的手卻從不抖動，就好像世界暫停了，她會閉上一隻眼，穩穩地、精準地用中東眼線粉的刷具畫過內眼線，使上下兩條內眼線都沾上顏料。當她張開畫好的眼睛時，她的美總使我驚呼。

那晚的訂婚宴，她脫下花朵圖案的頭巾，用指尖把挑染的頭髮抓鬆，甩掉高跟鞋，然後跳了整晚的舞。她伸出修得漂亮的手，鼓勵我起身加入，但是我不太想要加入。所有的賓客都被她迷倒了，她似乎不經意搶了準新娘的風采。相較之下，我靜靜地坐在角落，除了眼線之外，臉上完全素顏，穿著也有些隨興。其他人跟我們打招呼時，會說我跟我的父親很像，意思是我遺傳了他黝黑且深邃的五官，看起來一點也不像我的媽媽，更沒有她那極具感染力的活力，而我只能幻想，無法實現那樣的自信。

我們一家人原本住在英國（United Kingdom），因為黎巴嫩發生內戰時，我的爸媽為了尋求安全和穩定的生活而出走。因此，我是在一九八〇年代的英國誕生的，直到黎巴嫩結束十五年幾乎使整個國家滅亡的內戰後，我們才搬回黎巴嫩南部。小時候住在英國北部一座會讓人產生幽閉恐懼症的城市時，擁有黎凡特（Levant）和埃及（Egypt）血統的我便明白，為了「同化」或「融入」這個以白人為主的群體，我必須把每一個層面的自我縮小。理論上，我對此完全沒有問題，因為我天生內向，寧可消失在背景之中，也不想被看見，可是，我們這家人很難不顯眼，不只是因為我們的長相。學校集會時，我跟四個兄弟會中途離席，因為我們的父母吩咐我們不可以唱基督教的聖歌，於是，我們每天都會跟同校其他幾個穆斯林和耶和華見證人一起尷尬地離開禮堂。為了不讓我們忘記自己是穆斯林，我的父親有時會在破曉時分把我們叫起來，跟他一起禱告。我當時也有跟同年齡的巴基斯坦人一起上私人的古蘭經課程；齋月期間，我們不吃學校午餐；此外，我也鮮少獲准跟朋友出去玩；體育課游泳時，我在父母的要求下穿著緊身舞蹈衣和單車衣遮蓋自己的身體，因而招來同學的目光和嘲笑。我的名字常常被唸錯，最後變成大家所熟知的另一個名字。有一次，老師好奇地請我向全班同學介紹伊斯蘭教，因此我帶了禱告毯和古蘭經到學校，我在解釋伊斯蘭教的五功時，同學大都茫然地看著我，擺出不解的表情。

雖然我很努力地融入，但仍時常受到嘲弄與霸凌。每到下課時間，有個體型較為高大的女生總喜歡不停地把我推倒在地上。在我十一歲的某天下午，我放學回到家，臉上掛著兩行淚，因為在練習完籃網球後，我不小心聽見其中一個白人同學說我和我的兄弟「很怪」，還拿冒犯巴基斯坦人的種族歧視字眼稱呼我們，另外兩個女生也跟著大笑。回到家後，我央求母親告訴我這些女生為什麼要對我這麼壞。

媽媽明白被當成他者的我做出的反應是在預料之中。可是，身為一個既要擔心黎巴嫩親屬的險境，同時跟我的父親一樣被當成他者（還因此被告）的移民，她還有更嚴峻的事情得應付。然而，她還是猜出我明白自己不是白人，而是穆斯林、外國人，在被認為「很奇特」之後，我早年的不安全感已然加劇。她告訴我，我只是被迫相信，由於我生來就擁有這些信仰和血統，因此以為自己天生就有毛病，然而，我其實應該對這兩點感到驕傲。

梅是我當時擁有的少數摯友之一，她是埃及人，會穿喇叭褲、戴髮圈，跟我們住在同一個社區大樓。那時候我十二歲，她十四歲，再加上她的父母不像我的父母那樣嚴厲，所以她已經開始化妝。不像我，她一點也不害羞，但因為我們都有埃及血統和伊斯蘭教信仰，所以感情變得很好。某天下午放學後，她決定「改造我」。在她的音響大聲播放王牌合唱團（Ace of Base）的歌曲時，她小心地用眼線筆畫我的眼皮、用睫毛膏刷我的睫毛。我看著鏡中的自己，既滿意又驚訝，我彷彿第一次清楚地看見自己。

我們一家人在一九九〇年代回到黎巴嫩，因為我父母認為內戰結束之後，黎巴嫩足夠安全了，但一部分原因也是出於保護心態，不希望我在英國度過青春期。在英國，我的不安全感只是換了個樣子，因此身為青少年的我試圖掌控自己的外貌，時常令我保守的父親頭痛不已。我每一個星期都會去找熱情的巴基斯坦髮廊老闆娘法蒂瑪（Fatima），請她把我那頭不聽話的頭髮弄直，而她會一邊抽菸，一邊用離子夾燙我的頭髮（我的眉毛就是她修薄的，後來完全沒有長回來）。我不太穿女性化的服裝和高跟鞋，因為這表示，我會在這個原本就對我懷有惡意的世界占據更多空間。此外，我一年到頭都穿得像我那四個兄弟，因為我想要當男生——我知道他們擁有我所沒有的某些特權。

雖然我不像現在的青少年那樣，被朋友和網紅使用濾鏡修過的照片給淹沒，但我會定期翻閱《Teen Vogue》和其他進口到黎巴嫩的西方雜誌、型錄。老實說，我有時候真希望自己可以長得更像亮麗頁面上的金髮白人女孩。我曾經對一則廣告上面的模特兒的纖細和白皙肌膚著迷，她的眼睛畫了眼線。在我眼裡，她是輕鬆駕馭完美的象徵，她有的事物我全都沒有，體現了歐洲中心主義的審美標準（我後來得知她是凱特．摩絲〔Kate Moss〕）。

可是後來，大概在十四歲左右，我遇見了她——娜芙蒂蒂王后，我的女王。我的父親熱衷於收集各期的《國家地理》雜誌，不論新的還是舊的。由於他是半個埃及人，所以他也對埃及學的一切非常痴狂。他偶然中找到一本一九六一年的雜誌，裡面有一張娜芙蒂蒂的照片，畫面中包括她的胸像和一個盯著雕像瞧的白人女子。王后的左臉清晰可見，明顯少了一隻眼，但是眼眶畫有眼線。我幻想著這位王后（她的名字取得恰如其分，意思是「美人來了」）把我跟更多美艷動人的非西方女性連結在一起。從那之後，我一直都很迷戀她。二〇二二年，我終於前往柏林（Berlin）朝聖她那塗有灰泥的彩色胸像。她如同我所想像那般精緻，有著塗了眼線後令人著迷的雙眼、輪廓鮮明的五官和對稱的臉孔。在雜誌上第一次看見她的多年之後，我仍能在自己身上看見這位王后的身影。

我被說長得像娜芙蒂蒂至少三次。第一次是我十六歲的時候，那時我們搬回戰後的黎巴嫩已有四年。由於化妝品被禁用，我會把眼線筆放在鉛筆盒裡偷偷帶進學校；我有時候會把東西藏在胸罩裡，跑到廁所補妝。我們學校有一個留著蓬鬆扁塌髮型的高大男孩有點喜歡我，就說我長得很像娜芙蒂蒂。根據我浮誇的日記的紀錄，他表示我那雙有著筆直睫毛、畫有黑色眼線的深色眼眸擄獲了他的心。

現在想想，我幾乎可以肯定他想要展現自己對古埃及女強人的知識，藉此使我印象深刻。話雖如此，我確實感到受寵若驚。鑑於我內心的不安全感，我在客氣地拒絕他之前，我先是表達自己十分開心被比作這位王后，以及獲得他主動示好。多虧我對娜芙蒂蒂的迷戀，我早已對化妝品的歷史產生了興趣，明白中東眼線不只是用來美化外表，還講述了我的母親、我的祖母、我的曾祖母和比她們更早的祖先的故事。我認為眼線一直陪伴著我們家族的女性，保護了這個令人驕傲的傳統，使其變得茁壯。

隨著我對這個了不起的產品的興趣加深，我開始尋找它在歷史上的意義。我發現許多有趣的人物和習俗，是我在西方音樂和電影中找不到的。我在阿拉伯沙漠、非洲大草原、伊朗（Iran）的髮廊和京都的巷弄都找得到眼線的存在。我在印度說書人、拉丁美洲的自由鬥士以及巴勒斯坦的社運人士臉上也都能找到眼線。連我喜歡的阿拉伯流行音樂家也會畫眼線，把這當成表現自己獨特性的強大工具——我認為埃及歌手露比（Ruby）塗黑的眼睛尤其大膽，刻意加強了她魅惑的氣質。因此，我開始更頻繁地畫眼線，卻又擔心父親會注意到，因而禁止我使用任何化妝品（我兩度刺耳洞已經是很嚴重的事了）。

難熬的高中生活結束後，我申請進入貝魯特美國大學（American University of Beirut）。上了大學之後，比我還堅強的妹妹雅絲敏（Yasmin，她是我們家的小孩中，除了我之外唯一的女生）鼓勵我嘗試更誇張的眼線造型，她不僅親自教我，還會傳YouTube教學影片給我。於是，我從下眼線進化到完整的貓眼妝，顏色越黑越好。我畫貓眼妝的方法是使用當地藥妝店所能找到最便宜的西方品牌眼線液（通常是媚比琳）來畫上眼皮，接著再用從巴基斯坦（Pakistan）進口到西頓市集的中東眼線品牌哈希米眼線（Hashmi Kajal）來畫內眼線。到了二十歲，我的轉變已經完成：從寬鬆的衣物換成迷你裙；生物學課本換成尼采（Friedrich Nietzsche）和愛德華・薩依德（Edward Said）；直髮換成時而紅褐、時而烏黑，時而夾雜金色的蓬鬆髮型。

我為自己創造了兩個世界，努力不讓它們撞在一起。在黎巴嫩南部，我是父母眼中的傳統女兒，但在貝魯特，我不斷探索自己的外表和信仰。這兩個世界偶爾會交錯：週末回家時，我會忘記拿掉鼻環，或者脫口說出我支持民事婚姻*。此時，我已經拒絕歐洲中心主義的審美標準，而是透過眼線和娜芙蒂蒂來表達自我認同。畫眼線似乎能賦予我一種權力，類似女王的威權。我虔誠的母親不怎麼贊同我在外貌和思維上的轉變，她曾因看到我在臉書張貼一張穿比基尼的照片，連續幾天都不跟我說話（她後來原諒了這些過錯）。我對眼線的執著，以至於只有

＊譯註：黎巴嫩不存在民事法庭，因此人民想要在國內結婚，只能透過宗教法庭獲得宗教婚姻，而這其中涉及許多限制和爭議。不過，黎巴嫩人可以到國外完成民事婚姻，並獲得黎巴嫩政府的認可。

在週末從貝魯特回西頓的時候，或是處在棘手的憂鬱期才不會畫眼線。

念大學時，我跟一個社會主義者短暫約會過。有一次，他問我對敘利亞軍事占領黎巴嫩有什麼想法，緊接著說我長得很像娜芙蒂蒂。那時候他正在抽水煙，我們坐在黎巴嫩山區一間露天咖啡座裡。那是個美好的晚夏黃昏，宛如敘利亞詩人尼扎·奎班尼（Nizar Qabbani）憂愁的文字所描寫的那樣。太陽漸漸落下，天氣比平常溫和，微風吹來，暗示季節即將轉換。一陣陣飄送而來的茉莉花香都讓我們感受到它的存在。我剛摘下我那過大的太陽眼鏡（這是我把自己藏起來的工具），有一瞬間，我還十分擔心社會主義者會覺得我很邋遢，因為我的眼線在白天的濕氣下有些花掉。當他提到娜芙蒂蒂時，我嬌羞地笑了，然後要求抽一口水煙。其實我的內心非常雀躍，不只是因為他稱讚我，更因為他暗示我不僅長得漂亮，還像個女王。我鮮少擁有這樣的時刻，可以讓我找到自信出現變化的確切時刻。也許，我總算長大了。

第三次被比作娜芙蒂蒂時，我正搭乘倫敦中區某間公司的電梯，對方是金融業的英國男子。那時我已經離開黎巴嫩到英國念書和發展，此時我已經二十多歲，但還是有自信不足的問題。那個人大膽地說：「妳看起來很有異國風情，有點像娜芙蒂蒂。」但這次，我有些惱怒。如果說有一種東方主義式的讚美，那就是這樣的一句話。他的凝視把我的女王變得好膚淺，但是我跟她的關係其實深及我的根源和認同。娜芙蒂蒂在這方面就像一面令人著迷的鏡子，我們在這個法老之妻身上看見的東西，揭露的其實是我們的自我認同，比起我們對她的認識還要多。

我對眼線的忠誠最後獲得了勝利，導致每次我沒畫眼線，媽媽就會問我是不是生病了。在COVID－19爆發後的全國封城時期，我大部分的日子還是會帶戴著完整的貓眼妝參與視訊會議，這幫助我維持一切都很正常的假象。我去上皮拉提斯課、酒吧或一個人在家時，都會畫眼線。我為了這本書到查德（Chad）研究沃達貝人（the Wodaabe people），在那裡露營八天的期間也都有畫眼線（我的眼線時常反映我的研究階段：在撰寫艾美．懷絲的章節時，我的翼形眼線會不小心越畫越大，甚至快要碰到眉毛邊緣）。我的眼睛四周很少沒有那些魔幻的線條，就像我不曾脫離我的文化、我的祖先、我的母親一樣。

當然，有些人可能會給自己的外在賦予太多意義，導致美妝本身變成膚淺又耗時的事情、虛榮的活動或是負擔。然而，我的眼線從來就不只是要讓我呈現某種特定的樣貌（儘管我確實很滿意它帶來的美學好處）。現在的我懂了，青少年時期的我這麼在意外表，是因為在一九八〇年代晚期和一九九〇年代初期的英國長大時，脆弱敏感的我被附加了「奇特」的特質，為了適應新環境，我也必須加以內化，而注重外表是我接受這個特質的方式。

我到處都能找到娜芙蒂蒂的影響，包括開羅（Cairo）的廣告看板、敘利亞裔黎巴嫩籍的祖母在一九六〇年代的拍立得相片中呈現的眼妝、沙烏地阿拉伯（Saudi）的女性主義者、黎巴嫩的傳奇歌手菲魯茲（Fairuz）等等，因此我也開始內化「怪異」的女性（結果也影響到我自己）的強大力量和影響。由於眼線源自東方，我時常感覺在西方畫眼線時，彷彿橫跨了時空，在跟祖先對話。今天，我認為眼線就好像在頌揚我的身分認同及其輝煌深遠的歷史。我用黑色顏料上眼妝，不僅是愛自己，也是在保護自己。

我寫這本書想要探討的問題是：眼線如何融入一個人，並形塑其人格。對少數族群和有色人種來說，眼線超越了美學，代表很多意涵：身分認同與自我認同；權力和性別；靈性與宗教；性向和成熟；人生大事；叛逆與反抗；母女關係。眼線也是讓人慶賀和驕傲的理由，是裝載數個世紀層層疊疊歷史的工具，包括帝國、王后與國王、詩人、作家和遊牧民族的歷史。你能想像嗎？在一個放得進口袋和皮包的小管子或畫筆或罐子之中，竟然乘載了這麼多歷史。

繪製眼線、了解眼線的來龍去脈，會變成焦點的不只有我們自己，還有世界各地迷人的文化風情。

導論

眼線筆記

儘管眼線隨處可見，但它可不只是我們表面上看到的那樣。這個鮮少有人仔細檢視的東西裝飾了紐約地鐵女子和阿拉伯半島沙漠的貝都因男子的眼睛。此外，我們可以看到：Instagram網紅實驗各種彩繪眼線造型；超級名模在巴黎伸展臺秀出翼形眼線；塔利班成員在眼皮上畫眼線以驅逐陽光，喜馬拉雅（the Himalayan）以及阿富汗（Afghanistan）與巴基斯坦（Pakistan）邊界山脈的普什圖人（Pashtuns）和部落族群也是；根據尼泊爾（Nepal）的宗教傳統，活女神會用這種化妝品裝飾雙眼，就像印度那些使用卡塔卡利舞傳達今昔故事的表演家一樣；美國的女犯人因為無法取得眼線筆，會用鉛筆的石墨和凡士林製作眼線原料；注重時尚的「披頭族」*喜歡配戴貝雷帽搭配眼線；俄羅斯狄亞基列夫的芭蕾舞團的舞者在舞臺上也會畫眼線；維京人（Vikings）打仗時會用木炭畫眼線，以保護視力；就連美索不達米亞人（Mesopotamians）可能也有畫眼線，使用一種長得像刮刀的棒子繪製；古希臘（Greek）女子[1]儘管不像古埃及人那樣大量使用眼線，但她們也會使用灰燼、銻和焦化的軟木塞的混合物來塗黑自己的眼睛；先知穆罕默德（Muhammad）據說也有畫眼線，並提到眼線的療效；舊約聖經（Old Testament）也找得到這類化妝品的蛛絲馬跡，書中提及耶洗別（Jezebel）會「畫眼影」，另外兩個「娼妓」也是，不過聖經並未嚴禁使用眼線。這真的是非常多元（而且遠遠不算全面）的人物和脈絡列表，可證實這個萬用小物的影響是多麼深遠。

COVID–19疫情爆發後，由於人們普遍需要戴口罩，導致眼線的銷售量大增，口紅的銷售量則驟減。到了二〇二一年，全球的眼妝市場已經激增到一百五十六億美元，預計在二〇二七年將攀升到兩百一十四億美元，成長極為驚人。並叫人意外的是，眼線產品擁有最大的市占率，以百分之五的差距擠掉睫毛膏和眼影。

儘管不同時代、不同文化使用眼線的方式不盡相同，其美學目標向來都是一致的：美化、增強和放大眼睛。這個化妝品只要刷兩下，就能讓疲憊的面容變得神采奕奕、將同一套適合工作場合的服裝變為適合約會、使樸素壓抑的整體樣貌變得華麗魅惑（作家諾拉·伊佛朗〔Nora Ephron〕在著作《熟女拉頸報》〔*I Feel Bad about My Neck*〕談到眼影的改造能力，說：「我總是擔心會遇到幾個前男友，但就算遇到了，我也不可能認出他們，更重要的是，他們住在別的城市。但問題是每次我不想畫眼線走出家門，還是會想到他們。」）。一個人可以根據不同時刻，透過眼線表現出熱情或靦腆、叛逆或整潔、低調或張揚的姿態。有些人畫眼線是為了不受邪靈侵擾或尊崇神明；有些人則是為了治療眼睛感染或阻擋陽光。眼線好比墨水，可以協助我們傳遞訊息給這個世界：我們很有自信、我們屬於一個自豪的次文化、我們能表達自我，還有我們是自己創造出來的藝術品。基本上，每種眼妝風格背後都有一個故事。

畫眼線的藝術有時候非常要求精準，能手謹慎仔細的程度堪比面對一張白紙的畫家或書法家。畫眼線的規則繁多，但也很有彈性；要把技巧練到完美可能需要好幾年的時間。刷具必須穩穩地移動，顏料才能天衣無縫地附著在眼皮或內眼線。眼皮的線塗得太粗，就有可能把眼睛變小；如果畫的線出現毛邊，則可能讓眼睛呈現不理想的貓熊眼效果。不同的眼型可以順應不同的風格：在下方的內眼線畫一條黑線，可能讓小眼睛顯得更小；在上眼皮畫一條線，則可以把眼睛變大。調整眼尾上揚的角度，翼形眼線可以使眼睛變寬，或者像某位抖音創作者說的那樣，讓人看出你是屬於千禧世代還是Z世代。

手腕稍有顫抖，整條線可能就得重畫，很少人能完全免於這耗時的過程。因招牌的深色眼

＊譯註：披頭族（beatniks）跟一九五〇年代自稱「垮掉的一代」（the Beat Generation）的一群美國作家有著密切關聯。然而，披頭族一詞本身帶有貶義，用來形容那些想要效仿垮掉的一代，卻沒有同等的才華能夠創造出精彩文學作品的人。披頭族注重的是外表的時尚裝扮，而非藝術思潮，他們典型的穿著和配件包括貝雷帽、山羊鬍、黑色上衣、邦哥鼓等。

線和紅色口紅而出名的美國政治人物亞麗珊德拉・奧卡西奧－科爾特斯（Alexandria Ocasio-Cortez）便曾經在Instagram發表她畫得笨拙的翼形眼線。她說：「我只是想讓大家都知道，不管你是誰、你來自哪裡、你有多少成就，眼線永遠有辦法讓你保持謙虛。」

眼線的刷具有很多種形式，包括手指、骨頭、毛刷和塑膠棒。有些人會用小指頭微調不完美的眼線，有些人則是使用模板、濕紙巾或棉花棒。顏色和一致性也很重要。黑色眼線可能使人感覺老氣，而褐色、綠色或藍色則可能顯得較為美艷（黛安娜王妃〔Princess Diana〕便常畫藍色眼線，很可能是要襯托她的藍色眼珠）。液狀、膠狀和霜狀的眼線最適合用來畫眼皮；筆狀和粉狀的眼線則很適合畫在內眼線。另外還有眼線的形狀和長度，這就有無限可能了，到Instagram和抖音就能看得出來。根據一張超受歡迎的梗圖以及貓眼妝的愛好者泰勒絲（Taylor Swift）所說，眼線甚至可以「銳利到殺死一個男人」。

花費這些努力相當值得，因為眼線可以讓一個女人變得更有吸引力，而吸引力或「漂亮特權」與一系列令人吃驚的正面社經結果有著顯著的關聯（雖然女人往往必須符合「傳統」美，才能享有這些特權）。人們對於女性——尤其是有色人種女性，她們在職場上的外貌有著很高且特定的標準。在辦公室，妝化得恰恰好（不會太濃、不會太淡）的女性會被認為是比較能幹且有效率的領導者；明顯的翼形眼線給人的觀感可能比沒有畫上方的內眼線來得好。如果畫得順利，眼線可以創造無辜大眼，給人年輕的感覺。至於擁有「娃娃臉」的人，則被認為過得比較好，因為人們覺得他們比較老實、值得信賴或有魅力。

反之，有一些年輕人畫眼線是為了顯得較為年長或成熟。十二歲的愛麗絲·克雷格（Alice Craig）和克莉絲汀娜·威爾森（Cristina Wilson）以前是小學同學，如今分別就讀曼哈頓的不同中學。她們會在週末的時候聚在朋友的房間，交換自己在YouTube的教學影片中學到的眼線技巧。兩位女孩表示，在她們的小團體中，眼線筆是她們的化妝品首選。威爾森說：「我們不是要看起來『可愛』。眼線讓你看起來很酷、更大膽，也讓你看起來比較成熟。雖然不會有人認為你十五歲，可是他們會更認真看待你。」

克雷格說：「我們認識的女生大部分都是用化妝品來掩飾她們認為的缺點，或者她們會上一些細微的妝，讓自己看起來更漂亮但自然。我認為，如果這樣會讓你更有自信，那就去做。但我跟我的朋友不覺得那種化妝方式很有趣。眼線不一樣，它基本上是細微或『自然美』的相反。眼線可以展現你的性格。」

這就是眼線的強大力量，化妝包裡的其他物品絕對比不上。

眼線幾乎愜意地存在於流行文化每一個角落，包括音樂、劇場、電影和藝術。它常被用來發揮轉變，表現出成熟、浮誇、魅惑、性慾、力量或叛逆等特質。在西方大銀幕上，濃厚的眼線向來具有瘋狂或違紀的象徵：由已故女星阿莉雅（Aaliyah）在二〇〇二年的電影《魔咒女王》（*Queen of the Damned*）所飾演的亞卡夏，以及由貝蒂・戴維斯（Bette Davis）在一九三八年的電影《紅衫淚痕》（*Jezebel*）所飾演的茱莉・馬斯登等壞女人角色都有畫眼線（葛拉罕・葛林〔Graham Greene〕曾經形容戴維斯有著「突出的、神經質的眼神，是一種道德敗壞、散發螢光的美」）。由已逝的希斯・萊傑（Heath Ledger）在《黑暗騎士》（*Dark Knight*）所飾演的小丑等性格扭曲的男性角色以及出演《蝙蝠俠》（*The Batman*）時的羅伯・派汀森（Robert Pattinson）也畫有暈染的眼線。在Netflix影集《勁爆女子監獄》（*Orange Is the New Black*）中，紐約監獄裡好幾個叛逆女囚犯總是很有創意地使用顏料上眼妝，而我最喜歡的造型就是黛安・格雷羅（Diane Guerrero）飾演的勇敢的瑪麗莎・拉莫斯所畫的又長又細的眼線。《冰與火之歌：權力遊戲》（*Game of Thrones*）的遊牧民族多斯拉其人也大量使用眼線，特別是他們的男性騎兵。安雅・泰勒－喬伊（Anya Taylor-Joy）在《后翼棄兵》（*The Queen's Gambit*）飾演一個問題重重的棋手，隨著她精神狀況的惡化，她的眼線也變得越來越誇張，在某次喝茫了以後，她在距離下睫毛一公分的地方畫了飄浮眼線，創造出一種詭異的娃娃妝效果。在HBO影集《高校十八禁》（*Euphoria*）中，艾莉莎・黛咪（Alexa Demie）飾演的角色瑪迪・佩蕾絲則畫了鮮明大膽的眼線，反映出她強韌但情感容易爆發的性格。就跟電視劇《王冠》（*The Crown*）一樣，黛安娜王妃在接受英國廣播公司節目《廣角鏡》（*Panorama*）訪問查爾斯王子不忠的情事時，在下方的內眼線畫了濃密的黑眼線，使她的眼睛看起來陰鬱憂傷。順帶一提，眼線並不總是被畫在眼睛周圍。美國的電影製片兼導演約翰・華特斯（John Waters）便使用媚比琳的「專業天鵝絨黑」眼線筆來畫他的招牌鉛筆鬍。

眼線在藝術領域也發揮了實用功能。在一九二〇年代的「電影宮殿」時期＊，電影是黑白的，因此導演要求演員畫眼線，以便在單色背景中凸顯眼睛。過去，戲劇或歌劇是在蠟燭或油燈的光線下表演，因此表演者也會在臉上畫大量眼線，讓觀眾能清楚看見他們的表情。有些名人和藝術家跟自己的眼線關係特別密切，眼線已經成為他們的正字標記，沒有畫就認不出他們來。想想沒有畫翼形眼線的艾美・懷絲或素顏的特里克西・馬特爾（Trixie Mattel），就能知道了。

眼線在世界各地傳達了轉變的意涵，但它其實穩穩地紮根於東方。最早使用眼線的史料至少可以回溯到西元前三千一百年的古埃及，當時的人畫眼線是為了治療、靈性和美妝的目的。

＊譯註：電影宮殿（movie palaces）指的是在一九一〇到四〇年代之間大量興建的一種大型豪華戲院。在電影宮殿出現之前，電影播放的場所規模沒那麼大，有時甚至只是在酒館等娛樂場所的某個空間進行放映，容納人數不多，座位可能是普通的折疊椅，收費也很平價。電影宮殿的出現把看電影變成一種高檔的娛樂，戲院使用華麗的地毯、柔和的燈光來裝飾，還聘請交響樂團替當時的無聲電影伴奏。

在古代非洲的邦特之地，方鉛礦很有可能被用作眼線原料，這從這個王國和古埃及人之間的貿易紀錄便可證實。整座非洲大陸都有人使用眼線來驅逐陽光、美化或治療眼睛，如摩洛哥的柏柏人、衣索比亞的奧羅莫人和查德的遊牧民族。無論南方世界的人怎麼稱呼眼線——kajal（南亞眼線）、kohl（中東眼線）、surma（南亞穆斯林眼線）或sormeh（波斯眼線）——這類化妝品發揮的影響力都很大，可以傳遞有關權力、宗教和道德規範的訊息。

在阿拉伯世界和許多亞非地區，有些婦女仍會在新生兒的眼睛四周畫眼線，以驅逐邪惡之眼，來自於忌妒的眼神可能帶來傷害的一種迷信思想。南亞和非洲各地的許多穆斯林不把眼線視為化妝品，而是表現虔誠的要素之一，是開齋節和齋月等宗教節日不可或缺的一部分。

今天的有色人種也會使用眼線，在面對邊緣化和白人優越主義時，用來表達自我、堅持自我的身分認同。美國脫口秀主持人琪薇．富莫多（Ziwe Fumudoh）時常畫她的招牌眼線造型，喜歡逼受訪者回答有關黑人文化與政治的問題。她在二〇二〇年九月告訴《誘惑》雜誌（*Allure*）：「大部分的主持人只會問：『你的下一個計畫是什麼？我們可以怎麼宣傳？』，而不是：『你有幾個黑人朋友？你喜歡黑人的哪些特質？』我問這些問題時，臉上帶有濃密的眼線和顏料。我試著提供這些化妝品的脈絡，然後帶入跟種族、階級和性別有關的對話之中⋯⋯，沒有任何事物是與世隔絕的。我並沒有與世隔絕，而我使用的化妝品也沒有與世隔絕。」

紐約作家伊蓮．路易（Elaine Louie）自十幾歲住在舊金山時就開始畫暈染眼線，對自己的外貌投入到連睡覺也會畫眼線。她跟我分享她的眼線回憶時說道：「我以前毀了超多白色床單。現在，我使用灰色的床單。」她說，這樣比較看不出眼線的痕跡，並開玩笑地說她有時候甚至會半夜起來補妝。

說正經的，路易跟這本書提到的許多人及世界各地的很多人（包括我自己）一樣，都在長大後使用眼線來放大雙眼、尋找自己的個人風格，並提高自信。這位有著中國血統的八十歲作家說：「這不只跟樣貌有關，也跟你的感受有關，跟你呈現的氣場有關，會讓人感覺你有一絲絲異國感。」里約熱內盧（Rio de Janeiro）的居民蘿莎娜．西普利亞諾（Rosana Cipriano）更進一步地說：「眼線甚至可以帶出我的靈魂。」

這本書將展開一段穿越時空的旅程，講述我們對這個了不起的東西歷久不衰的喜愛與故事。我們將從東方開始，深入古埃及了解娜芙蒂蒂王后這個原始的美麗象徵，還有她如何深遠地影響眼線的使用方式。接著，我們會轉而關注查德大草原地區的沃達貝人，挑戰只有女性才會注重美的錯誤觀念。我們會思索伊朗的瑪莎．艾米尼被殺之後所爆發的抗議浪潮，看看波斯眼線如何成為自我表達和政治反抗的重要工具。我們會前往約旦的佩特拉（Petra），說明中東眼線如何幫助當地社區維持和頌揚數百年的傳統。再來，我們會探討加州（California）的墨裔美籍「喬洛」族群，看看她們在面對種族歧視和邊緣地位時，如何使用眼線重拾文化驕傲。接下來，我們會到印度拜訪喀拉拉（Kerala）的表演者，研究南亞眼線跟神祇和天界的關係。之後，我們會探索眼睛和眼神接觸在日本具有的社會意涵，並認識一位京都的千禧世代藝伎。

回到西方世界後，我們會參加紐約的變裝皇后秀，探討這個具有轉變能力的化妝品跟性別之間的關聯性。然後，我們會聚焦在艾美．懷絲身上，認識這位西方流行巨星所創造的趨勢，見證眼線對一個人的身心發展和保護、乃至於心理健康，是如何扮演了如此重要的角色。最後，我們會認識幾個網紅，看看他們在社群媒體的時代如何形塑和回應不斷演變的審美標準。

過去幾十年來，以歐洲為中心的審美標準主導了全球的美妝論述，針對源自所謂異國族群的獨特文化特性和做法，時而加以打壓嘲諷，時而崇尚或只挑選西方人喜歡的元素。這本書旨在讚揚有色人種對美妝產業所做出的創新貢獻，以及世界各地形形色色的美妝文化。

親愛的讀者，我要請你避開西方的目光，帶著敏銳的觀點和思考能力去擴展你對美的理解和認識美與權力之間的關係。雖然這些章節證明了眼線有很豐富的文化史，但是在關於我們如何傳達自己的認同和慾望這個更大的故事主軸中，眼線最終只是一個附屬品。眼線從古至今如何使我們深深著迷的這個故事，其實也是人類的創意、巧思、靈感和想像力的故事。打開你的眼睛，看見眼線穿越時空描繪出來的驚奇路程，你將踏上一段充滿意義、甚至魔法的旅途。

術語釋義

為了這本書，我將眼線定義成：「一種化妝品或醫療原料，其美學用途是替眼睛修容，以達到放大或美化的目標。」眼線有各種形式、各種原料製成、各種稱呼，且在不同的文化和時代都有獨特的用法。

中東眼線
kohl

使用方鉛礦粉末或灰燼等天然原料製成的眼線統稱。Kohl這個字來自阿拉伯文的kuḥl，《現代阿拉伯書面語字典》（*A Dictionary of Modern Written Arabic*）定義為「將眼皮周圍塗黑的粉末」。除了美妝用途，中東眼線也被用來清潔或冷卻眼睛，保護眼睛不受陽光、沙塵和感染的傷害。亞洲、非洲和中東各地的許多男女老少都會畫中東眼線（英文的「酒精」〔alcohol〕源自阿拉伯文的al-kuḥl。

由於中東眼線的製造方式，歐洲人在十七世紀左右開始用al-kuḥl指稱酒精）。

南亞眼線 kajal

這是一種油膩的黑色眼線，傳統上在南亞地區用於化妝、醫療和靈性方面。南亞眼線是從印度酥油、蓖麻油、椰子油、樟腦油、蘆薈或檀香泥等原料燃燒而成的灰燼所製成。雖然印度各地都有人說kajal這個詞，主要有印地語和馬拉地語等天城文語言以及古吉拉特語，但是孟加拉語卻是說kajol；馬拉雅拉姆語是說kanmashi；坎那達語是說kannu kappu；泰盧固語是說kaatuka；坦米爾語則是說kanmai。

中東穆斯林眼線 ithmid

這被認為是最純的一種眼線，以方鉛礦，即硫化鉛的天然礦物形式製成，使用族群包括貝都因人以及中東、北非和亞非其他地區的穆斯林。先知穆罕默德據說也有使用這種眼線，所以虔誠的穆斯林認為這是一種聖行——也就是先知的行為舉止。

西方眼線 Western eyeliner

西方及其他地區的人不分性別都會使用這種眼線來美化和凸顯眼睛。它有好幾種形式，包括粉末、鉛筆、墨筆、液狀、霜狀和膠狀。[2]西方眼線通常加工程度很高，會以成膜劑（協助眼線沉積在眼皮或內眼線上）、增稠劑（協助眼線黏著在眼皮或內眼線上）和顏料（賦予眼線顏色）製成。這些眼線常含有甘油、礦物油和其他化學物質。西方眼線使用「kohl」或「kajal」等字眼，通常不是用真正的kohl或kajal的原料製成，只是借用其名稱。

南亞穆斯林眼線 surma

在烏都語或孟加拉語中，這是一種由方鉛礦或銻製成的眼線粉，雖然有人懷疑沒有用到銻。這種眼線常常是用白色紙張或圓筒容器包裝販售。南亞國家的穆斯林會用它來裝飾眼睛，而由於先知穆罕默德建議使用，穆斯林男性會特別畫這種眼線。

波斯眼線 sormeh

古時候波斯人用來增強眼部效果的一種粉末。波斯眼線傳統上是放在小玻璃瓶販售或者是自製，現今在伊朗仍有使用，只是不像以前那麼廣泛。在古代，畫黑眼線被認為可以驅邪。有一種受歡迎的有機波斯眼線是透過燃燒杏仁、核桃、榛果和開心果等堅果的灰燼以及其他原料所製成。

奈及利亞眼線
tiro

大部分使用方鉛礦製成的一種黑色粉末，流行於奈及利亞，用來美化或清潔眼睛。奈及利亞的眼線通常是裝在金屬容器中販售，使用一種小小的刷棒塗在眼睛下緣。約魯巴人（the Yoruba）廣泛使用這種眼線來裝飾臉部。Tiro在奈及利亞也稱作kwali和uhie。

目貼
mebari

日本的一種眼妝技巧，通常會用到紅色顏料，由劇場演員帶動，受到市井小民仿效，最後被藝伎採用。除了達到美學效果，使用紅色顏料的目貼也被認為可以保護眼睛免遭邪靈傷害。

男性眼線
guyliner

男性畫在眼睛四周的眼線。

Chapter

1

美人駕到

娜芙蒂蒂和眼線來到世上

眼線在古埃及人在世時也有實際用途，讓脆弱的眼睛不受陽光、沙子、塵土和帶有病原的蒼蠅侵擾，使它在這個幾乎是炎熱而乾旱的沙漠地區成為不可或缺、用途廣泛的化妝品（布魯克林博物館的策展人解釋，用眼線阻擋陽光的做法就好比現代足球員在臉上塗黑）。

「娜芙蒂蒂的五官充滿異國風情。」

——法蘭克．克勞寧希爾德（Frank Crowninshield），《Vogue》，一九三九年

古埃及人非常在意自己的外貌，他們熱愛使用設計精美的服裝、珠寶、香水和化妝品來裝扮自己，並極度崇尚年輕。古埃及人化妝盒的常備用品很可能包括彩妝盤、浮石、髮簪、鏡子和刷具，此外，還有臉部和嘴脣要用的赭石以及眼睛要用的眼線——由灰燼粉末製成。古埃及各個階級的男女都會用這種早期的眼線，在眼睛四周畫出黑色粗線，有時候也可以畫在睫毛和眉毛上。

在古埃及王國，美容被視為一種藝術和靈性或療癒儀式。畫眼線的人是為了崇敬神祇並尋求祂們的保護。古埃及人經常在莎草紙上描繪出荷魯斯這位神祇帶有濃厚眼線的眼睛，象徵繁榮與保護。古埃及人相信，沒畫眼線的眼睛可能會受到邪惡之眼的傷害，但是只要畫眼線，荷魯斯（Horus）和太陽神「拉」（the god Ra）這兩個神祇便會守護他們，免受疾病的侵害。在象形文字中，彩妝師這個詞的字源是「書寫」或「雕刻」，而彩妝盤的字根則有「保護」之意。

根據古埃及的教條，人死後復生會變成理想的自己，不是他們離世時那個會犯錯的自己。富人常常會跟他們寶貴的財產一起下葬，這樣他們在死後的世界也能看起來美美的；從他們的墳墓出土了許多使用亞麻布或皮革製成的袋子，裡面裝有眼線化妝品，此外還有剃毛工具和珠

寶首飾等必備物品。根據布魯克林博物館（Brooklyn Museum）的解說：「眼線跟墓中受孕有明確的關聯，可協助埃及人重生。」這是因為想要重生就得受孕，想要受孕就得先發生性行為，想要發生性行為就需要有吸引力，要有吸引力就得先有化妝品。古埃及墳墓和棺木上的木乃伊盒雕刻（也就是一種「死亡面具」）會描繪死者年輕時的樣貌，這些全都畫有濃厚的眼線。專門研究古埃及的學者舒克里・坎蒂里（Shokry El-Kantiry）寫道：「古埃及人的肖像全部都有在眼睛周圍畫上眼線。」

此外，眼線在古埃及人在世時也有實際用途，讓脆弱的眼睛不受陽光、沙子、塵土和帶有病原的蒼蠅侵擾，使它在這個幾乎是炎熱而乾旱的沙漠的地區成為不可或缺、用途廣泛的化妝品（布魯克林博物館的策展人解釋，用眼線阻擋陽光的做法就好比現代足球員在臉上塗黑）。眼線在夏天特別好用，因為這時正是尼羅河氾濫的季節，積水會滋生細菌，導致當地居民容易感染眼疾，甚至有失明的風險。醫生會替自己和病患攜帶眼線粉，有些容器還會分格，標註一年中的不同時節：冬季、夏季以及「洪水期」。

眼線粉的成分不是孔雀石（一種綠色銅礦），就是方鉛礦（最重要的鉛礦）。使用孔雀石製作眼線的做法稱作「udju」，最早可回溯到前王朝時代。然而，被稱作「mesdemet」的方鉛礦製作方式後來超越孔雀石，變成古埃及最為普遍使用的眼睛塗料基礎。這可能是因為方鉛礦的熔點較低，相對容易熔煉，從而提取裡面的鉛。

近代科學部分證實了古代人相信眼線具有保護作用的這點：一八八八年，在巴黎大學（Université de Paris）醫學院從事研究的阿爾及利亞醫生卡德・本・拉爾比（Kaddour Ben Larbey）提出眼線可有效治療各種眼睛感染。埃及的《金字塔報》（Al-Ahram）甚至兩度刊登廣告宣傳眼線的藥用功效，其中一次在一九〇一年，另一次在一九二〇年。[3] 二〇一〇年，科學家發現，古埃及人用來製作眼線粉的原料確實有可能可以殺死引起常見感染的細菌，跟他們希望達成的效果一樣。[4] 同年，學者發現巴黎羅浮宮（the Louvre）的古埃及化妝品樣本能夠促進一氧化氮的生成，進而觸發人體的免疫反應。話雖如此，美國食品藥物管理局仍警告不要使用現代的眼線粉，因為其中有「高含量的鉛」。二〇一二年，紐約市（New York City）的健康與心理衛生局在紐約市各地的廣告看板以及社群媒體上發布一則服務公告，上面是一張南亞臉孔的嬰兒，眼睛被塗上濃黑的眼線。公告內容警告鉛是危險物質，並呼籲在孩子臉上使用這種顏料的父母應帶孩子看醫生做檢查。在某些亞洲國家，眼線造成的鉛中毒問題令人堪憂。

這類化妝品在古埃及社會也能區分階級。富人很可能會使用方鉛礦製成的高品質眼線粉，而較不富裕的人則是使用杏仁殼、向日葵、乳香等原料的灰燼替代。根據阿爾弗雷德・盧卡斯（Alfred Lucas）在一九三〇年發表的研究，古埃及人也會使用銻、黑色的銅氧化物、碳酸鉛和褐色的赭石等物質來製作眼線粉。過了近一百年，《自然》雜誌（Nature）在二〇二二年發表的研究發現，眼線粉含有的無機成分比我們原先以為的還來得多樣。這項研究檢視了十一個眼線樣本，其中兩個以鉛為主、一個以矽為主、三個以錳為主、六個以碳為主。這項研究也發現，眼線粉使用的無機成分還包括植物萃取和動物脂肪。

古埃及人會在石頭或石板上將這些原料磨成細粉，以完成眼線粉的製作。根據原料的不同，混合而成的粉末可能呈現黑色、灰色、深綠色或其他深色。有些人認為，古埃及人在埃及東南部的阿斯旺（Aswan）和尼羅河（Nile）沿岸採集方鉛礦，在西奈半島採集孔雀石。愛、喜悅、女性與美的女神哈索爾（Hathor）負責統治這個地區，跟孔雀石的關聯非常密切，因此人們稱她為孔雀石夫人。

古埃及的眼線粉原料很可能是在當地採集的，但那裡並沒有出產銻，因此可能是從亞洲（Asia）、波斯（Persia）和阿拉伯半島（The Arabian Peninsula）取得。在第十八王朝，擁有跟法老相等權力的古埃及君主哈特謝普蘇特女王（Queen Hatshepsut）展開著名的邦特之地（Land of Punt）遠征；該地點的具體位置仍有爭議，但普遍認為位於非洲之角地區。她從那裡進口的貨物包含方鉛礦，顯示這個東西在日常生活中有多重要。

古埃及人會使用陶瓷、木頭和石頭製成的眼線粉容器，除了保存化妝品，也可以存放攪拌湯匙。有些容器相當華麗，使用玻璃、象牙或黃金製作，偶爾鑲有珠寶，抑或是刻有象形文字以及棕櫚柱和猴子（古埃及人的寵物）等動物的複雜圖案。西方各地的博物館都看得見大量這樣的容器。

根據布魯克林博物館的解說：「眼線罐有其專門的用途，因此需要做成特定的形狀：又寬又小，可以置於掌心；開口夠大，可以放入手指或刷具；蓋子足夠緊，不讓灰塵、風沙和水氣進入。」策展人表示，這些容器的形狀很一致，但工匠會使用不同的顏料在顏色上做變化。

塗在眼睛四周之前，眼線粉會先倒在湯匙上或罐子裡，接著使用唾液、水、水溶性樹脂、動植物油脂沾濕。這個混合物會用一種工具塗在眼皮上，跟現代的眼線液很像。作家茱黛卡．伊爾斯（Judika Illes）寫道：「古埃及女性倘若穿越時空來到現代，肯定會發現很多令她困惑的事物，但是只要給她現今的眼線容器和刷棒，她絕對知道怎麼使用。」這些顏料會被畫成兩條線，一條沿著眼皮的上緣，一條沿著下緣。偶爾，這兩條線最後會合併，朝外畫出一撇，跟邊緣使用化妝品加長的眉毛平行。眼線的長度不盡相同，有的不會離眼角很遠，有的會延伸到太陽穴。

刷具（某些阿拉伯文化稱之為「刷針」）通常是以象牙、石頭、木頭、骨頭、銀、銅或玻璃製成，一個人的財力決定他的刷具材質。在阿拉伯世界，如果問起某個去世一陣子的人，對方可能會說死者埋在地下的時間久到他的「骨頭都變成眼線刷具」了。

眼線怎麼會演變成特定的形狀，我們並不清楚。不過，在二〇〇九年，E．M．布達－歐克雷葛拉克（E. M. Buda-Okreglak）和P．克拉皮瓦（P. Krapiva）這兩位科學家在《眼睛》（*Eye*）這份期刊上發表了一則通信文章，記錄一名三十一歲的女子從床上摔下來後得到的特殊外傷：「帽狀腱膜下血腫」（Subgaleal hematoma）。這使她其中一隻眼睛周圍出現紫色瘀青，長得跟荷魯斯之眼的眼線造型一樣。兩位作者為這篇文章下的標題是：「帽狀腱膜下血腫的荷魯斯之眼：藝術取材自生活」。這些研究人員提出假說，認為古埃及人有可能是在受了類似外傷的人身上觀察到帽狀腱膜下血腫的臨床表現，進而使用化妝品模仿那些線條。這或許可以解釋，人們為什麼認為眼線可以保護人免於病痛。這個理論確實有些牽強，但是不得不說，那個傷口和荷魯斯之眼真的很像。

神祕的王后

在所有畫眼線的古埃及人中，娜芙蒂蒂王后領先群倫。然而，這位神祕的王室成員不只有漂亮臉蛋，如果對她的印象只停留在她的外貌，那就太不公平了。

我們對娜芙蒂蒂的生平所知不多，知道的事情又往往具有爭議。[5] 儘管如此，零散的線索仍描繪出有趣的畫像。娜芙蒂蒂是阿肯那頓國王（King Akhenaten）的王后，後者在西元前十四世紀統治埃及十七年，前者則是他的眾多妻妾之一，兩人很可能十幾歲的時候就成婚了。我們不確定阿肯那頓為什麼會娶娜芙蒂蒂，但她的美貌大概發揮了一些影響力。我們也不知道娜芙蒂蒂的父母是誰，關於她的種族和民族背景也有許多未解之謎。有人認為娜芙蒂蒂不在古埃及王室家庭出生，有可能是敘利亞（Syria）米坦尼王國（Mitanni）的公主。有人猜測她是後來成為法老的大臣阿伊（Ay）的女兒。在描繪娜芙蒂蒂的各種文物中，這位王后的樣貌比她的丈夫還突出，顯示她除了美貌，還握有權力。這位法老似乎很愛妻子，在圖畫中可以看見兩人親吻和相互挑逗的動作，跟當時的典型肖像畫有很大的不同。娜芙蒂蒂也有一些宗教職責，會跟丈夫一起參加敬拜儀式。她完全不是一個被動消極的人物，在石灰岩板上可以看見她拉扯敵人的頭髮或揮劍攻擊敵人的畫面。

在娜芙蒂蒂的一生中，藝術、建築和宗教領域出現了很大的轉變。在妻子的陪伴下，這位法老破壞所有的法規、摒棄多神信仰、吩咐人民改信一神教，要他們將自己寄託在一個叫做阿吞（Aten）的太陽神身上，並信奉阿吞教這個宗教體系。他還建了新都阿瑪納（Amarna）獻給阿吞。該地區四周被懸崖峭壁環繞，把它跟帝國其他地方隔絕開來。法老興建了沒有屋頂的神廟，好讓陽光能夠照射進去。這一切都展示著娜芙蒂蒂始終都是阿肯那頓和他的子民的力量來源。研究埃及的學者卡拉．庫尼（Kara Cooney）在著作《統治世界的女性》（*When Women Ruled the World*）寫道：「她將經歷一連串前所未見的風暴，迫使她成為一個沉著冷靜的領導者，治癒人民在這段埃及史上最為怪異、最反傳統的時期所遭受的深重創傷。然而，娜芙蒂蒂不會因為自己的政治領導能力獲得任何讚譽，儘管是她先開始修復這個天翻地覆的國家，在埃及最黑暗的時刻將它導回正軌。」

在阿肯那頓統治十二到十四年後，有關王后的歷史紀錄停止了。在那之後，她的名字消失在文獻中。有人猜測她是因為背離阿吞教而失去阿肯那頓的寵愛，也有人猜測她死於瘟疫或其他疾病，更有人猜測她在失去六個女兒其中的三個後自殺身亡（她存活下來的三個女兒之中，有一個便是後來嫁給圖坦卡門（Tutankhamun）的安赫塞娜蒙〔Ankhsenamun〕）。還有人說，她因為沒替阿肯那頓生兒子，所以被休了。無論如何，娜芙蒂蒂好像就這樣人間蒸發了。可是，在她神祕消失後，阿肯那頓找了一個共同攝政王，有人認為此人其實就是娜芙蒂蒂。著有《娜芙蒂蒂之容》（*Nefertiti's Face*）的歷史學家喬伊絲・提爾德斯利（Joyce Tyldesley）主張，娜芙蒂蒂比較有可能是代理人，而庫尼則推論，娜芙蒂蒂很可能是以共同君主的身分統治著古埃及，「甚至安插了下一任國王」，而「娜芙蒂蒂比其他埃及王后更能代表真正成功的女性權力」。

娜芙蒂蒂帶來的轉變最後也消失在世界上。阿肯那頓死後，他強加在人民身上的一神教便走上盡頭，那些不認同他，推翻傳統的人重新推動多神教，阿瑪納（Amarna）也被棄城。

關於娜芙蒂蒂的生平以及這對權勢夫妻如何改變埃及信仰與藝術的其他線索，有可能被藏在她的墳墓裡，但在我寫下這段文字時，她的墳塚仍未被找到。世界各地的埃及文明學者仍持續猜測她的墳墓到底在哪裡，其中一位學者札希・哈瓦斯（Zahi Hawass）告訴我，他認為墳墓就在國王谷（Valley of the Kings）西部，並認為考古挖掘者很快就能找到它。英國考古學家尼古拉斯・里夫斯（Nicholas Reeves）的猜測更確切，他認為娜芙蒂蒂被埋在圖坦卡門陵寢裡面的密室。

我們不知道的還有很多。然而，我們可以確定這位王后喜歡畫濃厚的眼線，而且目的很清楚。許多雕刻在石頭上的娜芙蒂蒂圖像，都顯示她的大眼睛被黑線所圈住。

當然，她的胸像也是。

「最活靈活現」的埃及藝術品

一九一二年十二月的某個晴朗午後，娜芙蒂蒂的胸像在尼羅河河谷上游的左岸被發掘。在跟胸像的合影中，穆罕默德・哈桑（Mohammed el Senussi）看起來好像在抱新生兒似的。這是可以理解的，畢竟這位領班手中的這尊彩色石灰雕像已經有三千年以上不曾見到陽光。這件塗有灰泥的藝術品重達二十公斤，高四十七公分，除了左眼不見了、耳朵和王冠有些微損傷，它從埃及沙漠之中出土時，狀態非常完整，相對沒有汙損。

留著小鬍子的德國考古學家路德維希・波爾哈特（Ludwig Borchardt）寫道：「突然間，我們手中捧著一件最活靈活現的埃及藝術品。」那支探險隊的領導者就是他，而後來把胸像從埃及「遷移」到德國（Germany）的也是他。他在田野筆記中宣稱，文字無法傳達娜芙蒂蒂的胸像帶給他的印象。確實，文字不可能捕捉這尊雕像的精緻。他說：「你無法形容它，一定要用自己的眼睛看到它才行。」

這尊雕像所描繪的娜芙蒂蒂臉龐極為對稱，長度大約是寬度的一點五倍。她那雙畫有眼線的杏眼寬度相當於兩眼之間的距離，而高挺的鼻梁約莫跟額頭一樣長。娜芙蒂蒂的顴骨非常突出，看起來是自然的輪廓，沒有靠修容，就連金・卡戴珊（Kim Kardashian）也肯定會忌妒不已。

這些臉部特徵的比例使娜芙蒂蒂的臉十分接近黃金比例，即被認為是最佳審美標準的比例。在歐洲文藝復興時期（European renaissance），藝術家會運用黃金比例來創作雕像和繪畫。今天，抖音裡也有濾鏡使用這個公式來判定一個人是否美艷，相當嚴苛。榮獲這項審美殊榮的名人包括超級名模貝拉・哈蒂德（Bella Hadid）以及意料之內的碧昂絲（Beyoncé Giselle Knowles-Carter）。

一個非常纖細的頸子頂著完美的五官特徵，通常被形容成「天鵝頸」。這位王后微尖的下巴不但凸顯了脖子的長度，還平衡了強健的方型顎骨。有一種醫美手術稱作「娜芙蒂蒂拉提術」，這保證可以讓你看起來脖子更長、顎骨更有線條。這昂貴的美容手術會有策略地在臉部、下顎和頸部區域打十幾次少量肉毒。二〇〇九年，一個英國女子向《每日郵報》（*Daily Mail*）透露，她花了二十五萬美元進行五十一次整型手術，就是為了模仿娜芙蒂蒂的容貌。從這家報社的網站所刊登的照片可看出，她跟王后一樣有畫眼線。

依照她的胸像來看，娜芙蒂蒂的膚色屬於赤陶色又帶一點溫暖的砂岩色調，代表她明顯是有色人種。波爾哈特在他的挖掘日記中形容那是「淺紅色」。根據提爾德斯利所說，娜芙蒂蒂的膚色（如果以胸像為準）可以告訴我們她的種族。古埃及的肖像藝術常常把男性的皮膚畫成紅褐色，女性的皮膚畫成黃白色，以此區分性別。按照這樣的邏輯，娜芙蒂蒂的胸像所使用的顏料較接近常用來描繪男性的顏色。

從娜芙蒂蒂的雕塑者在她輪廓鮮明的臉龐所使用的色調可以看出，這位王后的彩妝盤可能有哪些顏色：她的雙唇形狀宛如愛神之弓，十分豐滿，呈現酒紅棕色；她的眉毛往上彎翹，形狀完美，塗滿煙燻黑，可能是眼線粉。顏色的對比很強烈，但這位王后的整體樣貌卻完美無瑕。事實上，娜芙蒂蒂的妝容正流行，YouTube、抖音和Instagram有數以百計的教學影片都在精準地模仿這位王后的臉。

在所有的五官特徵裡，王后那雙塗有濃黑線條的眼睛最為迷人。這些眼線極為對稱，在眼睛邊緣交會，形成她的招牌翹尾。從嚴格的美學角度來看，她的眼線框出並拓寬了娜芙蒂蒂的靈魂之窗，使它們呈現出清新卻又撩人的樣貌。

集體消費娜芙蒂蒂

娜芙蒂蒂的肖像在全球各地被複製、沿用、微調無數次，被集體消費了約莫一百年的時間。喜愛她的人在明信片、托特包、海報、首飾、化妝鏡和衣服上，都可以找到她的圖像，她那畫了眼線的眼睛甚至還出現在眼罩上。她的容貌烙印在我們的集體記憶中，極少有藝術品能做到這樣的程度。

在COVID–19爆發之前，每年大約有五十萬人來到柏林新博物館（Neues Museum）欣賞娜芙蒂蒂的胸像。我自己也在二〇二二年的十月拜訪過這位王后，不到一個小時，就有超過三百人走進展示胸像的宏偉房間，什麼年紀、什麼民族都有。他們聚在一起凝望她，就像到羅浮宮驚嘆《蒙娜麗莎》（*Mona Lisa*）之美的訪客一樣。相較之下，她的丈夫阿肯那頓的胸像便顯得無趣了，它最有趣的特徵，就是其中一隻眼睛周圍的線條不完整——難怪它會跟其他展品一起鬱鬱寡歡地擺在隔壁展示間。

娜芙蒂蒂的圖像帶來了[6]很大的需求。在二〇一五年，諾拉．巴德里（Nora al Badri）和揚．尼古萊．奈勒斯（Jan Nikolai Nelles）這兩位藝術家表示，他們偷偷使用行動裝置掃描了這尊雕像。他們利用掃描圖創造3D電腦輔助設計檔，接著分享到網路上給所有人觀看，並把這項計畫稱作「駭入娜芙蒂蒂」（有些人認為這些掃描圖的品質太好了，巴德里和奈勒斯很可能是用別的方式取得的）。兩位藝術家說，他們複製這尊雕像是想激發人們重新評估「德國的殖民佔有概念」。二〇二二年，英國裔黎巴嫩籍的藝術家諾爾．哈格（Nour Hage）製作了娜芙蒂蒂的非同質化代幣（non-fungible token，NFT），取名「娜芙蒂蒂：革命王后」，然後張貼在Instagram，並告訴我她想創造一個數量有限的系列作品，以古代的北非和中東女性領導者和大家長為主角。

這位王后涉及美貌、性別、種族與權力等議題，使她的吸引力蘊含深度。在柯蓋德大學（Colgate University）研究臉部暗示和領袖魅力的卡羅琳・基廷教授（Caroline Keating）說：「娜芙蒂蒂的圖像被設計來點出領袖魅力的兩大關鍵：接受程度與可畏程度。」此外，她的胸像「蘊含女性特質和權力的主題，跨越古今的許多文化在社會上所設定的性別界線。或許這就是她迷人的一部分原因——她的圖像雖違反性別刻板印象，但又沒有太超過。」娜芙蒂蒂呈現光頭的樣貌（她的頭髮不是被剃掉，就是藏在圓筒形的高冠之中），使她看起來亦男亦女，端視你從哪個角度觀看。

基廷表示，娜芙蒂蒂的眼睛尤其「像兩道門。她可以讓你進來，也可以拒你於門外」。她補充，同一時間，她的眼線「似乎刻意透過非口語的方式標誌力量。下緣的眼線呈現出比較強大的貓眼樣貌，如果沒有畫得這麼濃，她看起來就不會那麼令人敬畏」。

圖坦卡門熱

像娜芙蒂蒂這種古埃及或擁有「異國樣貌」的女性，在整個二十世紀受到狂熱崇拜。很多人認為她們美麗又神祕，但是有些男性則認為她們不討喜。這樣的狂熱崇拜或多或少源自已故的偉大巴勒斯坦學者愛德華・薩依德所提出的東方主義（Orientalism），也就是「從東方和西方之間的根本差異所帶出，跟東方世界及其民族、習俗、思想、命運等相關的複雜理論、史詩、小說、社會描寫和政治記述」。

娜芙蒂蒂的胸像在一九二四年正式向世人揭幕、使她成為鎂光燈焦點之前，《Vogue》就已經對古埃及的時尚產生興趣。雜誌在一九二二年的一篇文章中探索那個時代的風格，寫道：「化妝的藝術也跟埃及文明一樣古老，在女性的裝扮上同樣扮演了重要角色。胭脂、眼線以及用在眼睛四周的一種綠色孔雀石粉，是當時主要的化妝品。」一九二二年十一月的一篇文章則說：「真正的眼線產品來自遠東地區，非常適合深褐色的頭髮，改良過後的版本也很適合金髮。」

英國考古學家霍華德・卡特（Howard Carter）在一九二二年發現圖坦卡門的陵墓之後，也對西方流行文化帶來影響，掀起所謂的圖坦卡門熱或埃及風情，也就是西方世界對古埃及極為著迷的一段時期。這位法老的墳墓出土後，從各個墓室找到的文物，透露了此人和他的妻子安赫塞娜蒙（娜芙蒂蒂的女兒）生前的生活和外貌。這項發現激起大眾的狂熱和對中東眼線的興趣，人們認為這個神祕物質似乎具有魔法般的力量。圖坦卡門占據的篇幅雖然比妻子還多，但她也沒有受到冷落——她的眼線在一九二三年引起了《Vogue》的注意。

在〈埃及的眼線罐〉這篇文章裡，作者達利・S・柯雷特（Dudley S. Corlett）邀請讀者跟他一起「輕柔地」掀開「安赫塞娜蒙閨房門口的布幕」。接著，這位記者以讓人不太舒服的方式想像她如何展開新的一天。首先，他描述這位有著橄欖色皮膚的王后「伸展她那穿著薄紗衣裳的柔軟身軀」。沐浴完畢、穿上橘黃色亞麻浴衣後，安赫塞娜蒙來到梳妝臺替自己好好打扮一番。整理頭髮之前，她先用眼線粉畫眼睛，這是她唯一使用的化妝品。柯雷特說，這種化妝品「今天仍在施展它絲毫不減的魔力：在穆斯林女子的白色面紗上方，一雙雙畫了眼線的大膽眼睛彷彿在戲弄著男人，讓他們隱藏起來、不給他們窺視的美貌。」柯雷特把眼線和畫眼線的女性描寫成東方世界的「異國」元素，存在的目的只是為了挑逗男人，尤其是西方男人。他的意思似乎是，這些女子的容貌無法觸及，存在於極為遙遠的國度及過去的原始時代（他還談到這些女子的衛生觀念）。

娜芙蒂蒂的胸像在德國展出之後，全世界開始認識這位王后，把她放入跟美有關的話題，並在自己的美妝工具裡加入眼線。波爾哈特的神奇發現引發了一股熱潮，不只跟埃及文物有關，也跟「奇特」容貌有關——人們漸漸接受，甚至仿效這種樣貌。人們把焦點放在娜芙蒂蒂的外表，特別是她那塗成黑色的眼睛，因此對現代審美標準產生了連鎖反應。從很多方面來說，這尊雕像後來重新定義和改進了這些標準。另外，謎一般的娜芙蒂蒂有這麼一尊美麗的雕像，讓人有了可以著迷的東西。包著頭巾的女子、空中飛毯、駱駝、強風吹拂的阿拉伯沙漠等東方意象，都被這位遙不可及卻又能夠引起共鳴的王后給比了下去。

埃及文明學者克里斯・諾頓（Chris Naughton）表示，王后的眼妝大大影響了我們對她美貌的認知。他告訴我：「從某方面來說，這好到不像是真的。你不會想到第十八王朝的人對於美女的看法竟然跟我們一樣，但她確實符合我們對美女的認知。她真的非常漂亮，而她的眼線絕對有加分的效果。」

如果說有誰的名字取得恰如其分，絕對是娜芙蒂蒂的名字。這位王后的胸像和她畫有優美眼線的眼睛被發現和展示出來，的確體現了美人駕到的涵義。

大眾眼裡的娜芙蒂蒂

娜芙蒂蒂的胸像於一九二四年在柏林的埃及博物館（Egyptian Museum）揭幕的那段期間，使她獲得今天的新秀巨星可能經歷的媒體關注，只是少了推特和酸民。《倫敦新聞畫報》（*The Illustrated London News*）於一九二三年刊登一篇文章〈古埃及的美人：一位法老心愛的王后〉（The Ancient Egyptian Type of Beauty: A Pharaoh's Lovely Queen），發表了這尊雕像最早流傳的照片之一。文章寫道：「這張完美的臉龐，其尊貴與寧靜的特質、線條分明的五官以及精細的神情都給人一種揮之不去的吸引力，超越了年代較晚的埃及知名美女克麗奧佩托拉的肖像，更接近蒙娜麗莎神祕的笑容。」同樣在一九二三年，英國報紙《地球》（*The Sphere*）的封面也刊出這尊胸像的照片，並寫了「實在不知道最應該欣賞什麼」這行字。四年後，《倫敦新聞畫報》再次報導娜芙蒂蒂，形容她是「史上最美的女子之一」。

跨洋來到美國，從內布拉斯加州（Nebraska）到猶他州（Utah）都有當地報社刊登關於或提及這位王后的報導。《威契托日報》（*Wichita Daily Times*）發表一篇文章，標題定為「給克麗奧佩托拉上了一堂魅惑課的王后」，裡面便談到娜芙蒂蒂的美，包括她「黑色的眼睛」。這篇文章也比較了這尊胸像跟西方一位白人女星的臉孔。

在人們對她的外貌的高度關注中，娜芙蒂蒂出現在一九三三年的《紐約時報》。〈夏日的自然妝感〉（The Summer Make-Up Is Natural）這篇文章要求跟「娜芙蒂蒂王后同類型」的女士應該使用自然的眼妝方法，配以濃重的眼線和紅色唇膏。然而，作者建議臉頰保持蒼白就好，避免曬黑，暗示只要不把她的膚色算進去，娜芙蒂蒂才有絕對的吸引力。作者說：「小心太過黝黑的皮膚，聽說白皙肌膚即將流行。」

一九三九年，美國《Vogue》刊登的一篇文章（作者是男的）點出對於美的新認知。〈美的奇特臉孔〉（The Strange Face of Beauty）探討了現代西方社會流行關於美的怪異觀點，其中寫到「吸血鬼」的樣貌，通常要求使用眼線粉或眼線筆把眼睛四周塗得黑黑的。《浮華世界》（*Vanity Fair*）的前任編輯、《Vogue》當時剛聘請的新任編輯法蘭克・克勞寧希爾德（Frank Crowninshield）對這樣的轉變感到吃驚，在描述這個革新且「奇特」的美貌新型態時寫道：「在頁面上神祕地凝視著我們的形象，事實上是一個美麗女子的肖像。她很顯然不屬於我們所熟悉的現實，比起我們可能會想追求或迎娶的淑女，更像薇絲帕麗亞這樣的吸血鬼女子。然而，這些問題不是我們主要的討論內容。」克勞寧希爾德闡明，理解女性美貌的標準最好的方式是「將所有的女人視為完全集合在一起的現象」。

娜芙蒂蒂的美對西方世界來說似乎是「異國情調」的，但又不完全符合「歐洲」的標準。順帶一提，有人認為娜芙蒂蒂的胸像其實有透過石膏雕塑的方式變得歐洲化；石膏雕塑是雕刻家為了微調或修改作品，用石膏覆蓋石灰岩的一種做法。二〇〇九年，電腦斷層掃描的確顯示娜芙蒂蒂塗有灰泥的胸像有一道內層存在，外層可能有雕刻家削過她的鼻子並去除眼睛的皺紋（就像今天的濾鏡）。可是，就算真的做了石膏雕塑，娜芙蒂蒂也沒有達到克勞寧希爾德的標準。他在文章裡寫道：「【娜芙蒂蒂】這張臉很奇特」，「主要原因是她上唇太長、鼻子過於樸素、雙頰明顯凹陷，還有一顆幾乎超自然的眼睛。」儘管如此，依然保有令人著迷的魅力。

娜芙蒂蒂出現在這些刊物中，是一件值得注意的事。當時，《Vogue》的廣告提升或改變了人們對美的認知。隨著時間過去，這本一八九二年創刊的雜誌漸漸把焦點從完全只有報導社會議題，轉而報導時尚與美妝。但是，它仍形塑了化妝品市場，迎合對特定「樣貌」，包括對「異國」樣貌的廣大喜好。這本雜誌將成為世界各地女性的成功指南，無論是美國中西部的青少年或者是巴黎的家庭，催生數代讀者和模仿者。這本時尚聖經只要在它閃亮亮的頁面中提及多位女神愛用的美妝產品，就一定會使銷售量大增。

在一九一八年的流感大流行和第一次世界大戰結束後，美妝產業出現驚人成長，西方世界當時也正十分著迷於古埃及文明。娜芙蒂蒂出現的時機正好，西方的美妝版圖這時恰巧達到前所未有的高峰。因此，眼線產品變得無所不在，直到今日，依然是注重時尚的人必須收進化妝包的工具。

女人追尋的不只是娜芙蒂蒂的外貌，還有她散發出來的力量。談到這位王后的胸像，基廷說娜芙蒂蒂的臉孔和妝容幾乎像是被刻意形塑成散發領袖魅力的。她表示：「娜芙蒂蒂的五官特徵被提升了，看起來很有格調又精緻。要得到那種樣貌所需要付出的努力和資源，顯現出一個人的階級、地位和財力，就連在今天也是。」基廷主張，在許多個世紀以前，尤其是在女性之間，受到美妝產品加持的生理特徵和外貌是用來展現權力的一種工具，這種方式雖然可以感受得到，但也難以定義和掌控。

沙漠女子

在咆哮的一九二〇年代和一九三〇年代這段消費主義興起的時期，西方似乎對「異國」樣貌相當敏感，其文化規範和審美認知不斷在變遷。同一時間，美國的女性開始將自己的身體從束腹中解放出來、爭取投票權，並以前所未見的數量進入職場。電影普及化了，爵士樂也是。眼妝塗得又黑又濃的飛來波女郎＊自然地接受了眼線，以此來營造誘人的造型。約瑟芬·貝克（Josephine Baker）、露意絲·布魯克斯（Louise Brooks）、克拉拉·鮑（Clara Bow）和葛蕾塔·

尼森（Greta Nissen）等煙燻眼妝的表演者也因此崛起。娜芙蒂蒂的胸像用色大膽、線條圓滑對稱，完美融入那個年代的裝飾藝術風格，展現奢華、結構和成熟。

數以千計的美容院開張了，有些店面的櫥窗甚至使用娜芙蒂蒂胸像的複製品做擺設，可見西方世界對她有多著迷。女性企業家或者由有色人種或社經背景較低的女性經營的小型化妝品公司，會透過郵寄、在沙龍店寄賣或是挨家挨戶兜售的方式銷售自己的產品。美妝雜誌裡的廣告和文章將前衛的妝容——包括娜芙蒂蒂等古埃及王后的「異國」容貌——從紙上帶到紐約、巴黎和倫敦的街頭。

西方世界對中東眼線並不完全陌生。赫蓮娜在一九〇七年曾推出「埃及黑色眼線粉」，嬌蘭也曾在一九二〇年創造「山貓眼線筆」，歌頌沙漠女子。伊麗莎白雅頓（Elizabeth Arden）則在廣告上聲稱，自己是第一個向市場推廣現代中東眼線的品牌，形容中東眼線是「跟獅身人面

---

*譯註：飛來波女郎（flappers）指的是第一次世界大戰之後，一群在政治、社會和經濟方面獲得更多自由和權利的美國年輕女性。這些時尚女子會在爵士俱樂部抽菸、喝酒、跳舞，喜歡穿露出小腿的裙子、領口較低的服裝和高跟鞋，塗口紅、畫眼線、塗睫毛膏，並留著短短的妹妹頭。小說家史考特・費茲羅傑（F. Scott Fitzgerald）在經典著作《大亨小傳》（*The Great Gatsby*）所描述的背景和人物，便是這個時代和當時的飛來波女郎。

像一樣古老、如明日的西方媚眼般新潮的超細粉末」！除此之外，莎拉・伯恩哈特（Sarah Bernhardt）、蒂達・巴拉（Theda Bara）、波拉・內格里（Pola Negri）和葛蕾塔・嘉寶（Greta Garbo）等西方演員也都有畫眼線，很可能是混合木炭跟凡士林。

根據已逝作家哈比卜・薩盧姆（Habeeb Salloum）的說法，歐洲十字軍入侵今天的中東地區時，很可能已經了解到中東眼線的化妝和醫療用途，進而有效地把這項產品引入西方。來到這個地區的旅人也記錄和分享了這項習俗。法國外交官洛朗・雅維厄（Laurent d'Arvieux）在他的遊記《俠客雅維厄的阿拉伯沙漠遊歷》（*The Chevalier D'Arvieux's Travels in Arabia the Desert*）一書中，記載了他在十七世紀到中東旅行的時光。書中寫到，「阿拉伯女子會塗黑眼皮的邊緣，使用的是……眼線粉。她們會在眼角外緣畫一條黑色的線，讓眼睛看起來更大，因為東方女人主要的美感便是要有大而全黑的雙眼。阿拉伯人若稱讚女人很美，便會說她有羚羊般的眼睛。」

一九一五年創立的媚比琳推出更多產品，以便迎合市場需求。它跟其他化妝品公司一起，緩慢但穩定地將提升自然美、改善外表、修正外在缺陷等做法變成一種常態。媚比琳的創辦人湯瑪斯・萊爾・威廉斯（Thomas Lyle Williams）的姪孫女夏麗・威廉斯（Sharrie Williams）將部落格文章改寫成《媚比琳的故事》（*The Maybelline Story*）一書，她在書中表示，湯瑪斯密切追蹤埃及風情的發展，因此「在一九二〇年代就已經走在【眼線】趨勢的尖端」。這間公司在一九二九年販售他們的第一支眼線筆，跟睫毛膏和眼影一起組成「眼妝多工工具組」。雖然媚比琳把這個產品當作眉筆來宣傳，但是威廉斯在受訪時曾說，一九三〇年代的女性都用它塗在眼睛周圍。在有關媚比琳的各項產品大事紀中，這項產品也被寫成眼線筆。媚比琳的靈感取自埃及風情，它是西方化妝品公司之中最早推出眼線產品的一間。

後來，《Vogue》一九三五年刊登一篇文章〈畫眼睛〉（Dotting the Eyes），圖中的西方女子站在埃及沙漠裡的梯子上，跟一尊獅身人面像的眼睛齊高，手上拿著鏡子和眼線筆。文章寫道：「右邊的女子正忙著搞懂獅身人面像的祕密，如果你希望你的眼睛擁有東方的魅力，你就應該使用眼線。這不會傷害你的眼睛，反而會舒緩它們。要真的像東方人那樣畫眼線，請閉上眼睛，勇敢地用刷具（這是一根小棒子、骨頭或象牙）從眼皮之間畫過去，由內朝外側眼角。或者，在睫毛上方的內緣畫一條眼線，上下眼皮都要。」

得到「娜芙蒂蒂臉」

到了一九四〇年代初，娜芙蒂蒂已經在西方思維中成為堅定的女神象徵，代表女性的力量。一九三九年，內布拉斯加州一個由主婦所成立的娜芙蒂蒂俱樂部獲得媒體版面，因為她們的入會資格很特別。有些人認為娜芙蒂蒂有部分失明的狀況，所以胸像的左眼才會不見。因此，這個團體所有成員都有一隻眼罹患眼疾，她們以她的名義團結起來，彰顯自己的力量和美麗。英國的《格洛斯特公民報》（*Gloucester Citizen*）刊登一則相關報導：「雖然大部分的成員都很好看，但她們全都有一隻眼睛殘缺。然而，所有成員都跟娜芙蒂蒂一樣，拒絕相信自己的殘缺會使她們變得不美麗。她們從事日常活動時，沒有一個人展現出害臊或丟臉的樣子。」

在第二次世界大戰期間的美國，把自己打扮得美美的變成一種愛國義務，用來表示一個人支持自己的國家對抗德國的希特勒（Adolf Hitler）。美妝公司和廣告商倡導，化妝是一種表達自由，是民主社會中必要的生活元素。希特勒雖然對「種族純淨」和亞利安人（Aryan）的「優越主義」有病患的執著，也不喜歡女人化妝（他不認同使用口紅），卻曾經讚美娜芙蒂蒂，說他絕對不會交出胸像。[7]有些記者甚至嘲笑他對娜芙蒂蒂的迷戀，其中一人便在一九四六年寫道：「阿道夫晚了三千年才示愛。」

經濟大蕭條期間，這場耗時的戰爭造成經濟危機，導致工業生產延宕。然而，矛盾的是，化妝品的銷路竟然增加了。話雖如此，在一九四〇年代以前，眼線的使用並不常見，有時還被用來在女人的大腿後方畫一條線，假裝是絲襪的邊線（當時絲襪很稀有，因為許多原物料和工廠都被改成用來備戰）。然而，不是每個人都負擔得起這些奢侈品，沒辦法的人如果存貨用完了，也就只好使用各種居家物品塗抹自己的臉（或腿）。例如，她們會用甜菜根塗自己的嘴脣，用石膏粉當粉底（塗在膚色比較白的肌膚上），用鞋油或灰燼等各種物品塗黑自己的眼睛，就跟貧窮但足智多謀的古埃及人一樣懂得隨機應變。

戰爭再次將娜芙蒂蒂和她的美貌推上頭條。為了保護國家文物，德國博物館將珍貴的藏品搬到安全的地方，包括娜芙蒂蒂的胸像。記者愛蜜莉・C・戴維斯（Emily C. Davis）在一九四二年的文章〈難民文物〉（Refugee Relics）中提到這尊胸像，說：「不是所有逃離空襲的顯赫難民都是人類，最知名、最美麗的歷史寶藏也是戰爭難民。」一九四五年，德國被同盟國擊敗後，王后的胸像從它藏身的鹽礦中重見天日。當局先前為了隱藏它的下落，讓它幾乎算是周遊德國。一九四六年，《郵報旗幟》（*The Post–Standard*）有一篇文章把娜芙蒂蒂說成「因貌美而出名」的流離失所者。記者奧托・索斯莫（Otto Zausmer）表示，這尊胸像的「顏色到今天還是很鮮豔，彷彿藝術家才剛把它完成」。

於是，人們對這位王后的風格更加著迷了。頭條版面聲稱娜芙蒂蒂把腳趾和指甲都塗成紅色，且她的眼睛仍讓許多作家陶醉。杜波伊斯（DuBois）某家報社在一九四〇年的一張圖表中宣布：「妝點眼睛是娜芙蒂蒂和她的同輩女士所用過最棒的彩妝方式。下眼皮塗成綠色，上眼皮、睫毛和眉毛則使用眼線粉塗黑。」一九四五年，設計師莉莉・達奇（Lilly Daché）推出一個高帽系列，便是以王后為靈感。這個古代王冠的「現代版」結合了黑色毛氈和粉紅緞子，達到「前所未有的高度」。

雖然報章雜誌不只報導娜芙蒂蒂，但是在西方人的眼中，活生生的埃及女性似乎比不上這位古代王后。《Vogue》一九四五年跟《浮華世界》（*Vanity Fair*）合作完成一篇文章，報導埃及的傳奇歌手烏姆．庫勒蘇姆（Umm Kulthum），形容她是一個「魁梧的女子，膚色呈現些許古銅，眼皮稍微塗黑，頭髮烏黑如墨。她外表卓著，但稱不上美麗」。

第二次世界大戰之後，美國進入一段高度消費主義的時期。貨架上擺滿了數十間化妝品公司各式各樣的口紅和眼妝產品，眼線筆成為化妝包的常備小物。那時候非常流行沿著上下睫毛的邊緣畫出明顯的線條，在眼角交會後微微上勾。化妝品集團推出各種顏色的眼線筆，包括白色、金色和銀色。

一九五〇年代是特別強調美艷，以及眼線的十年。女性除了塗上厚厚的紅色口紅，還十分精通畫眼線的技巧。她們會修剪並塗黑眉毛，把自己的頭髮弄捲。此外，這也是流行無辜大眼的十年，奧黛麗．赫本（Audrey Hepburn）和蘇菲亞．羅蘭（Sophia Loren）都是因為擁有溫柔的經典貓眼妝容而出名。眼線筆跟口紅在較勁誰比較受歡迎，因為好萊塢女神都開始畫眼線。瑪麗蓮夢露（Marilyn Monroe）的化妝師會使用棕色眼線筆和眼影加長這位美國新秀的睫毛線，讓她擁有「朦朧性感」的眼神，或是將白色眼線筆塗在下方的內眼線，使她看起來比較「有神」或「明亮」。一九五五年，《Vogue》一篇附圖的文章談到「把眼睛變大的新妝容」，說中東眼線是「神祕東方的古老眼線產品，近年來被伊麗莎白雅頓現代化。」這本雜誌在一九五七年刊登一篇文章〈八面玲瓏：一張臉、八種妝〉（The 8–Faced Woman– One Face, Eight Varieties of

Makeup），其中提到的第一張臉「有著浮誇的眼睛和嘴唇，是魅惑的容貌。眼線筆把眼睛變大，睫毛膏和大量的塗刷則使其更有深度。」二〇二二年，奧莉薇亞・魏爾德（Olivia Wilde）所執導的反烏托邦心理驚悚片《別擔心親愛的》（*Don't Worry Darling*）把這個年代再次搬上檯面。這部電影裡的女性住在加州一個類似元宇宙的虛擬城鎮「勝利市」，因為外界的期待而認為自己必須扮演好漂亮的主婦角色，把妝化得美美的，眼皮畫有眼線，以滿足丈夫的性慾。

在這樣的背景之下，娜芙蒂蒂持續為這種風格帶來靈感。一九五〇年十月，現在已不存在的化妝品公司阿吉札（Aziza）推出一款新的眼線筆。產品的廣告上畫了一個「現代」女子，其畫像疊加在娜芙蒂蒂胸像的素描之上，眼睛的部分畫得跟這位王后一樣。在娜芙蒂蒂高大的王冠上，原本有些許破損的蛇形金飾帶變成阿吉札的眼線筆。廣告上寫道：「就讓國際眼妝權威阿吉札的安德把娜芙蒂蒂的容貌秀給你看！這種時尚的眼睛妝容法是古埃及和美豔的娜芙蒂蒂王后流傳給我們的，她使用中東眼線塗黑自己的雙眼！」以娜芙蒂蒂為靈感的珠寶和香水也出現在雜誌廣告中。同一年，媚比琳釋出一則廣告，主角是一名畫了濃厚眼妝的白人女子，文字則寫「實現最新的異國眼妝」，其中「異國」兩字使用浮誇的字體跳脫出來。

在一九五五年的一篇文章〈連埃及小妞都會耍藝術把戲〉（Even Egyptian Lassies Resorted to Wiles of Art），美國演員安妮・巴克斯特（Anne Baxter）思索她在電影《十誡》（*The Ten Commandments*）所扮演的角色。這部電影有一部分取材自桃樂絲・克拉克・威爾森（Dorothy

Clarke Wilson）一九四九年的小說《埃及王子》（*Prince of Egypt*）。這篇文章刊登在康尼士維（Connellsville）的《每日信使報》（*The Daily Courier*），詳細報導了這位王后的美麗祕訣，包括眼線粉的使用。這位演員寫道：「娜芙蒂蒂三千兩百年前主導了美豔這個舞臺。有人說，眼睛是靈魂之窗，而古埃及的美人似乎知道這是一件極為致命的武器；她們擅長把眼睛變得浮誇。」巴克斯特認為，古埃及人畫眼線的方式有點過於狠厲，不符合一九五〇年代比較低調的眼線妝。她寫道：「他們那時候使用磨光的銅鏡，映射效果很糟，所以我猜想古埃及的美豔女孩妝會化得這麼濃，是不是因為她們純粹看不清楚淡妝。」不管是不是用銅磨光製成，鏡子對古埃及人來說象徵意義重大，因為一個人的外觀跟女性的性慾和重生關聯密切。

根據《Vogue》所說，到了一九六〇年代，已經出現全面的「美妝大變革」、「全新的女性世代」。這些「眼睛塗黑的美人」有著天鵝般的頸子，還有「令人稍稍聯想到午夜搭乘東方快車的那種氛圍」。

娜芙蒂蒂「神祕的東西」

一九六一年，《Vogue》發表一篇以「迷人」這個概念為主題的文章。整篇文章最引人注目的是一張占滿整頁的棕褐色色調的相片，顯示一名脖子特別長的白人女子逗趣地擺出類似娜芙蒂蒂胸像的姿勢。她的眼睛畫有眼線，髮型效仿娜芙蒂蒂的王冠。兩個女人都戴了同樣的珠寶耳環。這本雜誌似乎在說，儘管我們可以模仿娜芙蒂蒂的美，但是這位王后散發的氣質難以捉摸——試圖效仿使一個人迷人的「那個」東西是一回事，忠實複製那樣東西卻又是另一回事。這篇文章寫道：「她有宛如斜塔般的著名頭冠，但是現在有新的巴黎系列仿效之。當然，她也有美貌，但是那也可以模仿得來。我們認為，她最重要的元素其實是迷人，也就是讓別人在想到這個人的時候會感到愉悅、有興趣或愛的那樣神祕東西。」

把玩這個概念數十年後，雜誌和化妝品公司終於開始表示，有色人種女性的外貌和她們塗黑的「異國」眼睛不僅具有吸引力、可實現性，而且還令人嚮往。

諷刺的是，這個立場會在一九六三年的電影《埃及豔后》（*Cleopatra*）問世後更加強化，身為白人的伊莉莎白・泰勒（Elizabeth Taylor）象徵了遭到盜用的異國風格（兩年前的另一部《埃及豔后》〔*Queen of the Nile*〕探討的是娜芙蒂蒂的一生，但這部電影沒有獲得以克麗奧佩托拉為主角的《埃及豔后》那樣的注目。扮演娜芙蒂蒂這個角色的是另外一個白人演員珍妮・奇蓮〔Jeanne Crain〕）。許多歷史學家認為，克麗奧佩托拉很可能是馬其頓人（Macedonian ancestry），不過也有人猜測她從母親那裡得到非洲血統。二〇二三年，Netflix推出一齣總共四集的劇情式紀錄片《埃及豔后》（*Queen Cleopatra*），再次因為這位女王的種族出身引起激烈討論。這齣戲劇選擇由黑人演員愛黛兒・詹姆斯（Adele James）演出女王，在一些埃及圈引發爭議。節目的波斯導演蒂娜・加拉維（Tina Gharavi）為此在《綜藝》（*Variety*）發表了回應：「為什麼克麗奧佩托拉不可以是黑人？為什麼有些人一定要克麗奧佩托拉是白人？她接近白色的膚色彷彿能夠賦予她價值似的。」同一時間，學者認為將現代的種族觀念強加在古代的歷史脈絡並沒有任何益處。丹尼森大學（Denison University）的古典研究副教授蕾貝卡·富托·肯尼迪（Rebecca Futo Kennedy）接受《時代》（*Time*）雜誌專訪時說道：「去探究一個人是『黑人』還是『白人』並不符合那個時代的做法，比起理解古代歷史的本質，更像是把現代政治牽扯進來。」

就像瑞典演員安妮塔·艾格寶（Anita Ekberg）在一九六〇年的電影《生活的甜蜜》（*La Dolce Vita*）畫了令人難忘的眼線一樣，飾演克麗奧佩托拉的泰勒也帶動了另一波眼線熱潮。一位專欄作家在一九六二年說，「埃及容貌」的靈感有一部分來自她的「異國眼妝」。在這部電影上映前，露華濃公司（Revlon Incorporated）推出了「獅身人面眼」，廣告主角是一個跟泰勒在《埃及豔后》的打扮很相似的女人，旁邊有一隻黑貓和這行字：「假如外貌可以殺人，一定是這種外貌。」泰勒在首映前一年便開始這樣打扮，以宣傳這部電影。這是一段對眼線產品來說頗為忙碌的時期。一九五九年，媚比琳開始販賣一款自帶削尖功能的眼線筆。光是一九六八年這一年，這間公司就推出這個產品的不只一個版本——在眼線餅「超級眼線」和「霜白」系列的象牙白眼線餅或眼線液推出後，一九六九年又有一款眼線刷問世。

數百年來，很多人都把古埃及美人的概念跟克麗奧佩托拉聯想在一起，雖然她可能根本不是來自埃及，極少有她的圖像從古代流傳下來，而現存的圖像也跟普遍為人所接受的理想美貌相去甚遠。刻有克麗奧佩托拉圖像的錢幣及她的雕像顯示，她有個大鼻子和突出的下巴。埃及文明學者諾頓表示，人們認為她很美，這不是根據事實，而是因為她成功誘惑了古羅馬政治人物凱撒（Julius Caesar）和馬克．安東尼（Mark Antony）。此外，古羅馬作家對她的描述遠比藝術家和雕塑家呈現她的方式更加被美化。

然而，泰勒被設定成這位女王的理想版本，有著畫得很誇張的眼睛和色彩鮮豔的藍色眼影，這些都是為了這部電影而塑造的難忘形象。雖然眼線的部分很可能已精準呈現，但是安德魯．哈迪（Andrew Hardy）等歷史學家卻對克麗奧佩托拉是否使用藍色眼影持有不同的意見。以當時現有的材料（方鉛礦和孔雀石）來看，綠色和灰色比較有可能。儘管如此，藍色最後還是成為泰勒選擇的顏色，因為這可以凸顯她的紫色眼睛＊。

在一九六二年，《聖安東尼奧新聞快報》（*San Antonio Express and News*）的時尚編輯蜜德莉．惠蒂亞克（Mildred Whiteaker）寫了一篇報導〈髮型與妝容透露的尼羅河蹤影〉（Echoes of the Nile in Coifs, Makeup）。她提及娜芙蒂蒂和克麗奧佩托拉，說：「埃及樣貌在時尚和美妝界

＊譯註：在二〇二三年的Netflix影集中，英國演員愛黛兒．詹姆斯畫了藍綠色和金粉眼線。

正越來越受歡迎，從帽子、髮型、妝容到首飾的一切都看得到埃及的影響。我的信箱幾乎天天會出現跟古埃及女王性感的服裝和難以抵抗的誘惑有關的內容。」同時，紐約第七大道（New York's Seventh Avenue）的「巨頭」之一賽爾・查普曼（Ceil Chapman）把她一九六二年整個春季的作品主題設為「尼羅河女兒」。歐洲也有推出類似的展覽，義大利的假人模特兒常畫有娜芙蒂蒂的濃密眼線。

「異國眼線」

儘管人們對有色人種女性的異國外表感到著迷，在整個二十世紀，美妝集團卻沒有在他們的產品中有意義地滿足這個族群的需求，或讓她們充分出現在廣告中。因此，黑人企業家決定自己創立公司以彌補這個缺失。

一九一八年，幾位非裔美國投資者聚在一起成立了「尼羅河女王化妝品」，要滿足中產階級的黑人或深色皮膚的消費者的美妝需求。他們其中一則廣告寫道：「有色人種跟世界上其他人種一樣擁有真正的美。」在路易斯安那州（Louisiana）的莊園出生的黑人企業家C・J・沃克女士（Madam C. J. Walker）在這場推動多元的浪潮中，是一個非常重要的人物。接下來的幾十年也有類似的先驅把焦點放在黑人之美。

在一九五〇和六〇年代的民權運動中，黑人女性開始做出比較貼近非洲中心主義

（Afrocentric）的妝髮選擇，使主流化妝品公司不得不注意到。美妝和髮型開始被視為一種工具，讓邊緣化族群可以向黑人的自豪與力量運動展現團結心。在廣大的社會變遷下，化妝品專櫃跟上廢除種族隔離的措施。黑人家庭收入增加，因此對多元的美妝產品的需求也提高了。以有色人種女性為目標的小型化妝品公司開始跟大集團競爭。

一九五九年，模特兒潔桃恩·M·泰勒（Je'Taun M Taylor）在媚比琳第一則有黑人女性出現的廣告中擔任主角，畫上防水眼線液、戴上鑽石首飾。擁有重要企業支持的老級品牌也跟進了，像是雅芳和露華濃。同一時間，從[8]第二次世界大戰結束到一九六六年，化妝品產業的產值激增四倍，來到二十四億美元。

此時，倫敦大英博物館（British Museum）的圖坦卡門展覽在一九七二年展開，因此古埃及樣貌很快又再次流行起來，儘管這可能從來沒有退過流行。羅伯特·戈德沃姆（Robert Goldworm）等設計師推出以古埃及為靈感的作品，當季的模特兒很多都穿著長而合身的禮服、高高的領口，並畫有眼線。

報章雜誌持續提供各種訣竅，教人實現「娜芙蒂蒂的容貌」。根據北卡羅來納州（State of North Carolina）的《加斯托尼亞公報》（*The Gastonia Gazette*）在一九六七年所刊登的一篇文章，這時候想要獲得娜芙蒂蒂的容貌，得使用一種「如果有曬黑會比較持久」的深色粉底、玫瑰色口紅、胭脂色腮紅、黑色眼線和綠色眼影。化妝品公司宣傳許多跟這個「深色」和「異國」外貌有關的產品，多到某專欄作家開玩笑地說，美妝愛好者「重返中東眼線粉的礦區」。

《Vogue》首次在一九六六年三月找了位黑人女性擔任封面人物，那是英國版的某一期，主角是唐雅爾．露娜（Donyale Luna）。露娜被認為是全世界第一位黑人超級名模，照片中的她穿著由蔻依（Chloé）所設計的淡紫與金色色塊所拼裝的洋裝，眼妝以畢卡索的畫作為靈感，垂墜的個性耳環充滿浮誇感。她的側面照露出被魚尾形狀的線條所勾勒出的杏眼，而修剪整齊的手則遮住臉孔剩餘的部分。她的食指和中指擺成一個V字形，讓人把注意力放在畫好的眼睛上。這樣的容貌在搖擺的六〇年代非常流行，當時人們會用大膽的配色、幾何線條以及建築設計般的精準來妝點眼睛。經過這代表性的一刻，這位模特兒的眼線成為她妝容的固定特色，而她整體的樣貌也讓人聯想到娜芙蒂蒂。一九六四到一九八四年，在英國版《Vogue》擔任編輯的碧雅翠絲．米勒（Beatrix Miller）形容露娜擁有「美妙的身形，她有稜有角、極為高大、奇特」。「奇特」的女子終於被承認不僅有異國美，還令人稱羨。

到了一九八五年，大部分的美國女性都會畫眼線了，眼線產品非常受歡迎，有人甚至把眼線刺在眼皮上。這個耗時二十到四十分鐘的手術發明出來時，被說成是美容界革命性的突破，要價一千美元，相當於今日的三千美元左右，可維持兩年的時間（今天仍有眼線刺青，而且越來越受歡迎，部分原因是這比一九八〇年代完成的效果看起來更自然）。紐約州赫基麥（Herkimer）的《晚間電報》（*The Evening Telegram*）表示：「不像娜芙蒂蒂王后，一九八〇年代的女性沒有時間化妝。令人興奮的是，女性的生活現在有很多面向：家庭、工作、旅行和運動，所以她們真的很忙。因此，她們值得擁有永久美麗的眼睛所帶來的便利。」眼線真的變成美國文化永久不變的固定元素了。如同另一名記者所說的：「[9]這是持續流行的風格，而非一時流行。」

娜芙蒂蒂坐上黑人文化的寶座

由娜芙蒂蒂所驅使的文化覺醒現象，有一個面向充斥著人們對古埃及「異國」女性的東方主義態度，但是還有另一個面向則堅決反對東方主義和殖民主義。美國的黑人非裔文化在當時受到讚揚，這些運動後來聲稱娜芙蒂蒂是非洲的有色人種，儘管仍然沒有人知道她屬於哪一個種族。

一九六三年，美國爵士鋼琴家塞西爾．泰勒（Cecil Taylor）推出一張專輯，名稱是《娜芙蒂蒂，美人駕到》。專輯封面照是這位王后的胸像，她的眼線超出眼角，在臉上和脖子纏繞出大膽的古埃及風格圖樣。五年後，邁爾士．戴維斯（Miles Davis）在一九六八年推出古典爵士樂專輯《娜芙蒂蒂》（*Nefertiti*），其中以獨一無二的同名曲目最為出名。這是戴維斯第一個跟非洲有關的作品，之後他會再完成好幾個。研究者萊恩．S．麥諾提（Ryan S. McNulty）在一篇有關戴維斯「想像非洲」的論文中表示，這張專輯會選擇這個名稱，可能是在利用一九六〇年代大眾對這位王后湧現的興趣。麥諾提說，「在這張專輯的第一首曲目，複雜的鼓樂成為焦點，那是非洲音樂的強烈特色。」這些打著娜芙蒂蒂名號的作品將非裔美國人的經驗置於更廣大的非洲中心主義的文化領域中。

在二十世紀的尾聲和二十一世紀的開端，娜芙蒂蒂坐上了黑人文化的寶座。一九八〇年代，美國總統雷根（President Ronald Reagan）的政策激化了種族之間的經濟差異，非裔美國家庭受到的打擊最大。在這些變遷之中，黑人族群裡象徵非洲中心主義的事物變得很受歡迎，包括服裝、珠寶、音樂和舞蹈。一九八〇和一九九〇年代可說是嘻哈和饒舌音樂富含非洲意象的黃金時期，德拉魂（De La Soul）和探索一族（A Tribe Called Quest）等樂團都有提及非洲國家，在非洲移民之間倡導共同的泛非（Pan–African）身分認同（近年來也有類似的意象出現：在為二〇一八年《黑豹》（*Black Panther*）電影原聲帶的歌曲〈所有的星星〉（*All The Stars*）所製作的微電影裡，演唱者肯卓克・拉瑪〔Kendrick Lamar〕和詩莎〔SZA〕便踏上前往非洲的旅程）。

已故的蒂娜・透娜（Tina Turner）在一九八四年發行的〈我以前可能是女王〉（*I Might Have Been Queen*）這首歌，歌詞帶有自傳性質，是這位美國出生的瑞士籍歌手透露她相信自己前世可能是哈特謝普蘇特法老之後所做的一首歌（透娜非常著迷於古埃及文明，後來曾經被化妝師凱文・奧庫安〔Kevyn Aucoin〕打扮成克麗奧佩托拉）。在一九八九年的歌曲〈為我跳舞〉

（*Dance for Me*）的音樂錄影帶裡，歌手拉蒂法女王（Queen Latifah）穿著司令官的制服表演，頭上戴著一頂可以跟娜芙蒂蒂的寶玉王冠媲美的帽子。她也有畫眼線，這時的眼線產品在持久性和一致性方面已有所改善。三年後的一九九二年，娜芙蒂蒂再度在一首獲獎歌曲中現身，那就是麥可・傑克森（Michael Jackson）的〈還記得那時候〉（*Remember the Time*）。這首歌的音樂錄影帶把場景設定在有點浮誇的古埃及，由索馬利亞裔的超級名模伊曼（Iman）扮演百般聊賴、脾氣易怒的娜芙蒂蒂。她告訴由艾迪・墨菲（Eddie Murphy）飾演的阿肯那頓：「我好無聊，我想要來點樂子。我的法老能不能想個辦法娛樂他的王后？」於是，國王給她找了幾個男性表演者，有的會吞火，有的會表演魔術。然而，娜芙蒂蒂還是很無聊，因此把他們都處死，最後只有麥可・傑克森因為歌唱功力難以匹敵，因此被饒了一命。影片裡的伊曼畫了煙燻眼影和濃黑眼線，而傑克森也畫了男性眼線。

美國歌手兼詞曲作家的代表人物愛梨卡・巴杜（Erykah Badu）在生涯高峰時曾把頭髮盤得高高的，用頭巾包住，讓人想到娜芙蒂蒂的高聳王冠。順帶一提，巴杜是靈魂水瓶人（Soulquarians）的成員之一，這個一九九〇年代到二十一世紀初由黑人藝術家組成的輪替團體成員還包括尋愛（Questlove）、J・蒂拉（J Dilla）、迪安傑羅（D'Angelo）、詹姆斯・波森（James Poyser）以及比拉爾（Bilal）等人。回到正題，饒舌歌手蘿倫・希爾小姐（Ms. Lauryn Hill）在一九九九年發行的單曲〈一切都是一切〉（*Everything Is Everything*）也有提到娜芙蒂蒂和克麗奧佩托拉，而蕾哈娜（Rihanna）在替二〇一七年的阿拉伯版《Vogue》拍照時也向娜芙蒂蒂致意，畫了眼線和濃豔的藍色眼影。為了表明她對這位王后的喜愛，蕾哈娜還在肋骨的位置刺了娜芙蒂蒂的胸像。

二〇一八年，碧昂絲成為首位領銜科切拉音樂節＊的黑人女性。為了這歷史悠久的活動，她找了擁有索馬利亞（Somali）和衣索比亞（Ethiopian）血統的法籍時尚設計師兼奢侈品牌寶曼創意總監奧利維．羅斯汀（Olivier Rousteing）替她訂製五款造型，取名「回家」。她的演出以「重拾遺失的敘事」為核心，作為喚起黑人力量的象徵，包括美國過去的黑人大專院校。寶曼將娜芙蒂蒂作為碧昂絲的重點造型。在表演中，碧昂絲穿了用無數、黑色亮片裝飾而成的緊身連體衣和斗篷出現在觀眾面前，斗篷背面是這位古埃及王后的圖像，清楚呈現黑人女性的樣貌。此外，碧昂絲的高大頭飾鑲滿珠寶，被《大西洋》（*The Atlantic*）形容成「娜芙蒂蒂風」。最後，她的黑煙燻眼妝完整了整套裝扮。

這不是碧昂絲第一次向這位王后致敬。二〇一七年，她在官網宣布自己懷有雙胞胎時，釋出了幾張照片，其中一張便是她在熱帶布景前方跟娜芙蒂蒂雕像的複製品合影的照片。在她二〇一六年為歌曲〈對不起〉（*Sorry*）所製作的音樂錄影帶中，她擺出跟娜芙蒂蒂胸像類似的姿勢，讓她看起來好像也沒有手臂。她的辮子盤得像一頂高高的王冠，而她的眼睛當然也畫了眼線。她也為了二〇一八年的「趕場二」（On the Run II tour）巡迴演唱會製作一些以娜芙蒂蒂為靈感的衣服，導致一些埃及人在社群網站點名她，說這是一種文化盜用。二〇二三年，埃及政府因為荷蘭的國立古物博物館（National Museum of Antiquities）展出非洲中心主義的古埃及展覽，禁止一支荷蘭考古團隊挖掘薩卡拉（the Saqqara Necropolis）這個古代墓地。原來，這個展覽檢視了古埃及和努比亞（Nubia）對非裔美國藝術家的影響，包括娜芙蒂蒂給予碧昂絲和蕾哈娜的啟發。一封遭洩露的信件指出，埃及文物服務的官員控訴策展人「捏造歷史」，因為展覽帶有非洲中心主義的色彩。

在碧昂絲二〇二〇年發行的視覺專輯《黑人為王》（*Black Is King*）中，旁白說：「我每天都戴著我的娜芙蒂蒂鍊子。」影片發行時，全球正因美國警察德里克·蕭文（Derek Chauvin）殺害黑人喬治·佛洛伊德（George Floyd）而掀起種族正義的抗議聲浪。黑人文化將娜芙蒂蒂當作啟發，使她不僅成為黑人之美的象徵，也是黑人力量與影響力的代表。

娜芙蒂蒂也是黑人美妝品牌的靈感來源。二〇一六年，珠薇亞的店（Juvia's Place）創立了，宗旨是要「讚揚非洲王國的那些叛變者、統治者和王后，她們透過創新和充滿靈魂的技巧

＊譯註：科切拉音樂節（Coachella）在一九九九年開始舉辦，是每年在加州（State of California）的科羅拉多沙漠地區舉辦的音樂藝術節，現場會有數個舞臺持續進行現場演出。

崇尚美麗，這些技巧我們今天仍在使用。」這個牌子向娜芙蒂蒂致意，稱她為「原創美麗象徵」，其推出的努比亞眼影盤正面就是娜芙蒂蒂胸像的圖案。這個眼影盤的粉末顏料濃度很高，因此可以用來畫眼線。提供五十一種粉底色彩的化妝品公司UOMA美妝（UOMA Beauty）先前曾經販售一款名叫「向太陽鞠躬」的眼線產品，使用棕色、黑色和藍色來呈現娜芙蒂蒂。這個品牌在官網上表示，是娜芙蒂蒂啟發他們創造她經典眼線樣貌的「現代版本」。

誰的娜芙蒂蒂？

娜芙蒂蒂的現代史（包括她本人以及跟她有關的藝術表現）本質上其實是在爭論所有權，也就是這件藝術品本身和它廣大文化影響的所有權。這場爭議最戲劇化的表現，或許是二〇〇三年的某起事件。那年，匈牙利藝術家巴林特．哈瓦斯（Bálint Havas）和安德拉斯．加利克（András Gálik）拍攝娜芙蒂蒂的胸像從防彈玻璃箱取出的畫面。兩人做了一個裸露的銅像上半身軀體，把娜芙蒂蒂接在上面，創造出一個外表怪異的假人。搬移娜芙蒂蒂的那些人戴著手術用的手套，抓著王后細長的脖子，然後給她一個她根本不曾要求的身體。合稱「小華沙」的哈瓦斯和加利克將這段影片作為第五十屆威尼斯雙年展某裝置藝術的其中一部分，起了一個標題《娜芙蒂蒂的身體》（*The Body of Nefertiti*）。

這詭異的「合一過程」是使用十六毫米彩色膠片所拍攝的。小華沙在他們的網站上說，這個計畫完美地展現了他們把歷史象徵放置於當代脈絡中，好「復甦」它的興趣。這尊胸像只有跟那個軀殼結合「短短的時間」，而且整個過程都沒有公開展示。

在某些人看來，這段影片象徵考古掠奪的悲劇，沒有經過國家的同意，缺乏尊重，是一種暴力行為，是白人對非洲文物的占有權。這不禁讓人納悶，假如穆斯林的頭巾被疊印在《蒙娜麗莎》的頭上，不知道大眾會有什麼反應。

這些藝術家有什麼權利這樣處理娜芙蒂蒂的意象？她為何被描繪成一個青春期前的男孩身體？羅浮宮收藏的一尊女性上半身雕像被認為是娜芙蒂蒂的，顯示她很可能擁有比那還豐滿、臀部寬厚的西洋梨身形。娜芙蒂蒂只是短暫從展示櫃移出，這樣做有什麼關係嗎？

不意外，對埃及來說這很有關係。這起事件在開羅（Cairo）引起軒然大波，埃及政府聲稱娜芙蒂蒂在德國人手中不安全。她被描繪成「裸身」的樣子，被視為冒犯了對國家宗教和文化觀。當時的埃及文化部長法魯克．胡斯尼（Farouk Hosni）說這種「合一」很不道德。某一家埃及報社的編輯更是氣到刊登一則頭條〈娜芙蒂蒂王后在柏林博物館全裸！〉（*Black Is King*）在接受《紐約時報》的訪談時，這項計畫的策展人之一伊斯特萬．巴科齊（István Barkóczi）表示他對埃及人的反應感到很震驚，覺得這很「怪異」。

德國和埃及已經針對娜芙蒂蒂的胸像吵了一百年。自一九二四年以來，埃及提出無數次的返還要求，卻都無疾而終，或者在最後一刻遭翻盤。在所有因為考古返還而產生的敵對關係之中，這一個激烈到連政府高層都在互相辱罵，讓希特勒做出嚴厲評語、埃及國王和國家元首講出羞辱性字眼。

埃及城市沙馬路特（Samalut）在二〇一五年試圖製作自己的娜芙蒂蒂胸像。然而，這尊石像一點也不像娜芙蒂蒂，不僅很醜，還是白色的，就連眼睛畫了眼線也無濟於事。批評者把它比作埃及總統阿布杜勒·法塔赫·塞西（Abdel Fattah el-Sisi）和科學怪人。民眾表達不滿後，官員很快就下令將它撤離。

札希·哈瓦斯認為，誰擁有娜芙蒂蒂的這個問題對我們如何看待她很重要。這位埃及學者所率領的機關，職權是要爭取古埃及重要文物的返還，包括娜芙蒂蒂、大英博物館的羅塞塔石碑和羅浮宮的丹達臘黃道帶。其中，娜芙蒂蒂特別重要。哈瓦斯認為，這位王后如此重要的一部分原因是，年輕人因為她對埃及研究仍保有興趣。直到今天，他還是不斷努力拿回娜芙蒂蒂，最近一次是發起請願呼籲將它返還。他說：「許多博物館都在談論帝國主義時期強國的劫掠以及殖民主義把各國寶藏搶走的歷史。現在是時候將文物還給埃及和非洲了。」

現代埃及的娜芙蒂蒂

二〇二一年，埃及把二十二具木乃伊，其中包含十八位國王和四位王后，從埃及博物館遷移五公里遠，搬到新建的國立埃及文明博物館。這趟耗資數百萬美元的遷移任務被稱作「法老的黃金遊行」，是全國一大奇觀，也是塞西把人們的注意力從政治爭議和人權侵犯等議題暫時轉開的有效手段。在行進隊伍最前方領頭的，是一些穿著藍白長袍和浮誇衣領的女性。她們的臉孔都畫了娜芙蒂蒂的妝容，但是眼線比較濃厚，類似荷魯斯之眼。哈瓦斯說，他有問德國柏林博物館的前任館長，埃及能否在開幕典禮上「借用」娜芙蒂蒂的胸像，可是這項要求如預期般被拒絕了。

娜芙蒂蒂對埃及文化仍非常重要，各個世代的女性依然會像她一樣畫眼線。當地婦女告訴我，就跟古埃及一樣，她們使用的眼線種類往往取決於個人財力，較便宜的埃及眼線品牌相當廣泛。因此，許多富裕的埃及女子便選擇外國品牌來裝飾自己的眼睛。三十幾歲的埃及女子瑪拉姆（Maram）說：「我從小就認為眼線是埃及的傳統習俗，還有娜芙蒂蒂很美麗。我十幾歲開始畫眼線，覺得那看起來很酷。自那時候起，我每天都有畫。」

攝影師阿布杜拉．薩布里（Abdallah Sabry）在二〇一五年《切割》（The Cut）雜誌的一篇文章〈開羅強大的眼線和若無其事的美〉（The Strong Eyeliner and Nonchalant Beauty of Cairo），刊登了時髦的年輕埃及女子秀出貓眼的照片。在另一篇刊在《Vogue》的教學文章〈布魯克林的酷女孩〉（Brooklyn cool girl）中，千禧世代的伊曼．阿巴斯（Eman Abbas）則向讀者展示如何精通「畫眼睛」的技巧。這位住在布魯克林、父母都是埃及人的攝影師告訴雜誌：「我如果看著娜芙蒂蒂，喜歡她的眼線，那我就會想要把它畫出來。」

10 眼線的文化意涵也體現在埃及的娛樂產業，如電影、劇場和歌舞。這些地方用到的中東眼線粉加起來足以填滿尼羅河。在咆哮的二〇年代和一九三〇年代，埃及的女性主義代表、社運人士和表演者都會大量使用眼線，尤其是在開羅的夜店和酒吧雅座。歌手穆尼拉・馬赫迪耶（Mounira al-Mahdiyya）經常把眼睛塗黑，芭蒂亞・馬薩布尼（Badia Masabni）、塔希亞・卡里奧卡（Tahia Carioca）、阿絲瑪罕（Asmahan）、蘿絲・尤瑟夫（Rose al-Youssef）、薩咪亞・賈邁勒（Samia Gamal）和樂伊拉・莫拉德（Layla Mourad）等明星也是。莎菲亞・歐麥里（Safiya al-Omari）和薩烏桑・巴德（Sawsan Badr）這兩位老牌影星也依舊會畫大量眼線。事實上，巴德確實經常被拿來跟娜芙蒂蒂相比。已故的埃及女性主義者娜娃勒・薩達維（Nawal el-Saadawi）在生涯的許多時期都曾畫過淺淺的眼線。一九八〇年代初，薩達維被埃及政府指控「危害國家的罪名」，因此遭到監禁，但是她在獄中依舊持續寫作，使用眼線粉在面紙上書寫。埃及的人權運動分子瑪喜努・梅斯里（Mahinour el-Masry）因為少了一隻眼，所以人們在要求把她從獄中釋放（她被指控違反埃及的抗議法）的文宣將她比作娜芙蒂蒂。她在二〇二一年獲得臨時釋放。

在埃及影壇，特別是一九四〇、五〇和六〇年代的黃金時期，主角在故事情節中展現出的張力似乎跟眼線的浮誇程度有所關聯，包括她哭泣時眼線花掉的樣子。在一九五八年的埃及電影《我很自由》（*Ana Hurra*）中，女主角反抗虔誠且保守的家人和整個社會，臉上始終畫有翹尾的貓眼。這部電影體現了那時候的女性主義，挑戰賈邁勒・阿布杜勒・納瑟（Gamal Abdel Nasser）上任總統之前普及的社會規範。在一九七二年的電影《留意珠珠》（*Khalli balak min Zouzou*），一名大學生對朋友隱瞞自己的舞者身分，擔心他們可能會批評她（當時的保守分子常把歌手和舞者跟「放縱」的社會行為聯想在一起）。飾演這位年輕女子的索雅德・霍斯尼（Soad Hosny）在演出期間畫了厚厚的眼線，甚至連睡覺時也畫。當代歌手在比較性感的影片中也會畫眼線，像是露比和謝琳（Sherine）。例如，在二〇〇四年的歌曲〈他為何這樣隱藏自己的情感〉（*Leih beydary keda*）的音樂錄影帶，露比便有畫眼線，並在健身車上做出性感的動作。

好到難以置信

二〇〇九年，瑞士藝術史學家亨利・史提林（Henri Stierlin）提出一個驚人的論點，震撼埃及研究圈。他在著作《娜芙蒂蒂胸像：埃及學界的詐騙案？》（*Le buste de Néfertiti: Une imposture de l'égyptologie?*）主張這尊雕像不可能有三千四百年的歷史，極有可能是贗品。根據史提林的著作，當時波爾哈特要求建造這座雕像，是為了讓團隊了解埃及人如何運用在阿瑪納挖掘出來的古代顏料，結果卻演變成他們發現了這尊胸像。開鑿者似乎給某位普魯士親王看過這件贗品，而親王被雕像的美所震懾，以為那是真品。史提林聲稱，波爾哈特「沒膽讓這位貴賓看起來像個笨蛋」，因此只好附和他。

他還說，娜芙蒂蒂的胸像太美麗、太精緻，不可能會是真的，而且她的五官特徵帶有新藝術派的風格。有人猜測，波爾哈特把妻子愛蜜莉的照片給了偽造者當作參考，因此娜芙蒂蒂才有「歐化」的五官。一個被判有罪的贗品製造者兼仿冒品專家認同史提林的判斷，告訴史密森尼的頻道：「觀看這尊胸像，你會發現這其實是愛德華時代一位畫了埃及妝容的美麗女士。」儘管如此，史提林的論點在埃及學者間並未獲得什麼支持，他們大部分都認為這尊胸像是真正的文物。

然而，就算這尊胸像是真品，我們對娜芙蒂蒂的理解有一部分仍可能建立在騙術之上。畢竟，眼線也是一種欺瞞的形式。波爾哈特在筆記裡坦承，這些侷限確實存在，身為藝術消費者的我們看到的只是藝術家對娜芙蒂蒂的認知，絕不是她本人。他寫道：「關於藝術家想要描繪的是什麼，這個問題不容易回答。以我們今天呈現事物的方法來看，幻覺是有可能創造出的。若說到埃及文明，更常出現、往往無法避免的幻覺……特別容易出現，因為現在畫家跟觀者之間相隔了數千年。」

儘管仍有未解的問題，我們依然相信娜芙蒂蒂的胸像是這位王后的美麗證明。無論是在巴黎的伸展臺或其他地方，娜芙蒂蒂雕像的容貌才是克里斯汀・迪奧（Christian Dior）、祖海・慕拉（Zuhair Murad）、克里斯汀・魯布托（Christian Louboutin）以及阿澤丁・阿萊亞（Azzedine Alaïa）等設計師在作品中試圖效仿的——他們的模特兒都有畫眼線。

Instagram偶像

今天，娜芙蒂蒂的長相仍盤據在大眾的腦海中，跟一九二〇年代一樣。YouTube上有非常多影片在實際模仿她的容貌，其中一支：「埃及的娜芙蒂蒂王后在現實中長什麼模樣」的觀看次數超過八十萬次。

有一個追蹤人數超過三十五萬人的Instagram帳號「Royalty Now」專門拍攝「歷史重現」的照片，在二〇一九年的一則貼文中便重新創造娜芙蒂蒂。創建者貝卡・薩拉丁（Becca Saladin）是一位平面設計師，當她以數位的方式呈現這位王后的胸像時，她很震驚成品竟如此完美。她說：「我知道這聽起來很假惺惺，但我真心認為她很完美。」貼文裡的娜芙蒂蒂看起來非常自然、極為神聖、詭異中帶有熟悉感，使我這位觀者愣了一下。

薩拉丁研究過數以百計歷史人物的臉孔，包括世宗大王（Sejong the Great）、莫札特（Mozart）、瑪麗・安東妮（Marie Antoinette）和克萊沃的安娜（Anne of Cleves）。為了產出這些人物的擬真圖像，她搜遍網路去尋找五官特徵相似的人的照片，接著使用Photoshop的液化濾鏡修圖。不同的部位共同組成該歷史人物的樣貌，例如，他的鼻子可能是現代某位名人的鼻子，嘴唇則是取自圖庫。

但是，在創造娜芙蒂蒂時，薩拉丁則直接使用雕像照片的鼻子、嘴唇和眼睛構造。她只需要修掉一些裂痕，加上從一張亞洲女子的照片中的頭髮。眼睛的部分，薩拉丁取自英籍辛巴威裔演員譚蒂・紐頓（Thandiwe Newton）的照片，她在照片中剛好有畫眼線。至於膚色，薩拉丁反映的是胸像的顏色。

在最後的成品中，重新被創造出來的娜芙蒂蒂看起來是一個有色人種女性，擁有許多年輕女子認為十分理想的現代樣貌和五官：筆直的鼻子、豐滿的嘴唇、完美無瑕的肌膚、塗黑的眼睛以及輪廓高挺的顴骨。

薩拉丁說：「這尊雕像這麼經典是有原因的。從外表來看，娜芙蒂蒂很美。她的臉蛋比例、顴骨、嘴唇、畫了美麗眼線的雙眼……，她是每個Instagram女孩現在都想要成為的模樣。」

這則貼文的其中一則留言熱情地回應：「過去和現在的她都好美！」

Chapter

2

禁忌民族

沃索節和沃達貝人

切身觀察沃達貝人的義大利人類學家艾蓮娜·達克（Elena Dak）說：「我們常常認為只有女人才會照顧自己的美貌和化妝，但是在這個族群裡，男人才是會透過化妝、穿戴美麗珠寶和跳舞來展示自己是有多美的人，而非女人。」

我人在查德沙里–巴吉爾米區（Chari–Baguirmi）的杜赫巴利（Dourbali）附近一處遼闊、塵土飛揚的灌木平原，五、六個畫有眼線的年輕男子日落後聚在一起。現在的氣溫比較涼爽了，但嚴格來說還是酷熱無比，就連以這個地區的標準來說也是如此。沃達貝族（富拉尼人的支族）的男性正準備進行稱作「雅科」（Yakke）和「格萊沃爾」（Gerewol）的儀式舞蹈，他們可以趁機誇耀自己的美麗，尋找伴侶人選。明天，他們要參加一年一度沃索節的正式開幕典禮。這個節日都在雨季結束之際舉行，相關習俗可回溯到好幾個世紀以前，包括透過跳無數個小時的舞來歡慶沃達貝人的身分認同；邊享用大餐邊交流聯誼；偶爾舉辦的賽馬。雖然節慶的某些元素長久以來可能出現些微的改變，但據說大體上仍絲毫未變。格萊沃爾舞的高潮橋段是求偶儀式，沃達貝人不同氏族的女性此時會從眾多熱切的舞者中挑選自己喜歡的男人。格萊沃爾的意思是「排成一排」，雖然偽裝成「戰舞」，本質上卻是美化過的選美比賽，只是在沃索節，評審是女性。這個節日有一套嚴格的規矩，男性除了外表之外，財富（根據他們放牧的牛隻數量而定）和魅力也會被評判。十九歲的凱（Kai）是其中一名舞者，他理所當然地說：「我來這裡是要跳舞和展現我的美。」

賈普托氏族（Japto clan）的年輕人（主要是十幾歲的青少年）已經期待這個節日好幾個月了，有的甚至從出生就開始等。大部分尚未嫁娶的男女早有家人替他們安排婚姻，有的從出生後就決定好了。其中一些人已經跟許配給他們的對象結婚，但由於沃達貝人名義上是穆斯林，所以年輕人可以娶四個老婆，而這個節日便是要促成這些姻緣。最後，在格萊沃爾正式配對的男女都會結婚，另外也有非正式的短暫配對，不只侷限於評審和贏家。女性被鼓勵要挑選競爭氏族的男性，透過婚姻和繁衍擴大基因庫。伴侶關係是流動的，沃達貝族的女性如果不快樂，有權利離開丈夫或不嫁給許配給她們的伴侶。有些人會偷偷找其他性伴侶，他們的氏族也不會因此排斥他們。

除了火把的火光之外，這裡的夜空一片漆黑，不受光害汙染，你幾乎可以看到銀河。就算天空開始下起雨，男人還是繼續圍成一圈，依循自己的節奏吟唱、跳舞，不被啪達啪達的雨水和頑固雨季所阻撓。他們必須為接下來的幾天練習，屆時他們會傾注全部心力跳舞表演，讓可能的伴侶人選印象深刻，並且跟另一個沃達貝氏族的蘇度蘇凱人（Sudosukai）競爭。今晚的舞蹈被稱作「魯姆舞」，也就是「迎賓舞」的意思。族裡的小朋友眼睛也畫了眼線，他們加入行列，試著模仿年紀較大的族人所散發的美，十分可愛。這些厚臉皮的孩子不久便被一位長者趕走，長者拿著一根棍子敲打沙漠的地面，激勵男人們努力跳得更好。

賈普托氏族對住在周邊區域的蘇度蘇凱氏族發出一段迷人的單音調吟唱，象徵節慶展開。他們的宣言得到無語的承認、同等的吟誦。賈普托人必須等待，因為蘇度蘇凱人要整整五天後才會抵達。沃達貝族總共有數萬人，因此在撒哈拉沙漠和薩赫勒大草原之間的地帶，同時有好幾個沃索節慶典在不同的地區展開，還有其他許多氏族會互相競爭。

男人們現在站成一排練習格萊沃爾舞，隨著自己哼唱的旋律搖擺。每隔幾分鐘，就有一兩個舞者往前站，要引起大量人群的注意，包括幾十個來自鄰近區域的當地人。這些舞者處於一種近似被催眠、迷幻的狀態。有人說，他們食用了植物性的興奮劑，以便在跳舞數小時還能維持體力。

這些男生模仿長腿長頸的鷺鷥，這種鳥因為其優雅而受到沃達貝人崇敬。他們極度專注在自己上半身快速抽動，一邊踏著密集的碎步，一邊把頭向上歪以展示五官特徵。為了展示彩繪的眼睛和嘴唇下閃閃發亮的牙齒，他們會做出翻白眼、齜牙咧嘴、格格打顫的舞蹈動作。他們眼神閃爍、嘴唇微微顫抖，向女性示意，表明求偶過程已經展開。他們望向頭頂的星空時極為專注，似乎被某種更大的力量附身。在沃達貝人之間，這熱情奔放、色彩鮮豔的驕傲和慾望展現方式並不羞恥，他們的男性似乎擁有無窮的精力。「沃達貝」這個詞的意思就是「禁忌民族」，相當貼切。這些男人非常注重自己的外表，但這不僅不會被否定，還受到讚揚，他們的美是神聖的。

切身觀察沃達貝人的義大利人類學家艾蓮娜．達克（Elena Dak）說：「我們常常認為只有女人才會照顧自己的美貌和化妝，但是在這個族群裡，男人才是會透過化妝、穿戴美麗珠寶和跳舞來展示自己是有多美的人，而非女人。」這個特質被高度重視，以至於有些不太吸引人的的男人會要求較為俊美的族人讓自己的妻子受孕（他們會徵得妻子的同意），以維持整個團體的外貌水平。對沃達貝人而言，美麗不僅僅是擁有特定的美學特徵，還包括遵守富拉尼人的道德規範。這套規範稱作「普拉庫」（pulaaku），強調剛毅、禮節、謙遜和尊嚴。達克說：「美感對沃達貝人來說只是必要社會策略的基礎，而美是一種社會和政治價值觀，講的不只是美感本身，還有在社會上獲得地位。」

由於今晚只是彩排，大部分年齡同樣只有十幾歲的女孩只是在旁邊觀察，沒有透露自己正式的喜好。她們簇擁在短短兩公尺之外的地方，認真地觀察男性。她們一邊悄聲談論這些男人的外貌和動作，一邊咯咯笑。她們靦腆地用脖子上披著的印花布料遮掩畫了眼線的眼睛，以掩飾自己的興奮之情。然而，這些害羞的表現其實帶有部分的表演和戲劇成分。這些女孩穿得比年紀較大的女性旁觀者保守；年紀較大的女性大都裸露著上半身，因為她們的胸部已不再跟性聯想在一起。偶爾，她們會把光線照在男性的臉上，表明她們的興趣被激起，或至少讚許這些男性為了她們所做出的努力。沃達貝人大部分都不怎麼在意那二、三十位來自西方的白人觀光客，或是他們的讚嘆聲、鏡頭很大的相機以及「這就是非洲！」的讚嘆語。不過，有時候沃達貝人也會角色對換，拿起手機拍攝素顏的觀光客。他們很可能覺得這些人相貌平凡，而這是可理解的，因為沃達貝人認為自己是全世界最美的民族，他們的男性會隨身攜帶鏡子，以方便檢查自己的容貌，尤其是眼線。

隔天早上，男性族人在破曉時分起床，開始準備節慶服飾和化妝。他們會花三個多小時的時間在自己的臉上，畫眼線時投注大量的心力。這些男人會把眼睛畫大，以吸引女性族人。不過，他們也會展現自己的美學本領，極為專注地畫出亮色和深色交會的線條。其中一個年輕人畫眼線畫了超過十分鐘，一手拿著刷具、一手拿著鏡子，小心翼翼且很有技巧地把線畫在上下睫毛線。畫眼線時，他的技術顯而易見，目光堅定不移。他表示，他通常一天會畫三次眼線：日出一次、中午一次、日落一次，但是他也會視情況補妝，讓眼線保持俐落，其保護特性不易消退。他用項鍊把一個小小的塑膠眼線罐掛在脖子上，除了方便取用，也是一種自豪的表現。這個容器的蓋子使用了黃色、紅色、綠色、藍色的珠珠裝飾。這個年輕人非常鍾愛他的眼線粉，熱愛程度跟許多沃達貝人一樣，把眼線罐和皮革流蘇墜飾做成的護身符掛在一起。

沃達貝人過去是用碾碎的白鷺鷥骨頭、焦化的駱駝血和其他當地可以取得的原料來製作眼線粉。但是今年，賈普托氏族說他們主要是從當地的市場購買眼線粉，眼線罐也是在那裡購得。有些人得在炎熱的沙漠裡走上兩個小時，才能利用賣牛奶賺來的錢買到一小袋的眼線粉。他們說，這些粉末是從沙烏地阿拉伯進口的。

眼線對沃達貝人而言，具有靈性和實用的功能。在美妝方面，眼線可達到顯亮和對比的效果，眼睛越亮，周遭的皮膚越暗，看起來越吸引人。沃達貝人認為，明亮是美的一種無形層面，可補足美的物質層面。這是他們隨身攜帶鏡子的其中一個原因，除了可以確保妝容完美無瑕，他們也會用碎玻璃裝飾衣服，增強陽光的亮度或反射夜晚的火光。眼線也可以保護眼睛不受陽光和異物侵擾，就跟古埃及人畫眼線的目的一樣。達克說：「雖然某些季節會下雨，但是一年之中有很多個月是旱季，地面滿是沙塵。這樣的氣候條件對眼睛來說相當危險，所以眼線跟遊牧民族文化的其他許多層面一樣，同時兼具實用和美化的功能。」

雖然年輕跟貌美似乎是同義詞，但是長輩也會受到尊敬。邁入二字頭不久，年紀較大的男性就不會在沃索節表演，而是成為指導者，教導男孩跳舞和打扮，包括畫眼線的藝術。男性和女性都會畫眼線，只是程度上的不同。年紀較大的女性會畫比較明顯突出，但是沒那麼完美的眼線。由於她們不像男性那麼注重外表（一名女子說她畫眼線純粹是要阻擋陽光照射眼睛），女人會沿著上下睫毛塗抹不精準的線條，使用手指輔助。她們的刷具呈現火柴的形狀，眼線罐也往往比年紀較輕的沃達貝人的眼線罐更堅固、更大，很多都是陶土製成，用皮革保護，造型設計得像水煙壺。

男人熱切但謹慎地為活動做準備，有些還會先使用植物的汁液打底，接著在臉上塗抹橘色的顏料。很多人會互相幫忙上妝，用自己可靠的雙手裝飾朋友的臉。這種化妝品是以赭石粉和牛隻的凝乳酶做成的，沃達貝人會用纖細的手指塗抹這種顏料，慢慢往外塗，不過顏料還是有點呈現粉狀，而非完全混合均勻。這些男性也會用陶土和石頭裝飾自己的身體，因為這個民族相信礦物和植物帶有魔法屬性（鄰近地區的人認為沃達貝人很擅長「超自然醫學」）。

賈普托人使用的化妝品原料包含各種粉末，只能在尼日（Niger）中部的某座特定山脈附近取得，因此男性會踏上一千四百公里的旅程，到那裡獲取原料。要在[11]臉上塗什麼顏色是個人選擇，有人會選擇把臉塗成紅色、黃色或綠色，而非橘色。紅色象徵鮮血和暴力，黃色意味著魔法和轉變，而綠色則代表用來餵養牛隻的植物和青草，有豐饒或富足之意。也有其他賈普托人完全不打底，只用白點裝飾，跟臉上的疤痕形成互補；這些永久的疤痕當初是被刻意劃在臉上的，做為裝飾。繪製白點所使用的白色粉末磨得極細，顏料濃度很高，因此不需要凝乳酶的油脂就塗得上去。男性也會用煤炭把嘴唇塗黑，但近年來有些人改用觀光客扔在薩赫勒的電池裡所含的鹼，十分危險。賈普托人也會把嘴唇塗成藍色，好跟橘色的臉形成對比。為了美白牙齒，有好幾個人隨意走動看其他人準備時，會用樹枝來摩擦牙齒。

中午快到了，舞蹈正跳得如火如荼。我問凱是不是在尋找新伴侶，他說：「我已經有老婆了。」他指著人群中的一名年輕女子，對方回以微笑。「我沒有興趣找別的伴侶。」

他的朋友都在公開吹噓自己有機會找到新伴侶，因此聽到他說這番話，我不禁輕笑出聲。凱給我看他的眼線罐，掛在一條由哨子、珠珠和塑膠片組成的華麗長項鍊上。他的帽子插了一根鴕鳥羽毛，還用幾顆毛線球裝飾，好讓自己看起來更高，模仿鷺鷥的樣子。他的妻子把頭髮編成單條辮子，而凱則把帽子底下的頭髮綁成兩條辮子，用象徵生殖能力的貝殼裝飾。

沃達貝人的容貌有些亦男亦女，他們的審美標準包括對稱的臉部、窄長的臉龐、瘦長的鼻子、明亮的大眼和珍珠似的白皙牙齒，跟娜芙蒂蒂的「黃金比例」臉相去不遠。高瘦的身材也是讓人欣賞的特徵，沃達貝族的男性在跳格萊沃爾舞的時候有時會踮腳尖，就是這個原因。寬大的額頭被認為很美，所以男性常常會把髮際剃得後面一些。舞者戴著串珠的頭帶，頭髮插著五顏六色的梳子；頭帶的珠珠會從髮際垂到皮革護身符的項鍊，而項鍊則會垂到他們纖細的腰部。男女都愛戴耳環，項鍊、墜子和頸鍊也非常普遍。

沃達貝人透過表演和風格頌揚自己的身分認同，他們的身體和聲音就像乘載文化和習俗的器皿。這個族群浮誇活潑的妝容、首飾和時尚結合了傳統與現代。沃達貝人的首飾結合了傳統的串珠設計、貝殼、貴金屬和羊毛以及遭丟棄後又被重新利用的塑膠物件。曾有一位西方遊客給一個沃達貝男孩扭扭蠟燭糖（Twizzlers），結果他以為這種糖果是塑膠。觀光客丟棄的眼藥水瓶成了貼有珠珠的眼線罐；彈性手環跟皮革手環串在一起；項鍊使用紅銅、黃銅和玻璃製的小東西以及更多珠珠和鏡子裝飾。有幾名男子會戴手錶或墨鏡當裝飾，但是墨鏡卻不是拿來遮陽，因為他們已經有畫眼線了。其中一人的墨鏡是仙人掌造型，另外一人的則是螢光粉紅鏡框。到處都看得見色彩迸出：紫色、桃紅色、黃色、鈷藍色。至於鞋子，有不少人是穿襪子配涼鞋或長筒橡膠靴，把寬鬆的長褲塞在裡面。就這樣，毫不相干的配件湊在一起，形成絕妙的整體。

善用物品對沃達貝人來說很重要，任何不具有美學價值的東西會被丟掉。反光物品有時會縫進布料。例如，記憶卡的盒子和空的打火機會被縫在上衣。背心和斜背包上垂著數十個螢光色的哨子，在這些男人跳舞時跟著節奏叮噹作響。刺繡非常重要，幾何圖案、鈕扣和亮片會被繡進棉布、聚酯、皮革、甚至絲絨等布料。刺繡的圖案往往會搭配他們身體刺青的圖樣。有不少男女穿著足球隊的球衣，像是巴塞隆納球員的衣服。有一個男人甚至穿了一件印有川普照片的衣服，另一個人的上衣則印有美國國旗。這些男性寬鬆的上衣在他們擺動時隨風飄揚，上面印有各式各樣的圖案，如花朵、線條、圓點、方格、錦繪、格紋、希臘回紋和星星。這些極其豐富的圖案和顏色令人眼花撩亂，卻又讓人目不轉睛。有這麼多美學選項可以選擇，使每個男人都有自己的風格。不過，這些年輕舞者都有一個共通點：脖子上都掛著眼線罐，眼睛周圍也都畫有眼線。

節慶第三天，已經有好幾對男女配對成功。有兩個女孩選了兩個男孩，卻害羞地站在距離排成一排的男性不遠處。一個引導者溫柔地對她們招手，示意她們上前，她們才快速走向其中兩個舞者，戳戳他們，然後又回到那群女性之中。其他女生為她們加油。女孩挑好人選之後，男人馬上低下頭，以示尊敬。我看著這整個過程，不禁心想，要是紐約人的約會方式也這麼直白就好了。儘管女性是這個求偶過程的評審，但她們有時會不願透露自己喜歡誰，因此很多人會派朋友代替她們去挑選她們有興趣的男人。

二十八歲的阿里有兩個小孩，現在在家中由妻子照顧。他說，他前一晚找了一個非正式的臨時妻子，現在可以接受更多。還有一個男人帥到被選中三次。這個人很清楚，也很驕傲自己的臉部十分對稱；他那畫了眼線的眼睛相當明亮；他的美擁有強大的力量；以及他在氏族中的地位。在格萊沃爾舞取得成功的男性會被族人長時間視為英雄。

[12] 沃達貝人的由來並不清楚，但是整座撒哈拉沙漠都找得到一些古老的岩畫，上面描繪的人種跟他們很相似，顯示他們的文化可能存在了數千年，隨著時間推移，他們跟自己所屬的富拉尼族後來漸漸穿越許多不同的國家與文化。有些學者表示，沃達貝人相信自己來自衣索比亞（Ethiopia）的尼羅河河谷上游，儘管富拉尼族被認為源自塞內加爾（Senegal）或者甚至北非或中東，之後才南遷。近年來，沃達貝人基於牛群和季節變化的需求而在奈及利亞和尼日各處移動，並穿過喀麥隆和查德。達克說，沃達貝人使用眼線粉的習俗，可能跟這個族群本身一樣古老。達克談到這個民族對化妝品的熱愛，說道：「沃達貝人的日常生活非常艱辛，所以在面對這樣的生活、應付如此艱苦的條件時，唯一的方法很可能就是讓身體變得美美的。這不只是對人生和生活方式的一種浪漫思考，也是一項有用的生存策略。」

沃達貝族雖然遠離查德的現代社會而居，但是村莊和城市的人口普遍也都會畫眼線。阿巴．葉海亞．奧斯曼（Abba Yahya Osman）在富拉尼族的社會中出生，但是在奧斯曼七歲時，他的父親決定搬到城市找工作，選擇定居生活，而非遊牧生活。奧斯曼雖然在城市長大，但還是會盡量找時間拜訪沃達貝人和富拉尼人（Fulani），因為他覺得他們的習俗是他身分認同的一部分。他受到他們的喜愛，並認為沃索節這個傳統很美。雖然他現在是個虔誠的穆斯林，一天禱告五次，但是他跟妻兒也都有畫眼線。他思索眼線在查德社會的重要性，用阿拉伯語說：「眼線使我們所有人團結在一起。」在非洲其他地區，豪薩人（Hausa）、圖阿雷格人（Tuareg）和沃洛夫人（Wolof）等民族也會使用眼線粉，薩赫勒（Hausa）和撒哈拉地區的穆斯林也是。

十九歲的亞當．伊斯梅爾．拉席德（Adam Ismail Rashed）從首都恩賈梅納（N'Djamena）來這裡觀看慶典，也向我證實了眼線在宗教方面的重要性：「這是先知【穆罕默德】的聖行，願他安息。」不過，他也是為了遵照醫囑而畫眼線，因為他的醫生使用眼線治療他過去兩年來一直好不了的眼疾。他對眼線粉的藥用特性很感興趣，希望有一天能到歐洲念書，成為一名醫生，之後再返回醫療從業人員短缺的查德。但他也坦承眼線還有一個額外的好處，就是讓他變得更好看。

慶典漸漸收尾，賈普托氏族的年輕人決定繼續跳舞到日出，也就是早上五點整左右，他們有暫停一下，以稍作歇息和補妝，但接著還是繼續表演和吟唱到太陽慢慢從地平線爬升上來。

在這個時辰，他們的舞蹈幾乎像是來自另一個世界，跟節慶的第一天早晨相比，他們的服裝還是一樣完整、動作還是一樣協調、肢體語言還是一樣雄偉、眼線還是一樣鮮明。

跳舞、聯誼了一整晚之後，眾男女打算休息一下，接著在中午之前帶著牛隻去尋找比較適合放牧的地點，因為這個區域的水已經乾了，草也十分稀少。他們已經看開，蘇度蘇凱氏族可能不會現身慶典了。他們並不意外，因為自從賈普托氏族有一個男人迴避官方規定，跟蘇度蘇凱氏族的一名女子結成伴侶，招惹蘇度蘇凱人之後，兩個氏族之間的關係已經緊張了兩年。

破曉時分，當陽光逐漸發散成日光，讓天空籠罩著點點粉紅時，一群蘇度蘇凱人如幻影般從草叢零星出現。他們也打扮得很華麗，穿著自己最棒的服飾。他們毫無預警地姍姍來遲，又穿著時尚，顯然是要讓人留下深刻印象。他們馬上就加入舞蹈，好像在競賽似的。賈普托人發現競爭者來了，也繼續跳舞，沒有收手。他們表演時所仰賴的精力有多麼旺盛，此時顯而易見，畢竟他們已經跳了一整晚的舞，現在還得跳下去。

蘇度蘇凱氏族同樣也是相當令人驚豔的一群人，而且他們也會把眼線罐掛在脖子上，以示自豪，但是整體而言，他們的裝扮更大膽。他們的臉孔大部分都塗成紅色，象徵戰爭，跟賈普托人比較柔和，也比較圓滑的黃色和橘色不同。他們的妝容比較精美，臉妝塗得完美，融入皮膚之中，很可能是因為他們的赭石粉磨得更細；此外，他們的眼線也比較明確，看不見任何暈染，銳利的線條畫在溫和的五官上。他們的眉毛被黑色和褐色的粉末填滿，賈普托人則是把眉毛給藏起來，要人只注意他們的疤痕圖樣。蘇度蘇凱人也會運用白色粉末，從額頭畫線畫到下巴，以凸顯臉部的對稱性。他們沒有留疤，但是會用粉末在臉上畫出圓圈和花朵等複雜的圖案，而不只有點點和線條。

蘇度蘇凱人的服裝也比較繁複，他們會戴鑲有寶石的高帽和頭巾，類似娜芙蒂蒂王后的王冠，並在上面插上鴕鳥的羽毛。他們的裙子大都有刺繡，有些是以皮革製成。他們攜帶草編的扇子和長劍。他們五彩繽紛的上衣更大膽也更閃亮，其中一個男人甚至穿了繡有金色亮片的黑色絲絨背心。跟賈普托氏族不一樣，他們露出不少肌膚。他們雖然也會模仿鷺鷥，但是他們搖擺得比較溫和緩慢；他們雖然拍手拍得比較大聲，但是他們的吟唱聲比較小。整體而言，他們給人的感覺是：他們的動作不是焦點所在，外表就能說明一切。

兩個氏族在舒服的距離外各自跳著舞，輪流超越對方，競相吸引另一族女性的注意。然而，他們最終還是有停下來打招呼，最後形成一條長長的半圓形，一起跳舞。這支舞既是在迎接，也是在道別，表達了團結，也表達了各自的獨特，兩個氏族以同一個團體的形式互相競爭，沒有明顯的贏家（雖然若要投票，我會投給賈普托人）。面對近日的緊張局勢，這樣的聯合不容小覷。

兩名年紀較大的婦女（她們是同一個看守者的妻子）在這群人的四周跳舞，年輕人的青春絲毫沒有帶給她們壓力。他們歡呼時，她們也跟著歡呼；他們跳來跳去，她們在一旁鼓舞。她們從各方面來說都很美，絲巾飄揚在清晨的微風中，眼皮的眼線形成不完美的暈染。男人會對她們低下頭。她們的眼神顯得更明亮。氣氛非常帶勁，連牛隻似乎也被催眠了。沒多久，一名賈普托女子選了一名蘇度蘇凱男性，一名蘇度蘇凱女子也選了一名賈普托男性。雙方達成均勢。

賈普托施博氏族的族長裘迪・拉米多（Jodi Laamido）表示：「我們希望可以繼續像這樣聚在一起，表達我們的民族之美。我們重視美，因為這很神聖。」他一邊說話，一邊指著畫眼線的眼睛和脖子上的眼線罐，表示這項化妝品在美妝的過程中有多重要。

在慶典的這個時刻，不同的氏族族長都已經對孩子說明了沃索節的意義，於是賈普托人開始散場，跳舞時帶著勝利氛圍的蘇度蘇凱人則繼續表演，想要換自己享樂。

賈普托人用清水卸妝後，換上比較舒適的服裝，在地上倒成一片。他們會在相思樹下的空地打盹，不久後便回去進行日常活動，像是擠牛乳、找水源和照顧子女。

明天會跟今天很不一樣，但是他們的眼線不會消失。

Chapter

3

象徵反抗的眼線

伊朗的波斯眼線

現在，瑪莎的照片除了象徵爭取伊朗婦女權利的運動，也象徵爭取所有伊朗人社經平等權利的運動。她被殺害的事件以及後續的發展，再一次讓世人看見伊斯蘭共和國如何高壓控制伊朗女性的外表，她們的衣著選擇又為何關乎生死。

「倘若正確地運用，迷彩妝隱含的風險感覺好像比翼形眼線還高，但其實這要看狀況。迷彩妝可以保護士兵不被敵人發現、射殺；然而，一個女人如果沒有遵守他人設下的女性規範，她的性命也可能有危險。」

——作家瑞．努森（Rae Nudson）

照片中二十二歲的瑪莎．艾米尼（Mahsa Amini）顯然化了全妝，嘴脣和指甲塗成勃艮地酒紅色、睫毛彎曲、顴骨經過修容。眼影和眼線凸顯出這位伊朗庫德族女子的煙燻雙眼，她的頭巾則鬆鬆地垂在臉龐四周，露出她的脖子、一頭黑髮和法式辮子的尾端。這是在二〇二二年世界各地，從德黑蘭和貝魯特，到羅馬和洛杉磯所發起的一連串抗議中，一定會看到的海報照片，但是在另一張比較沒那麼多人分享的照片中，瑪莎則對著蒲公英許願，吹散種子。她的嘴脣是紅色的，旁分的頭髮包著雪紡絲巾。在這張照片裡，她的眼睛也有畫眼線。

根據路透社（Reuters）的報導，[13]跟她親近的人都說瑪莎為人保守、避談政治，也不會公然挑戰伊朗嚴苛的伊斯蘭穿著規定。又被稱作吉娜（她的庫德族名字）的她不太跟人打交道，只希望過著「正常快樂的日子」。她才剛在自己位於西北部的家鄉——庫德族城市薩蓋茲（Saqez）的一間店展開新工作，夢想完成大學學業後結婚生子。儘管瑪莎穿著保守，按照伊朗法律把身體曲線和頭髮包得好好的，但是她也有自己的美感標準，展現了個人的獨特性。

然而，二〇二二年的九月十三日，瑪莎只是因為那天選擇穿戴黑色長袍、黑色頭巾和黑色長褲這樣一個簡單的舉動，卻付出了極為高昂的代價。瑪莎當時剛從家鄉抵達伊朗首都，要來拜訪家人。她跟弟弟走出地鐵，卻被伊朗的道德警察逮捕，罪名是違反衣著規定（她到底違反了什麼規定，至今仍不清楚）。瑪莎和弟弟說，他們不熟悉這座城市的規定，央求警察放她走，但是警察不予理會。

瑪莎被廂型車載去拘留中心進行「再教育」，但是在拘留期間，目擊證人看見她遭到毒打。她陷入昏迷，幾天後死亡。警方否認所有執法過當的指控，聲稱她本來就有某種病，是死於心臟病發。瑪莎的死在這個伊斯蘭共和國及其庫德族地區引爆數個月的抗議行動，大部分由女性發起。這是自二〇〇九年的綠色運動之後，該國的宗教體制所遭遇最大型的反抗。綠色運動是在馬哈茂德·阿赫瑪迪內賈德（Mahmoud Ahmadinejad）宣布當選總統後展開的，因為據傳他選舉舞弊。但是，示威抗議最後遭到政府鎮壓。

二〇二二年的示威運動面臨致命威脅，因為保安人員動用了子彈和警棍。在我寫下這段文字時，已有數百人被殺害、數千人被拘留。儘管遭到鎮壓，網路上仍流傳相關影片，顯示女性未配戴頭巾走上街頭、跳舞抗議，有些人還剪掉頭髮或剃光頭髮，將頭巾扔進篝火中。其中一則特別令人動容的影片拍下一名女子坐在伊朗巷弄正中間的椅子上，慢慢脫下頭巾，梳理她的頭髮。

各個世代和階級的人都有參與示威，尤其是Z世代，因為他們非常清楚要改變現狀，就必須掌握自己的命運。女學生紛紛響應號召，撕毀牆上伊朗最高領導人阿里・哈米尼（Ali Khamenei）的照片，高喊抗議的口號。連續幾天的暴動後，在某支影片中參與抗議、燒毀頭巾的十六歲少女妮卡・沙卡拉米（Nika Shakarami）失蹤了，後來被人發現已經身亡。她的母親控訴保安部隊謀殺了她，但官方否認這項指控。從沙卡拉米死後在網路上瘋傳的照片中，可以看見她也畫了鮮明銳利的翼形眼線，頭髮完全露出來，剪成妹妹頭，脖子上掛了數條金項鍊。

另一名在抗議期間被警方殺害的十六歲女孩莎琳娜・埃斯邁爾扎德（Sarina Esmailzadeh）原本在社群網站上非常活躍，會定期張貼影片，記錄身為一個年輕女子在伊朗嚴格限制下的真實生活。她在其中一支影片中問道：「十六歲的少女需要什麼？給予愛、接受愛、被愛、陷入愛河。我們需要歡樂和娛樂、好的精神狀態、正面能量。為了擁有這些，我們需要自由。這就是話題變得有些黑暗的地方，因為有些限制是特別針對女性所設立，像是強制戴頭巾。」

現在，瑪莎的照片除了象徵爭取伊朗婦女權利的運動，也象徵爭取所有伊朗人社經平等權利的運動。她被殺害的事件以及後續的發展，再一次讓世人看見伊斯蘭共和國如何高壓控制伊朗女性的外表，她們的衣著選擇又為何關乎生死。

限制與反制

要了解今天的伊朗女性與她們的外貌之間存在什麼樣的關係，她們又是如何看待化妝品和眼線，我們必須先認識一九七九年的伊斯蘭革命。這場革命對女性影響特別大，起因是伊朗沙阿[*1]穆罕默德・李查・巴勒維（Mohammad Reza Pahlavi）的君主立憲制以太過激進的手段要將國家現代化，結果引起強烈反彈。

自十九世紀末以來，伊朗女性一直要求擴展自己的權利，並在整個二十世紀的不同時期一再提出要求。在巴勒維尚未掌權前的一九三五年，有一項政令曾禁止女性穿戴面紗，反映不同形式的社會控制。儘管在巴勒維的統治之下，部分女性權利有所改善，但並非所有人都認同他的治理方式。

一九七九年，身為阿亞圖拉[*2]的宗教領袖何梅尼（Ayatollah Khomeini）推翻了巴勒維，

*1 譯註：沙阿（Shah）是過去伊朗君主使用的頭銜名稱，穆罕默德・李查・巴勒維是伊朗的最後一任沙阿。

*2 譯註：阿亞圖拉（Ayatollah）是伊朗什葉派當中，十二伊瑪目派的其中一個領袖階級。何梅尼其實是屬於比阿亞圖拉更高一階的「大阿亞圖拉」（Grand Ayatollah），只是人們有時會省略「大」這個字。

並逆轉他的政策，對女性的行動自由和服裝方式產生了影響。哈萊．埃斯凡蒂亞里（Haleh Esfandiari）在著作《重建的人生》（*Reconstructed Lives*）中寫道：「政府開始刻意且有意識地重新建構和定義女性的地位。」她說，雖然有很多女性參與革命，並推動了它，但是「絕大多數的女性都期待這場革命能夠擴大，而非限縮她們的權利和機會」。她們當然也沒預料到最後會實施強制隔離，也無法除去對化妝，或服裝的控制。

革命結束後，何梅尼宣布伊朗成為伊斯蘭國家，實質上把它變成一個神權的極權政體，領導人力圖消除西方在政治、經濟和文化方面的影響。政府廢止賦予女性有限自由的個人和家庭相關法律，頭巾和全身覆蓋很快就變成強制的規定，女性不得跟男性自由往來，當局也限制她們的工作和教育機會。在這個新世界，女性被禁止使用化妝品讓自己變美，不管是在嘴脣上塗口紅或是在眼皮上畫眼線都不可以。頭巾的規定實施後，數以萬計的伊朗婦女走上街頭表示抗議，卻沒有任何成效。儘管做出了反抗，女性依然別無選擇，在國家的放大鏡下變得對自己的外貌感到非常緊張。

八十五歲的歷史學家、出版商和德黑蘭大學（University of Tehran）的前任教授曼蘇瑞赫．埃特哈迪赫博士（Dr. Mansoureh Ettehadieh）表示，革命之前很流行大膽的眼妝，女性也比較有可能在公共場合畫顯眼的妝容。她回憶，當時的女性受到西方和伊朗電影與劇場明星的風格所影響，會模仿她們在雜誌照片中的髮型和妝容。從一九五〇到一九七〇年代，薇達．嘉蕾曼妮

（Vida Ghahremani）和哈蜜德・海拉巴迪（Hamideh Kheirabadi）等伊朗的代表性名人都會使用一般的眼線筆或波斯眼線（一種深黑色粉末）在眼皮上塗抹濃密的黑線。

革命過後，兩伊戰爭造成超過一百萬名伊朗人死亡（許多女性都有參與軍事和紓困行動）。在這場衝突中，公眾和私密生活之間的分歧變得越來越大。二〇一九年，英國廣播公司國際頻道的播客節目《紀錄片》有一集探討了波斯眼線的歷史，主持人是記者娜希姆・哈塔姆（Nassim Hatam）。在節目上，曾經出過書的學者阿扎德・莫阿維尼（Azadeh Moaveni）說：「在家、在私領域的時候，你是你，但是到了外面，你必須決定是否把自己私下的樣子【包括眼妝】帶入公眾生活，並面對這麼做的代價。」

莫阿維尼告訴我，革命和兩伊戰爭結束後，不滿專制政體所施加之種種限制的女性（特別是年輕女子），會把自己在公共場合的外表視為表達公民不服從的機會。[14]有些人甚至會露出頭巾下的「一綹頭髮」、塗口紅、修指甲、穿著鮮豔的色彩或比法律規定還要短的罩袍。在罩袍（很多甚至會鑲有珠寶或刺繡）底下，有的人會穿洋裝或西服，偶爾顯露出來。在大學校園中，女性有時會將[15]面紗戴得很鬆，露出馬尾的尾端或瀏海。

埃斯凡蒂亞里引用一位受訪者的用詞，說現今女性的妝容依然是「女性反抗的象徵」，但是每一個女人都必須仔細衡量自我表達的慾望和涉及風險的高低。住在德黑蘭的二十五歲女子查赫拉（Zahra）畫眼線時便相當小心謹慎：「我化妝不會化到引起別人注意，只會化合理的程度。」三十歲的美甲師莎布娜姆（Shabnam）則說，她盡量「避開有化妝限制的場所」，同時不會使用顯眼的化妝品，包括厚重的眼線。

六十一歲的髮型師基塔庸・尼賈德・塔哈里（Ketayoun Nejad Tahari）已經在沙龍產業打滾三十八年，在德黑蘭（Tehran）經營一間美容院。在她大部分的人生中，她的公私領域一直存在強烈的對比。她憶起，革命之後，雖然在公共場合很少看見濃厚的眼線，「但是在私人社交圈、家中、宴會和婚禮上，情況並未改變。在革命前我們在派對上化妝，在這些場合，革命後我們依舊那麼做。」

「侷限和禮節」

在瑪莎過世之前，伊朗女性的處境雖然還是有很多限制，但跟過去相比似乎有所改善，部分原因在於她們對變革的持續推動。在二〇一七年，前總統哈桑・羅哈尼（Hassan Rouhani）的統治下，德黑蘭警長海珊・拉希米准將（Hossein Rahimi）表示，道德警察將改變把伊斯蘭教價值觀加諸於婦女身上的做法，基本上是在暗示警察在監督女性時會更有彈性，不再那麼嚴厲（數十年來，警方就曾因為女性擦指甲油、上濃妝或頭巾包太鬆，而處以罰金、拘留或鞭打她們）。

雖然警察仍舊在街頭掃蕩這些服裝選擇，但仍能看見生活在伊朗都會中心及其周遭地區的女性使用細膩的化妝風格和眼線。面紗變得更加寬鬆、用色越來越亮、頭髮越露越多。在職場之外，越來越多女性會公開展示顯眼的妝容。在某些地區，執法人員會選擇性執行頭巾相關法律，跟當局有交情或經濟地位優越的女性則可以受到保護。儘管上層階級的女性享有某些特權，但像瑪莎這樣中產階級的女子卻不能享有特權。

埃特哈迪赫說：「尤其是在宴會上，化妝品（包括眼線）的使用跟革命剛開始的那幾年相比增加了很多。今天，女性會做很多事讓自己變美麗。」不過，她也補充說明，在公眾場域工作的女性就不是這樣了，例如在政府機關、司法機關、郵局和大學裡工作的女性，因為大部分的時間裡，這些雇員都被要求穿著「制服」，只能上「一點點妝」。

雖然跟一九八〇年代相比，今天的女性（例如年輕世代的女性）似乎較能夠自由在公共場合化妝，塔哈里知道畫眼線仍有其侷限和相關禮節。她說：「每個場合都有特定的化妝（類型）。」婚禮有婚禮的妝，逛街有逛街的妝。「所以，妝容取決於我們要去哪裡。我有給自己一定的規範，我知道我在哪裡應該上複雜的妝，哪裡應該少上一點妝。」

極為保守的易卜拉欣・萊希（Ebrahim Raisi）上臺後，用鐵腕手段強化有關女性的宗教規範。[16]這位態度強硬的總統要求加強實施配戴頭巾的規定，因為違反規定的行為正在「促進了腐敗」，損害伊朗所謂的價值觀。在瑪莎過世的前一個月，社群網站流傳不少警察拖走和拘留女性的影片。

在許多旁觀者眼裡，儘管面臨諸多限制，出生於革命前或革命後的女性在公眾生活中扮演了關鍵角色，更不用說大膽的Z世代了。現在，介於十五到二十四歲之間的[17]女性識字率達到了百分之九十八。大約有百分之十九的女性進入職場，而一九九〇年只有百分之十一；女性從事的職業包括作家、導演、記者和議員。跟一九七九年的革命前相比，現在的女性也比較晚婚、生育的子女也比較少。到二〇一八年，完成高等教育的女性大約增加了二十倍。

擅長伊朗事務的大西洋理事會資深會員荷莉．戴格雷斯（Holly Dagres）曾在《外交政策》（*Foreign Policy*）雜誌中寫道：「波斯語的社群媒體網站上有數不清的影片和梗圖在比較一九八〇年代和今日的年輕人。許多貼文都點出了伊朗女性的服裝風格，尤其是三十年前的女孩子相顯保守，穿著規定的全黑服飾，而別人會期待她們的性格是服從柔順的。那些圖像跟今天勇於展現身材曲線和頭髮的伊朗女孩所穿較為裸露繽紛的服裝也形成了對比。倒也不意外，現在這些年輕女性大體上較敢說出反抗權威的言論。」

「困在不同的文化和空間之間」

雪琳．內夏特（Shirin Neshat）一方面表示擔憂，一方面又有著保守的樂觀。二〇二二年九月下旬一個涼爽的午後，她坐在位於布魯克林區（Brooklyn）布希維克家中的露臺上，身邊圍繞著天竺葵、醉魚草、梔子花、洛神花和飄香藤。但，這位六十五歲的視覺藝術家和電影工作者卻心事重重。她的思緒不在紐約這裡，而是牢牢地集中在伊朗，也就是她的祖國。她的思緒聚焦在故鄉的女性身上：她的母親、她的姊姊、她的朋友，還有瑪莎．艾米尼。

抗議瑪莎遭殺害的示威行動已經進入第二週。「我們都在想，這是真的嗎？年輕人在街上被子彈攻擊、被殘暴對待、被謀殺，他們究竟能堅持多久？」她停了一會兒，彷彿在調整呼吸。接著，她說：「我能做的就是繼續在這裡支持他們。」這位藝術家目前正過著自我流放的生活，自一九九六年就不曾返家，但她決心從遠方開始做出改變。

內夏特是一個美麗嬌小的女人，除了她的藝術作品，也因為大膽的美學風格而聞名。她的作品靈感來自兩種身分認同，同時融合了東方和西方、浮誇和簡樸，以及現代和古代。今天，她穿了運動鞋、深藍色顯瘦的牛仔褲和海軍藍的運動休閒上衣（她準備去上舞蹈課），但是她其實不管什麼時候都穿得很隨興。她將烏黑的頭髮綁成低低的髮髻，用一個大髮圈固定，沒有一根頭髮跑出來。若不是有那些華麗的首飾，這的確是非常極簡的「西方」裝扮：她戴了摩洛哥的垂墜耳環、金項鍊和個性銀戒指。她有好幾個抽屜放滿從世界各地蒐集而來的部落、傳統項鍊與手環，說那些是「老百姓」的首飾。

然後，還有她那超凡脫俗的眼線。她的眼線是偶像明星會畫的那種，彷彿是古埃及的王后、國王會畫的標誌，娜芙蒂蒂看到肯定會很驕傲。她的眼線彷彿有一股魔力，讓人感到好奇想提問，也要求他人予以回應。內夏特深邃褐色眼眸四周的線條比較集中在下眼瞼，而非上眼瞼。那些濃密且精準描繪過的弧線從她眼角內側開始，橫跨下眼線，又從外側眼角延伸出去，最後停在距離眉毛邊緣幾公釐的地方。她只花兩分鐘就能完成這個妝容；她會用MAC或蘭蔻的眼線筆，因為它們不容易暈染，但是如果想要更誇張的夜間妝容，則會改用眼線液。不過她表示她沒有特別對哪個品牌死忠。

內夏特的眼線非常吸睛，因此常有人對她投以異樣眼光，連在地鐵上也是。偶爾，有人會直接問她有關眼線的問題。有一次，她在摩洛哥的公廁準備走出去時，兩個女人攔住她，表示她的「眼睛不太對勁」。她解釋自己是刻意這樣裝扮的，她們不敢置信地笑了，內夏特也跟著她們一起笑。

第一次被問到她怎麼會打造這個獨特的眼妝時，內夏特面露微笑，說她自己也不是很確定。她想，她說不定是潛意識受到古埃及神祇的影響。她說：「我有一次在埃及的尼羅河參加很美的遊船之旅，造訪那些神廟時，我看見像娜芙蒂蒂王后的那些女神形象，心想：『天啊！原來我的眼妝就是源自這裡！』」更認真地說，她感覺自己的眼線美學不光只是她身為伊朗人的結果，但也不是完全沒有受到伊朗文化的影響。反之，這跟她困在伊朗和西方這兩個世界有關。她說她有受到本土文化的一些影響，也有受到她所接受的西方文化影響。

在她大部分的人生裡，內夏特跟伊朗之間的關係一直都很複雜。她在一九五七年，也就是革命爆發前二十二年出生。他們家屬於上層階級，住在加茲溫（Qazvin）這個被稱作伊朗書法之都的城鎮。她的父親是一名崇尚西方觀念的醫生，鼓勵她和她的四個手足接受高等教育。在父親的吩咐下，內夏特年僅十七歲就離鄉背井，搬到了加州，先是在那裡短暫唸完高中，接著到加州大學柏克萊分校（University of California, Berkeley）攻讀藝術。她說：「那種感覺就像腳下的毯子被抽掉一樣，我獨自一人遠離家鄉、遠離我所知道的一切，內心非常悲傷，也很迷惘，那是我這輩子最艱困的幾年，我很幸運自己熬過那樣的處境。在同一時間，我長大了，結束了青少年時期，在沒有母親的陪伴下，漸漸成為一個女人。」

少了金錢和家庭，內夏特變得含蓄、沒有安全感，把所有精力放在生存上。外表對當時的她來說並不重要。但是在大學，她遇見有一半黑人血統、一半美洲原住民血統的女子蘿倫，對方很快成為她的摯友。內夏特說：「她對於自己身為少數族群的這件事非常有自覺，這影響了她的風格和妝容，我覺得那樣很美。身為另一個少數族群的女性，看見她透過美學來定義自己的身分認同，這激勵了我。」

漸漸地，內夏特開始留意自己身為伊朗女性和移民的風格，並開始畫更明顯的眼線。那時的她才二十多歲，不再畫以前住在伊朗時所畫的細眼線，而是把眼線畫得越來越粗，直到她覺得剛好的程度。她說：「我記得，突然間，我感覺自己很美，儘管我正經歷一段非常艱難的時期。」

雖然內夏特堅持自己取用了兩種文化的風格，但她最早對外貌的探索顯然受到十幾歲時住在伊朗那幾年的影響。那時候，伊斯蘭革命還沒爆發，她身邊有使用波斯眼線上眼妝的姊姊和母親。後來，她向世界展現自己的方式出現改變，有一部分是針對她在一九七九年革命期間和之後流放他鄉所做出的反應。

她在伊朗的一個姊姊總能輕鬆展現出美麗與自信。內夏特說：「她不僅長得美麗，也非常重視自己美麗與否。」相形之下，我們這位藝術家則比較靦腆。「我長得很平凡，總是當個乖女孩，而她卻會花很多時間梳開睫毛和加深眼妝。她向來是調皮搗蛋的那一個，會偷偷跟男生見面。」她的姊姊有時會自己做波斯眼線，方法是燃燒杏仁、弄濕灰燼。她們會把波斯眼線塗在內眼線內側，內夏特曾經模仿了一陣子。從這位藝術家住在伊朗時留下的黑白照片可以看到，當時的那位年輕女孩畫了細微的眼線，害羞地看著相機。

她也受到母親很大的影響。她說：「伊朗人受到西方外貌所啟發，因此他們總是裝扮得很華麗。但是，我媽媽的眼妝卻非常東方、亞洲，不像任何歐洲風格。她的眼妝很濃。」這樣的美感進入了內夏特的潛意識，當她在加州尋找立足點時，這漸漸滲透到她的個人風格之中。

她說：「我同時受到西方和非西方風格的吸引。我感覺自己困在不同的文化和空間之間，雖然大部分的成年生活都在這裡度過，卻仍根植於伊朗，因此我發展出一種混合兩者的風格。這兩者的結合才真正代表了我這個人，我的身分認同。我的身後有一段古老的過去，我的身後有著我仍歸屬的根源，但我同時也在這裡，跟妳在一起，我是現代的。」

內夏特非常清楚，她能夠毫不受限地實驗自己的風格和眼線，跟其他的伊朗同胞相比是一種特權。我很明顯地感受到，她因為擁有這一點和其他特權而懷有罪惡感。她說：「無論你有多想切斷這條連結，你就是沒辦法。我並不特別，有很多人也經歷過同樣的事情。」

使我的眼睛發亮

波斯眼線在伊朗如此普及，有一部分原因是它在伊斯蘭教屬於清真用品，也就是可允許的。在阿拉伯聯合大公國和沙烏地阿拉伯等其他伊斯蘭教大國，男女老少也都會畫眼線。伊朗的宗教和軍事領袖穆克塔達・薩德爾（Muqtada al-Sadr）曾被人看到下睫毛塗黑，應該是使用中東眼線或中東穆斯林眼線畫成，而塔利班的成員也會畫眼線。[18]這很有可能是因為根據聖訓（伊斯蘭教語錄），先知穆罕默德曾經使用銻或方鉛礦製成的中東穆斯林眼線來保護眼睛。根據這些語錄，他會在晚上畫眼線，讓自己的視力變得清晰明亮，促使睫毛生長，並建議其他人也把眼線用在醫療用途上。參考文獻《梅斯巴澤耶》（*Mesbah al-Zayer*）寫到，先知畫波斯眼線的頻率高到這成為他出門在外時必會攜帶的五樣物品之一，其他四樣分別是鏡子、叉子、牙刷和梳子。一些說法提到，他會把松露作為眼線，以預防結膜炎。[19]根據阿布・胡萊勒（Abu Hurairah）的敘述，上天堂的人會被賜予永恆的青春、沒有體毛的身體，以及不會破損的衣物和眼線。

西元八世紀的什葉派學者兼法學家賈法爾・薩迪克伊瑪目（Jafar al-Sadiq）敘述，晚上畫眼線是為了眼睛健康，白天畫眼線則是一種美化方式。根據薩迪克伊瑪目的另一條聖訓，眼線有四大好處：協助睫毛生長；預防過度流淚；使眼睛發亮；甚至可以使口氣芳香。根據什葉派的第五任伊瑪目穆罕默德・巴基爾（Muhammad al-Baqir）所敘述的另一條聖訓，眼線據說可以使睫毛強韌。

眼線雖然被認為合乎清真規範，不過很多敘述都有提出最好的畫法是什麼。其中一個敘述表示，畫眼線之前要先確認天空沒有雲朵，否則眼睛可能受到「玷汙」。據說，先知睡前會在右眼皮塗四下眼線、左眼皮塗三下眼線，因此畫眼線的時候，塗抹次數為奇數被認為屬於聖行。有些聖訓提到的次數不一樣，例如五或三，共通點是都為奇數（奇數在伊斯蘭教有非常重要的意義，可以提醒人們阿拉的單一性）。

許多聖訓都建議穆斯林在畫眼線之前說一句禱告文。十二伊瑪目派的第八任伊瑪目阿里・雷薩（Ali Reza）建議信徒先呼喚阿拉之名，再用右手畫眼線。他也要求穆斯林在畫眼線前念出以下禱文：「願阿拉利用眼線使我的眼睛發亮，眼中出現光芒（不僅可以用眼睛看見實體事物，也能用它看見真理）。阿拉，引領我走上真理的道路，引領我踏上成長的途徑。阿拉，照亮我的世界和來世。」

在受戒期間畫眼線，也有特殊的要求；受戒指的是穆斯林前往麥加（Mecca）朝聖之前必須進入的「神聖狀態」。根據伊瑪目法學家，在這段時期，無論男女都不准畫「有香味」的眼線，因為先知禁止人們在這個狀態中噴香水。例如，薩迪克伊瑪目便禁止眼線粉混合番紅花，因為這會使眼線產生一種特殊的氣味。有些法學家則主張，女性不能為了美容使用沒有香味的眼線粉。

有趣且形成強烈對比的是，在蒙昧時代（Jahiliya）（即穆斯林指稱伊斯蘭教出現之前的時代），眼線在詩詞和其他文獻中被認為是具有女人味的。阿菲拉・本特・阿巴德（Afira bint Abbad）在西元三世紀寫道：「讓國王強暴自己的新娘，這樣的你是什麼樣的人呀。假如這惡行沒有觸動你，那你倒不如沐浴在香水中、畫眼線、穿著新娘服。」學者穆罕默德・阿布・魯曼（Mohammad Abu Rumman）和哈桑・阿布・漢尼亞（Hassan Abu Hanieh）在著作《癡迷殉道：從蓋達組織到「伊斯蘭國」的女性吉哈德主義》（*Infatuated with Martyrdom: Female Jihadism from Al-Qaeda to the 'Islamic State'*）寫到，後來「在伊斯蘭曆三年的武侯德戰役（the Battle of Uhud）中，身為『伊斯蘭教前麥加多神論者』的女性……會帶著眼線粉上戰場。每當有男人退卻或猶豫，其中一名女性便會給他眼線粉，說：『你是女人嗎？』」

波斯語的《阿南德字典》（*Farhang-e Ānandrāj*）將波斯眼線「sormeh」定義為「一種使眼

睛發亮、對眼睛有益的光亮礦石」。這本字典還說，這是伊朗一座村莊的名字，「那裡出產很多眼線，此外這也是突厥斯坦一種酒的名稱。」哈桑・阿米德（Hasan Amid）編纂的《阿米德字典》（*Farhang-e Amid*）則說，波斯眼線是使用含鉛的土壤以及從硫化鐵或硫化鉛取得的黑色粉末所製成的物質，用來塗黑睫毛和眼皮；為了醫療而塗在眼睛上的東西，也稱作眼線。就像今天為了迎合彩繪眼線趨勢，而有各種顏色的眼線一樣，波斯眼線的顏色數世紀以來也產生很多變化。波斯最古老醫學專著的作者莫瓦法克・赫拉維（Mowaffaq Heravi）便在書中提到紫色、粉色、甚至白色的眼線。

波斯眼線「sormeh」和中東眼線「kohl」這兩個詞往往可以替換使用，兩者的外觀、組成和用途相似。波斯眼線是產自蘊含中東眼線原料的礦山；根據由艾爾哈德・恩斯特・G・威德曼醫生（Eilhard Ernst G. Wiedemann）和歷史學家詹姆斯・W・艾倫（James W. Allan）相距好幾十年所發表的不同分析報告指出，伊朗擁有全世界最重要的眼線礦藏。十世紀初和十一世紀的穆斯林旅人阿布・卡西姆・穆罕默德・伊本・豪蓋勒（Abu al-Qasim Muhammad Ibn Hawqal）、阿布・伊薩克・易卜拉欣・伊斯塔赫里（Abu Ishaq Ibrahim al-Istakhri）以及《世界境域志》（*Hudud al-Alam*）的無名氏作者也證實了這個論點。這些旅人都在著作中提到，荷拉善（Khorasan）、薩里（Sari）、阿納拉克（Anarak）和伊斯法罕（Isfahan）等地皆有知名的眼線原料礦區。其中，伊斯法罕的礦藏特別受到讚譽，位於山區的那些又格外如此。

從多個波斯文獻可看出，眼線有分好幾種。「asmad」是黑色眼線；「tutia」是白色眼線；「kohl asfar」是黃色眼線，使用番紅花和樟腦製成，被用來治療眼睛；「kohl Isfahani」是伊斯法罕眼線，由硫化銻組成（不過近期的研究對這一點有所存疑），主要用來塗黑眼睛；「kohl al-aghbar」是給孩童使用的，效果沒那麼強；最吸引人的眼線類型或許是「kohl al-basr」，這是使用未切割的珍珠磨粉後與其他寶石混合而成的眼線，可以用來使眼睛變亮。綠松石和眼線的混合物據說也對眼睛有益，可以使眼睛更銳利明亮——西元九世紀一本跟礦石有關的書提到，有些綠松石被拿來跟黃金和紅銅混合，製成一種很細的眼線粉。不過，眼線的王中之王其實是「七寶石眼線」，由壓碎磨粉的金、銀、鑽石、紅寶石、綠寶石和兩種珍珠混合而成。

「我的眼線具有磁力」

波斯眼線至少可以回溯到兩千年前，古代波斯不分男女都會畫這種粉末，是文化常態。加地夫大學（Cardiff University）的古代歷史教授洛依德．盧埃林－瓊斯（Lloyd Llewellyn-Jones）在哈塔姆的英國廣播公司新聞播客節目上說道：「考古證據告訴我們很多關於眼線罐殘留物的資訊。」（我想要補一句，這些眼線罐應該收藏在它們自己國家的博物館，而非殖民和帝國強權的博物館。）他說，在古代波斯的背景下使用眼線進行醫療用途是很合理的，因為那裡的氣候條件很嚴苛，例如強烈的陽光。但眼線也可以達到美觀目的，用來美化眼睛。

這位歷史學家解釋：「你如果觀察非常早期的埃蘭【古王國】雕像，會看見它們全都有很大的眼睛，跟合乎雕像比例的眼睛比起來大上許多，周圍仔細地畫了眼線。在整個伊朗歷史中，視力和觀看一直帶有特殊意味。叛變者會被弄瞎眼睛、挖出眼睛，因此擁有眼睛會給人能夠觀看、能夠評斷的意味。所以，視力、觀看以及眼睛之美在伊朗的統治概念中帶有某種其他地方不存在的意義。」無獨有偶，在二〇二三年的二月，許多媒體都報導伊朗政府在進行鎮壓時，把目標放在女性示威者的眼睛。

就如同印度文學和詩詞會提到南亞眼線「kajal」、阿拉伯文學和詩詞會提到中東眼線「kohl」那樣，波斯的文學詩詞及神話傳說也常提到波斯眼線「sormeh」。波斯眼線在這些文本中還具有魔法和靈性的意涵，例如有一則故事便寫到，畫了「蘇雷曼尼的眼線」的人，擁有發現世界祕密的能力；另外，「神出鬼沒眼線」據說可以使人隱形；反之，「得勝王霍斯勞眼線」則可以賦予國王優異的視力，看見地底深處以及其中的祕密與寶藏。一六四一年，位於伊朗西北部的大布里士（Tabriz）發生地震，這起災難巨大到讓一位詩人這麼寫：「神像的眼睛流下眼線的顏色。」

眼線用來象徵對摯愛的忠誠。在一首詩中，故事人物認為愛人腳上的泥土是眼線，便一直盯著，要照亮自己的眼眸。另一首詩寫到，詩人要求伴侶「再用眼線畫『她』可愛的眼睛」，好「加重抒情詩人的瘋狂與熱情」。畫眼線時，女性被建議要唱一首歌給丈夫聽，歌詞包含

「我的眼線是黑色眼線。我的眼線具有磁力。我畫眼線時他笑了。」「應該擦掉眼線」這句諺語指的則是偷竊所需的技能（因為要擦掉眼線不容易），至於一件事情如果「像混合砂漿的眼線般燒傷某個人」，意思則是這個人獲得了更多歷練。

伊朗影壇也傳達了眼線的轉變力量。在二〇一四年由阿扎德・戈恰格（Azadeh Ghochagh）所執導的微電影《眼線》（*Sormeh*）中，這項化妝品成為故事情節的催化劑。故事述說，在一九七九年即將觸發革命的抗議活動期間，一對伊朗夫妻準備去參加一場婚禮。女方一邊哼著歌，一邊開心地利用熱水壺的蒸氣加熱眼線刷具，準備沾濕所剩無幾的眼線，卻被外頭傳來的巨大聲響嚇到，同時發覺自己的眼線已經用完了。她沒有蹲低身子，而是決定去找朋友借眼線來用。於是，只畫好一邊眼線的她衝出門，撞見一個正在逃離衛兵的反叛者。她協助反叛者，要他躲進一間儲藏室，不知不覺捲入陌生可怕的政治局勢之中。在最後的一幕，沒有成功跟朋友要到眼線粉的她淚眼婆娑，有一邊眼睛仍未畫上眼線，國家沉重的政治發展重壓著她。

在二〇一四年的電影《女孩半夜不回家》（*A Girl Walks Home Alone at Night*）的其中一幕，由演員希拉・凡（Sheila Vand）所飾演的波斯女主角一邊聽著電音歌曲的性感旋律，一邊跳舞。音樂聲縈繞不絕，她卻鄙視地看著鏡中的自己。雖然她有畫眼線，但是她必須給這張乾淨的臉孔做些改變；她需要轉變。這名女子拿起眼線筆，在無辜大眼周圍畫了四條粗線。眼睛塗得夠黑了，接下來她便將嘴唇染紅。套上黑色長袍後，轉變完成了。女主角現在變成了第二個她，搖身一變成為在稱作「邪惡城市」的伊朗城鎮四處作亂的吸血鬼。

在黑暗中，她尋找下一位受害者。最容易遭到她攻擊的是城裡那些不尊重女性的男人：皮條客、社會邊緣人、罪犯，甚至是那個看似無害的老人。導演安娜・莉莉・阿米普爾（Ana Lily Amirpour）似乎想告訴我們，這個吸血鬼不是壞人，而是致力保護性工作者、剷除社會敗類。這個角色雖然狠、對抗的是這樣的人，但是她也透過服裝和妝容擁抱自己的女人味。

傳統上，波斯民族只有在特殊場合才會畫眼線，包括婚禮。霍拉桑（Khorasan）的女性會在自己的婚禮上畫眼線。孩子一出生，她們就會給自己和寶寶的眼睛畫眼線。過去，製作眼線的方法是將各種礦石磨成粉，再將柔軟的粉末倒入容器。接著，她們會使用眼線「棒」（也就是刷具）泡在玫瑰水或其他液體中，沾裹容器內的粉末。最後，她們會將刷具從內側的眼角輕輕刷過下方的內眼線以及眉毛和睫毛。如果閉上眼睛，同樣的動作可以讓上眼皮也同時沾到眼線粉。這個技巧今天仍有許多人使用。

雖然波斯眼線通常是用礦石製成，但是也可以像中東眼線那樣，使用奶油、牛油和各種動、植物油脂的灰燼、甚至是牛腦或戴勝鳥的鮮血製成（由於牛油眼線的屬性據說比大部分的眼線類型還涼，因此，眼睛感到「灼痛」或很熱的時候可以畫；戴勝鳥製成的眼線被認為能帶來快樂）。類似阿拉伯世界製作中東眼線的方式，這些原料會放在雙層火爐中燃燒，使灰燼堆積在上層，之後再刮下來混合油脂，形成滑順質地。波斯人會使用杏仁油製成的眼線來促進「眼睛的強健與美麗」。

古埃及的平民和王族都會畫眼線，而古代波斯人也是如此，不分階級。無論是宗教領袖或先知尚未出現前的部落酋長，都建議人們畫波斯眼線。薩法維時代（Safavid era）的什葉派學者與思想家穆罕默德・巴克爾・馬傑萊西（Muhammad Baqir Majlisi）曾在書中《畏神者的飾物》（*Hilyat al-Muttaqin*）提及眼線的益處。七世紀所編纂的一本波斯字典《確證》（*Borhan-e Qate*）列出七樣女性應該配用的飾物，波斯眼線和印度常見的植物染繪都包含在內。「七筆」（haft ghalam）這個詞指的就是這些化妝品，到今天仍被當作隱喻使用。卡扎爾王朝（Qajar dynasty）的作家阿迪布・瑪瑪雷克・法拉哈尼（Adib al-Mamalek Farahani）便在他的詩詞中寫到這些美容產品。

跟現代一樣，當時畫眼線是有階級意涵的。有錢的女性會畫波斯眼線，而且是派僕人去市場幫她們買製作好的眼線粉，不親自走那一趟。家境沒那麼寬裕的女性則自己製作眼線粉，使用銀製或木製的刷具。其中銀製刷具被認為可以加強視力。使用的原料會視可以取得什麼原料而定。比方說，在雅茲德省的梅博德（Meybod），女性會燃燒榛果、杏仁或核桃來製作眼線。在庫德斯坦的畢查爾（Bijar），人們則會使用燃燒牛的身體部位所得到的灰燼。受到巴比倫、尼尼微、大馬士革和提爾[20]當時的美妝趨勢所影響，波斯猶太族群的女性在變得富有後，會使用眼線畫眼睛、紅色顏料塗臉頰，也會穿戴奢華的服飾和昂貴的珠寶。

伊朗人不管是遊牧民族、部落成員或城市女性，從古至今都有畫眼線，其中一個主因便是為了美妝。在卡扎爾時期，宮廷女子會把眼線放進自我照護的日常程序中。平常在長時間泡澡和休息之後，她們會用植物染料塗指甲、用波斯眼線畫睫毛。若把植物染料改成指甲油，這聽起來就跟我週日夜晚會做的事情一樣！一八一二到一八一三年住在伊朗的法國官員加斯帕德・德魯維爾（Gaspard Drouville）曾說，畫有眼線的眼睛是伊朗女性美麗的核心：「有些認為自己的眼睛不夠大的伊朗女子，一天會畫眼線好幾次。」法國的東方主義畫家歐仁・法蘭丁（Eugène Flandin）也詳細描述了卡扎爾王朝第二任沙阿法特赫・阿里（Fath Ali）的兒子、波斯知名藝術家馬利克・卡塞姆親王（Malik Qasim）的後宮佳麗：「我在後宮看見的所有伊朗女子都有小小的嘴巴、漂亮的牙齒、迷人的臉孔、甜美的大眼睛。伊朗女人習慣使用一種尖尖的棒子在眼睛四周塗上黑色的東西。」

另一方面，詩人賽卜・塔布里齊（Saeb Tabrizi）指出，天生就很美的眼睛不需要畫眼線：「用眼線粉抹妳的眼睛做什麼？別找一大堆理由。」女人會畫眼線，也有人說是因為眼睛及眼睛的動作可以傳達一個人內在的想法和感受，就好比印度卡塔卡利舞的舞者會透過眼神表達情感一樣。

不過，如先知所說的，眼線也可以根據不同的原料，發揮藥用、療癒或儀式等不同的功能。波斯哲學家加札利（al-Ghazali）在著作《宗教科學復興》（*The Revival of the Religious Sciences*）的第十一章〈關於飲食的禮儀〉寫到：「有禮節的主人應提供客人眼線和塗抹皮膚的油。此外，他也將睡覺時畫眼線列為加強視力的四種做法之一，另外三種是『朝基卜拉的方向』（伊斯蘭教聖地麥加的方向）坐著……觀看綠色植物以及清潔衣物。」

法國旅人約翰．沙爾丁（John Chardin）曾經記錄了自己在伊朗的所見所聞，他觀察到，薩法維時期的伊朗男女每天都在眼睛四周和眉毛畫眼線。他寫下了跟加札利的文字相呼應的描述：「他們相信眼線可以加強視力。」數學家詩人奧瑪．開儼（Omar Khayyam）在《波斯新年書信》（*Nowruznameh*）寫到，假如帶著「黃金般的慾望」畫眼線，你就不會出現夜盲，而且還能讓眼睛保濕、改善視力。

在某些情況下，畫眼線也具有實用的目的。希臘哲學家色諾芬（Xenophon）寫到，創建第一個波斯帝國的居魯士大帝（Cyrus the Great）刻意仿效祖父的外表：「居魯士看祖父用眼線畫眼睛，於是也這樣裝扮自己，並且讓頭髮稀疏。」這位國王後來也證實眼線是重要的美妝物品。

髮型師塔哈里說，她年輕時畫眼線是為了強化睫毛，據說這是先知畫中東穆斯林眼線並建議他人也這麼做的原因之一。她對於畫眼線最早的記憶是在十五歲時，當年她畫完眼線後，端詳鏡子裡的自己很長一段時間。她憶道：「畫了眼線的我變了很多，我很喜歡那樣的自己。我永遠不會忘記，我那時相信自己變美了。」塔哈里還記得，在她年輕時，其他女孩化妝的程度沒有她那麼多，但由於她的家人「不會過度執著於教條」，因此她和手足可以這麼做。她的母親以前會替她畫眼線，而現在塔哈里的女兒也有畫眼線——這就是眼線歷久不衰的能力。但，年紀漸長後，塔哈里不再使用波斯眼線粉，而是改用現代的眼線產品。在她成為髮型師和化妝師之後，顧客比較希望她提供現代一點的眼線風格，所以她也開始畫這種眼線以招攬生意。

塔哈里非常注重自己的外表，甚至做了眼線刺青，並在私人空間用眉筆或眼線液把刺青誇大（妝容刺青在伊朗是被允許的，但是其他刺青不行）。雖然她現在因為年紀大了，不想再像以前一樣化那麼多妝，但是塔哈里每天還是一定都會使用兩種化妝品，一種是眼線，另一種是口紅。這位髮型師說，她的目的並不是要吸引男性注意，而是為了美。她說，在聚會場合，「我們會畫眼線讓自己看起來更美、更令人難忘。」

曾經當過大學教授的埃特哈迪赫則說，她因為年紀的關係很少畫眼線了。然而，她跟塔哈里一樣，還記得年輕時畫眼線所帶給她的喜悅，特別是參加派對的時候。她說，她首次使用眼線筆時，年紀相對晚，是二十二歲，但是她那時「不太會用。手抖個不停，沒辦法小心畫出眼線。」埃特哈迪赫看友人穩穩地畫出眼線，希望自己也能達到同樣的效果，後來卻意識到每個人畫眼線的方式就跟最後畫好、往往會受到眼睛形狀影響的眼線成果一樣，是獨一無二的。她說：「對我而言，眼線是美的象徵。」埃特哈迪赫和她的母親使用的是現代的眼線，但她的祖母則是使用波斯眼線粉，跟內夏特的家人一樣，從當地市場購買榛果和杏仁等天然原料製成的眼線。

對於離鄉背井的莫阿維尼來說，波斯眼線象徵「波斯女性獨特的文化與美學認同。我還記得我會坐在浴室，看著母親為了派對做準備。我會拿著使用天鵝絨製成、亮片裝飾的眼線容器，那感覺真是一個充滿戲劇化的華麗儀式。她的浴室擺滿了歐洲品牌的面霜和其他西方產品，但是要畫眼線時，卻會拿出這個道具，用長長的棒子來畫。」

對於住在英國的記者哈塔姆來說，眼線的故事要從她的祖母說起。她在那集英國廣播公司播客節目〈我的波斯眼線故事〉上說道：「跟大部分的祖母一樣，她有很多精彩神祕的故事可說。」哈塔姆說，她祖母流傳下來的其中一樣東西，是「一種神祕的黑色眼線粉，放在一個美麗精緻的小袋子裡。」她還說，祖母告訴她「眼線會讓女人散發某種魅力，增添神祕感」在她的眼睛。因此，哈塔姆自己也會從伊朗的親戚朋友那裡取得波斯眼線粉來用，因為她覺得這會使她跟她的身分認同和先人產生連結。她說：「波斯眼線使我們團結了數千年，它保護和治癒我們的眼睛、被古代的國王和法老所使用，同時也是賦予伊朗女性力量和實踐公民不服從的工具。它讓我跟我的故鄉伊朗有所連結。」

神祕的魅力

由於伊朗的女性不准在公開場所露出身體部位，近期內大概也不可能這麼做，因此她們的臉孔一直占據非常重要的地位，化妝品被當作提升慾望和野心的工具。所以，在面對諸多限制時，許多伊朗女性都相當注重臉部的美容或改善。「殺了我，但讓我美美的。」這句諺語在伊朗很受歡迎，女性有時也願意付出高昂代價提升自我。伊朗是中東地區鼻子動手術比例最高的國家，很多女性也會選擇進行豐脣手術和打肉毒，有些人還會選擇永久性的妝容。拉丹．拉巴里（Ladan Rahbari）等學者以這句諺語為標題撰寫了一篇文章，內容寫到，伊朗女人並不「將美視為共享之善，而是必要之惡」。或許不叫人意外的是，伊朗是除了沙烏地阿拉伯之外，中東地區第二大的化妝品消費國。

內夏特說：「伊朗女性絕大部分的自我表達就呈現在她們的臉上，因為她們身體的其他部位大部分都被覆蓋。因此，她們看待自己的臉的方式跟世界上其他地方的女性很不一樣。她們的自我認同就顯現在眼睛、嘴脣、皮膚和眼神上。」

塔哈里說，在伊朗，化妝這件事整體而言變得更「繁複」了，因為女性變得比較大膽（她注意到，歐洲女人相較之下「幾乎沒化什麼妝」）。然而，她也說，伊朗女人常常化妝過頭，掩飾了自己的自然美，「其實只要靠簡單的淡妝，她們就能讓自己的臉蛋看起來更美。」

即使遭遇嚴重的經濟制裁和反覆的金融危機，她們依然非常注重美容。二〇一九年，伊朗的通貨膨脹率位居全球之高之列時，《金融時報》（*Financial Times*）刊登了一篇文章，探討該國女性為何仍勤於購買化妝品。這篇文章引用一位三十八歲的母親的話：「我現在最不需要的就是看起來很悲慘。」她的丈夫因為國家的經濟狀況而被迫收掉餐廳，使她不得不減少睫毛膏的使用，但她反而更仰賴她那可靠的眼線筆，怎麼樣也無法摒棄。

跟過去相比，年輕世代今天比較少使用波斯眼線（這種眼線至少在十九世紀中葉以前的伊朗市場都有大量販售），但是它神祕的魅力依舊存在。盛裝眼線的容器會一代又一代傳下去，年紀較長的鄉村婦女也持續跟年輕時候一樣畫眼線。

波斯眼線越來越少人使用，原因有很多，其中之一是這類化妝品被添加一些不純的原料，影響其治療效果，甚至導致治療效果全無。此外，新的眼妝產品出現在市面上，也減少了波斯眼線的吸引力。女性開始改用媚比琳和露華濃等西方品牌的產品，這些比較好畫，但較難取得。大西洋理事會（the Atlantic Council）的戴格雷斯告訴我：「許多中產和上層階級的伊朗女性不再仰賴波斯眼線，因為這種眼線被認為太過傳統，不像眼線液、眼線筆那樣新潮現代。此外，假如有人稱讚某個伊朗女人的眼妝，她也可以輕易拿出自己使用的產品給對方看，分享她是在哪裡買到的。」

二十五歲的查赫拉用波斯眼線用了很多年，後來才改用現代眼線。從十二歲到十九歲，她都是到當地的市場買波斯眼線來用，因為這可以美容並使睫毛長得更好；她會在週末的時候畫眼線。另一方面，美甲師莎布娜姆則說眼線能把她的眼睛變長（她使用Bell這個牌子畫出翼形眼線，而不是用來畫內眼線）。雖然她以前曾試過一兩次祖母使用苦杏仁製成的波斯眼線，但是她現在用的是眼線液。然而，她也承認波斯眼線有其魅力，可以將「沒有靈魂的狀態」注入靈魂，同時在醫療方面強化眼睛。她說，一個伊朗女人的臉「完美如初、沒有動過手術」，美就美在她那「美麗的黑色眼睛」，所以眼睛一定要加以裝扮和保護。

三十四歲的瑟佩德・普爾梅迪（Sepideh Pourmehdi）表示，她已經太習慣畫眼線了，沒有畫的時候看起來「沒有靈魂」。這位體育教練使用的是當地的紫羅蘭（Violet）牌子，自念大學的時候就開始把眼睛畫成藍色的。她說：「我朋友當時用深藍色的眼線筆幫我畫眼線，我從那天起就愛上它了。」普爾梅迪只會使用腮紅和眼線筆這兩種化妝品，因為她喜歡保持簡單的外貌（若是特殊場合，她會多加口紅）。這位千禧世代的女性說，她不覺得自己在公共場合畫眼線有受到限制，因為就跟其他受訪的年輕女性一樣，她不會把眼線畫得很濃，只會在上眼皮畫細細的線。她說她不喜歡整形手術，認為「完全自然的臉孔」才叫作美。她解釋：「我不喜歡那些被改造過的臉，所以我不再認為伊朗女孩的臉很美了。」

今天，比較年輕的伊朗女性雖然對於應該在何時何地畫眼線十分謹慎，但也受到不少展現高超眼妝技巧的名人所啟發，像是格什菲・法拉哈尼（Golshifteh Farahani）、妮基・卡莉米

（Niki Karimi）和萊拉・哈塔米（Leila Hatami）。很多人會參考西方明星推動的趨勢。例如，念大學時，普爾梅迪說她曾經模仿紅粉佳人（Pink）的「龐克」造型，但是今天，她比較喜歡珍妮佛・羅培茲較為低調自然的樣貌。莎布娜姆則會仿效蕾哈娜和賽琳娜・戈梅茲（Selena Gomez）的閃亮風格。

在德黑蘭和設拉子（Shiraz）等各大伊朗城市的[21]藥妝店和零售商，都可以看見擺在玻璃檯面下展售的化妝品，包括巴黎萊雅和妙巴黎等國際品牌的眼線產品。市集攤位、小商店、超市和百貨公司都會販售波斯眼線和西方眼線（無論是贗品或真貨）。雖然你比較有可能在貨架上看見當地的眼線品牌，但是像塔哈里和埃特哈迪赫等人也常常會選擇國外的產品，不過這些不一定是真品。這一部分是因為，政府針對銀行業所做出的規範與限制，阻礙了大型化妝品公司在伊朗做生意，更別說想在一個遭到西方經濟制裁和買賣禁止的國家販售產品，還會牽扯許多亂七八糟的政治、金融和物流問題。交易所及市集基金會（Bourse & Bazaar Foundation）的創辦人兼執行長伊斯凡德亞爾・巴特曼格利奇（Esfandyar Batmanghelidj）說：「還沒有人真正攻破這個市場，但那裡有巨大的潛力。伊朗的市場規模以及該國女性對化妝品的熱愛，使伊朗成為全球美妝品牌尚未發掘的市場當中最龐大的一個。」

國內的化妝品生產者為了迎合當地人的喜好、填補國際公司留下來的空缺，變得越來越成熟。由於伊朗政府的政策大力支持「我的化妝品」（My Cosmetics）等當地的化妝品公司、抵制西方進口，因此這些品牌獲益不少。巴特曼格利奇表示：「當地品牌創造越來越多以傳統化妝品和成分為靈感的高品質化妝品，可以看出伊朗的化妝品市場有成長的潛力。」

國際化妝品公司帶來的缺口，也讓非官方的批發商和不肖業者有機可趁，他們控制了百分之六十的市場，販賣非法進口的化妝品。根據伊朗學生通訊社在二〇一七年所進行的研究，約有價值十七億美金的化妝品是走私品或假貨，三億九千萬美金屬於非法進口，七億兩千兩百萬美金在該國生產。

國際品牌的吸引力顯而易見，賣家為了迎合這樣的需求，自然會規避傳統或合法的手段，透過社群網站、阿拉伯聯合大公國等第三國、批發商或聯盟行銷來達成。例如，一個叫作凱莉美妝在伊朗的Instagram帳號便聲稱，自己販賣的是美國品牌凱莉美妝的產品。戴格雷斯表示：「現在MAC、凱莉美妝（Kylie Cosmetics）、都會腐敗（Urban Decay）等知名品牌都有私貨從亞洲運到美國和泰國等國家，會出現在伊朗我也不意外。」

相當於美國亞馬遜的伊朗網路商店Digikala有一個化妝品區塊，也有販售媚比琳和倫敦芮魅等美國品牌的眼線產品。只要快速搜尋一下眼線，就能找到當地和國際公司的產品，有些是假的、有些是真的，包括MAC的真實筆觸眼線筆（騙人的）以及土耳其品牌金色玫瑰（Golden Rose）的眼線液。媚比琳眼線在這個網站上售價二十三萬伊朗土曼，相當於兩百三十萬伊朗里亞爾或六美元，跟在亞馬遜的售價差不多。話雖如此，以購買力平價來說，伊朗的人均所得約只有美國人的五分之一，因此相較之下，標榜國外品牌的眼線產品其實是很貴的。

儘管價格高昂，伊朗對國際化妝品的需求還是很高，證實了注重時尚的伊朗女性即使面對經濟、政治和社會方面的難題，仍渴望使用高品質的化妝品。巴特曼格利奇解釋：「選擇『國際化妝品』背後的原因很可能是這些產品比較方便，再加上伊朗女性希望讓自己看起來很現代，並在經濟方面呈現向上流動的趨勢。在這裡，需求比供給更重要。國外化妝品會進口，是因為這是伊朗女性想要的。」

理想的自我

在一份二〇一六年的研究中，研究者娜贊寧・加法揚什拉吉（Nazanin Ghafaryanshirazi）探討了許多伊朗女性整形和化妝的原因。加法揚什拉吉表示，女性的身體被作為「社會政治不順從的手段……是她們在社會上存在的證明，也是抗議社會政治侷限的工具。」這位作者更進一步主張：「在壓迫的政體中，化妝和自我表達這兩件事之間存有關聯。」雖然某些對美的認知受到西方理想所影響，但是化妝的動機不只是為了美容。畫吸睛眼妝的這個舉動在世界上的其他地方可能沒什麼了不起，但在伊朗獨特的社會政治環境中卻有不同的意義。

另一方面，加法揚什拉吉也提到，有些學者認為儘管伊朗女性的美感實踐長期被解讀成自我認同的談判戰場，但是她們使用化妝品，包括眼線的理由，其實沒有那麼偉大。伊朗女性可能只是想讓自己沉浸在化妝品的世界，以提振精神、增加自信或消磨時間。

例如，查赫拉就說她畫眼線是為了創造理想的自我，給她蒼白的臉增加一點深度。她說：「我走出房子、想要去某個地方時，一定要化妝。不過，如果我很無聊或想去朋友家或一個特別的地方，我也會化妝。當我想到伊朗人的美，我第一個想到的是伊朗女孩美麗的眼睛。」

談到波斯眼線，莫阿維尼認為這樣化妝品可能「不屬於政治和爭議的範疇，因為它被視為伊朗的文化精髓。波斯人透過詩詞來記錄歷史和文明，眼睛在這些詩詞中經常被做為隱喻使用，像是眼睛的美和畫眼線的方式等。黑袍女子（使用一大件長袍把自己從頭到腳包起來的女性）婚後都會畫眼線，所以某方面來說，眼線也象徵女性生命的轉捩點。」在波斯過去的宗教習俗文化中，化妝品只有已婚婦女可以使用。眼睛和眉毛有沒有化妝，是當時區分未婚和已婚女子的方式。從前，[22]女性在婚前甚至不能到當地市場購買眼線容器，而是必須使用手工製作的容器。

莫阿維尼說，畫波斯眼線不見得代表「叛逆」。「在伊朗，化妝的程度是區分階級的方式。上層階級的老一輩上妝上得不多，而一九七九年之後的新中產階級，也就是原先的工人階級則會上很多妝。因此，這也模糊了化妝品被當作不服從或反抗的概念，還是這或許是這個概念的另一個層次？」

她認為，這樣化妝品也不像口紅那樣被當局視為「尤其帶有性意味」。「政府一九九〇和二〇〇〇年代特別專橫的時候，會找女性外表的麻煩，尤其還會進入大學校園或政府機關，要求女性擦掉指甲油和口紅。眼線則一直都符合清真。」

要注意的是，波斯眼線的畫法比較細緻，從遠方較難看出來，至於西方眼線則通常畫在內眼線，而不是眼皮上。

內夏特在加州讀大學時，一九七九年的革命撼動伊朗，使她更加思鄉，但身在遠方的她無法完全理解伊朗社會的女性被迫接受的轉變。直到十年後的一九九〇年，她回故鄉拜訪親友，才意識到這些轉變有多深。她說：「那簡直就像白天和黑夜之間的差別。當時就跟現在類似，新局勢有一些可怕的地方證實了宗教狂熱在社會上扎根有多深，實實在在轉變了這個國家和女性的處境，就連視覺層面都是。起初，道德警察強硬要求女性不只要戴頭巾，還得包裹整件傳統的穆斯林頭巾。我很震驚，因為在革命之前完全不是這樣，女人會穿迷你裙和化大濃妝，這也包括濃密的眼線。」

內夏特感覺自己跟伊朗同胞很疏遠，部分原因就在於她大膽的美學。她說：「我自己創造了另一個身分認同，擁有跟伊朗很不一樣的外貌，可能比我原本預期或想要的還大膽，也絕對比別人的預期或是伊朗的常態還要大膽。」

身為海外移居者，內夏特感覺自己鮮明的眼線風格能使她感到安定，提醒她自己的根源是什麼。她說：「我的眼線給我安全感，超越單純的美觀，是心理層次的。年輕時，我的身邊有很多事物同時在改變，必須面對這些新局勢令我感到脆弱焦慮。對於感覺自己被拔了根、不斷轉換環境的移民來說，那種感覺很可能更強烈。因此，我需要讓某些事物保持不變，才能感覺安定、安全、安穩、有掌控感。我的眼線便是那種安穩感的一部分。」

內夏特的眼線和外表跟芙莉達・卡蘿（Frida Kahlo）和露意絲・奈佛遜（Louise Nevelson）這兩位藝術家的眼線和外表一樣，是她的藝術作品的延伸，因為這些東西也是在述說一個故事。這個故事在紐約的東區達到高潮，因為內夏特大學畢業後便是在那裡探索她的藝術生涯。當時是一九八〇年代，紐約的波希米亞地下文化已經開始蓬勃發展。她跟一個塗鴉藝術家交往；出席了藝廊的開幕典禮、派對和展覽；結識了激進分子和無政府主義者。這是瑪丹娜、金髮美女（Blondie）與尚－米榭・巴斯奇亞（Jean-Michel Basquiat）的年代，這座城市充滿無限可能，但她的家鄉卻被戰爭和革命餘波壓得快要窒息。

她說：「我的美學和風格有了明確的形狀。我找到了我的對手，因為大家都在即興創作。到處都看得到瘋狂的髮型、二手的衣物、大量的眼線。那是我真正綻放才華的時候。我那時只有二十出頭，但是我真的感覺自己很美，彷彿我屬於一個藝術大家庭的一份子。」在這活力十足的環境中，邁向三十歲的內夏特眼線變得越來越明顯。她的招牌外貌此時因為屬於她伊朗認同的一部分而受到欣賞，於是她變得更加大膽。

她說：「我發現，我在這個由西方男性主導的競爭氛圍中，試圖尋找個人的獨特感。我是個住在紐約的中東女子，我開始取得成就，人們也尊重我不一樣的外貌。我總算找到自我，而我的眼線是那趟旅程的一部分。我甚至連遛狗也會畫眼線，視訊會議也會畫眼線。沒有畫眼線，我認不出自己。」

今天，內夏特不太會畫波斯眼線，因為她說這種眼線粉容易暈開，有時候會讓她眼睛發癢。不過，她年輕時在伊朗畫波斯眼線畫了很多年，她的化妝品之中至今仍有波斯眼線粉，是提醒她自己的美感源頭在哪裡的懷舊物品。

「女人的革命」

對於使祖國婦女來到這步險境的局勢發展，內夏特雖感到心亂如麻、憤慨不已，但是她也對這些女性要求終止迫害的勇氣和努力感到充滿希望。她很佩服她們，在面對嚴苛限制時還能發揮創意打扮自己。

內夏特說：「假如你去看看伊朗女性的風格，尤其是過去十到十五年，年輕女性把頭巾變得那麼美麗時髦，你就明白她們有多繁複、優雅和時尚。她們完全沒有像母親那一代常常借用西方文化；反之，她們是在開拓先驅、即興創作。」

內夏特認為，像瑪莎這樣的伊朗女性是伊朗政府最頭痛的問題，因為她們形成一股不容小覷的力量。即使目前這波抗議聲浪遭到平息，她也預測她們仍會繼續努力，最後帶來更大的改變。她說，若想想這些女性反抗的對象是誰，幾乎會讓人無法理解她們怎麼有膽量在公共場合取下並燃燒面紗、跳舞或剪掉頭髮。

內夏特談到她們的剛毅，說道：「我很難跟西方人解釋，在伊朗，一個人如何裝扮自己為何可以是一種武器、抵抗的手段或抗議的形式。我講的不是簡單、表面的東西。這些女人不光只是在自己臉上化妝這麼簡單，她們也不是隨興地露出頭巾下的頭髮。她們選擇做出的這些行為，是被國家嚴厲禁止的。所以，她們做這些被西方視為理所當然的事情時，是在挑戰政府。在我看來，那很美。沒有比看到一位既美麗又極具智慧的女性更具啟發性的了。她們的身體和外貌就是她們的武器。」

跟全世界的人一樣，庫德族有一句受歡迎的抗議口號也讓內夏特格外感動：「女性、生命、自由。」她說，女性為這個世界帶來生命，最終也會帶來自由，即使她們必須奮力爭取。當代激進藝術文化學院（Cultural Institute of Radical Contemporary Arts）曾經委託這位藝術家以這句口號創造作品，在倫敦和洛杉磯的抗議活動中展示。

她說：「他們說不可以擦指甲油，她們就擦指甲油；他們說不可以上濃妝，她們就上濃妝；他們說不可以露出頭髮，她們就露出頭髮。這或許就是為何政府到今天仍不允許女性不戴頭巾。當你看見有一個女人沒戴頭巾在伊朗走來走去，那就是伊朗伊斯蘭共和國滅亡的一刻。」

這是女人的革命。」

內夏特的作品靈感有一部分是來自伊朗的這些政治發展，還有她在美國身為外人的經歷。她在一九九〇年代完成的攝影系列處理的是伊朗女性面對伊斯蘭教基本教義派的問題，其中包含四肢和畫有眼線的臉龐交雜其中的波斯書法藝術。她最新的電影《夢境國度》（*Land of Dreams*）由希拉．凡主演，講述一個伊朗移民在美國普查局擔任「捕夢者」，經歷並揭露了這個國家深沉的種族分歧狀況。也有在《女孩半夜不回家》（*A Girl Walks Home Alone at Night*）出演的凡，在這部電影中畫了濃厚眼線。內夏特和凡後來在二〇二二年的一支短影片和二〇二三年的攝影展《怒火》又有合作，後者展現的是在拘留期間忍受性侵、有些甚至自我了斷的伊朗女性社運人士。

內夏特說：「這些女人很多都沒有完全復原，她們真的崩潰了。」在《怒火》這個作品中，由凡飾演的女主角雖然在美國過著自由的生活，卻還是會被過去的回憶所禁錮和糾纏。有一天，她在紐約安全無虞的新家憶起在伊朗拘留期間發生的事，全裸跑到街上。來自不同族群和社會階級的路人紛紛加入女主角，以表達支持。內夏特說：「我們看到了他人的親切和憤怒的舞蹈。這就跟瑪莎．艾米尼去世那時候一樣，她的死迫使人們走上街頭。」

在那一幕場景中，凡全裸出現。她唯一的裝扮就是她那極具戲劇性的眼線，其極端讓人聯想到內夏特的眼線，這些線條反映了她的心理狀態，也體現了她的選擇自由。內夏特說：「她沒有從過去的創傷中復原，快被逼瘋了。但，她也是自由的，她並不孤單。」

Chapter 4

佩特拉的海盜

約旦哈希米德王國的眼線文化

「我時常想起畫眼線的那段日子帶來的自由自在，那些交流、融合、歌唱和故事的分享。」今天的貝都因年輕人還有在畫眼線令阿布．阿里十分欣慰，無論他們這麼做的理由是什麼。

這棵刺柏屬樹木高比我們還高上一點八公尺，在乾熱的環境中為我們提供遮蔭。其枝幹被茂密尖刺的葉子所覆蓋，像極了交纏的四肢，朝萬里無雲的沙漠天空伸展。這棵針葉木孤零零地聳立在這片沙漠之中，比其他同伴還堅忍，因此在灼熱的陽光下存活了下來。這棵刺柏屬的樹木在阿拉伯文中稱作「arar」，具有天然落枝的能力，樹枝會自行脫落，以防所需的養分遭到吸乾。這些聰明的樹非常渴望生長旺盛、引人注意。為此，它們的地下主根會像觸手般往四面八方蔓延七、八公尺左右，在乾燥的土壤中遍尋水分。這種樹可以活到上千年；當地人說，這棵給我們提供涼蔭的樹已經五百歲了，一生中已經看過許多事物。

四十五歲在旅遊產業工作的貝都因男子斯萊曼（Sleiman）看著這棵樹，說：「這棵樹是大自然的產物，大自然賦予我們生命。大自然教我們如何供養自己，它給了我們樹皮萃取物，是我們製作眼線需要的東西。」貝都因人是遊牧民族，歷史上居住在阿拉伯半島、中東和北非的沙漠地帶。

刺柏屬的樹木是美妝和醫療用品的可靠原料來源，其漿果和樹汁被用來治療消化問題、皮膚感染、蛇咬傷和支氣管炎等各種病痛。乾燥後的漿果也可以做成手鍊和項鍊，而樹皮萃取的汁液可以製作粉底、泡泡浴沐浴乳和乳液等化妝品。在位於佩特拉考古保留區東北角的小村落烏姆塞伊胡恩（Umm Sayhoun，斯萊曼來自那裡），其汁液則是普遍被畢都爾人用來製作眼線。

通常，貝都因人會使用阿拉伯半島、北非和伊拉克原生的一種開花植物＊Farsetia的汁液來製作眼線。跟刺柏屬的樹木一樣，其亮白色的汁液在燃燒後可以做為眼線的基本原料。但，它的葉子只有在七月才會達到理想狀態，因此當地人把這個月份稱為「眼線月」。在眼線月，Farsetia可以長到一公尺高。然而，斯萊曼說，由於氣候變遷造成天氣變化，再加上乾旱時間拉長，畢都爾人不得不更仰賴刺柏屬的樹木。「Farsetia和刺柏可以製作頂級的眼線，其他植物做不到。」

斯萊曼用手剝除樹皮一絲一絲的纖維，直到樹汁出現，在陽光照射下看起來如黃水晶般閃閃發亮。他用手指搓揉樹汁，使它變成類似口香糖的膠狀。接著，斯萊曼努力尋找這棵樹更多的汁液，大概花了二十分鐘才蒐集到一點，約兩公克左右。他預測這兩公克便足以製作一罐眼線。當地人一罐眼線可以賣二十約旦第納爾，約二十八美元。

回到距離這棵樹約三公里的烏姆塞伊胡恩之後，斯萊曼在他簡樸的房子準備製作眼線。首先，他拿出打火機、鐵罐的蓋子和鋁箔烤盤，他說鋁箔非常重要，可耐高溫。樹汁從保鮮膜取出後，他將它點燃，使其著火，開始冒出黑色濃煙。接著，他用烤盤蓋住樹汁，以困住黑煙，

＊編註：Farsetia為拉丁文，植物的屬名。於內文中，作者指涉的品種為：Farsetia aegyptia Turra，屬於十字花科（Brassicaceae）的開花植物。目前還沒有表定的中文名。

然後再把烤盤擱在鐵罐的蓋子上，好讓烤盤和大理石檯面之間有兩公分的空隙。他解釋：「樹汁需要足夠的空氣呼吸，但又不能有太多空氣干擾整個過程。」

我靜靜等待了數分鐘，期間斯萊曼不時掀起烤盤，確保火焰沒有熄滅。等待的過程中，斯萊曼述說他對眼線最早的記憶。他真摯地說道，他的母親以前會在他的眼睛四周塗上眼線，而他總是會把眼線弄糊。他將烤盤翻面，熄火，鍋底覆蓋一層黑色的灰燼，那就是眼線粉。接著，斯萊曼用立頓茶包的紙卡輕輕地刮拭烤盤的表面，把眼線粉蒐集到一角，這是個精細的過程，他不想浪費任何一點眼線。最後，斯萊曼把粉末倒進一個銅罐，而他家有很多現成可用的罐子。

他用唾液沾濕一個小小的刷具，再沾裹眼線粉，然後優雅地將眼線塗抹在下睫毛。他眨了眨眼，使上睫毛也沾到一些粉末。眼睛塗黑之後，頭上包著傳統紅白圍巾、身上穿著卡其色長袍的斯萊曼看來非常帥氣。他似乎很喜歡自己的轉變，說：「我現在畫好眼線了。不過，我畫眼線不是為了讓自己更帥氣，但假如我因此變得更帥氣，嗯……我也沒辦法不引人注意。」他輕笑著。

斯萊曼的妻子阿芝莎（Azizah，她開了一間化妝品店，臉上也有畫眼線）取笑他的虛榮心。斯萊曼說：「不，是真的！我畫眼線是為了在戶外工作時不讓眼睛受到陽光和沙塵傷害。」一臉不可置信的阿芝莎斜眼看著他，然後大聲拍手，隨即放聲大笑。

在總共有二十二個國家的阿拉伯世界中，眼線無所不在，尤其是在村莊和貝都因人的偏遠聚落。男人和女人都會用眼線來美化自己，同時達到醫療、靈性和宗教的功用。這些聚落的居民常常會自己在家使用樹汁和礦石等天然原料製作眼線，將這項傳統一代一代傳承下去。至於在城市，很多人則會使用進口的西方或南亞眼線品牌，比較實用。然而，中東眼線粉才是王道。取得原料後，他們會把原料放進鐵鍋燒成灰燼、加熱融化或使用缽杵研磨成粉。接著，灰燼會跟橄欖油或唾液結合，塗在上下睫毛的邊線，就像斯萊曼示範的那樣。

「阿拉伯中東眼線」最早在前伊斯蘭時期的沙烏地阿拉伯以銻的形式出現。其中一種古老的製備方法，是把這種石頭放在燃燒的煤炭上，等到它爆裂。剩下的碎石接著會浸泡在水和阿拉伯咖啡中四十天，再被研磨成粉，使用布料過篩，然後包裝起來，待日後使用或分發。另外一個方法是用水和天然植物染料的葉子進行浸泡，還有一種方法則是使用玫瑰水和番紅花或水。

不同的村莊、地區和部落會使用不同的方法和材料製作眼線，例如巴勒斯坦的牧羊人使用的是橄欖，阿拉伯聯合大公國的人使用的是蜜棗籽（23 在幾百年前，阿拉伯聯合大公國的女性認為眼線是下葬後必須帶到來世的三樣物品之一，另外兩樣是首飾和陶器）。在貝魯特的巴史塔區（Basta），有一間藥房甚至還販售鬣狗膽囊這種眼線的原料。這間店鋪的老闆在二〇二二年告訴《國民報》（*The National*）：「鬣狗膽囊的膽汁跟雪松蜂蜜混合，接著當作眼線塗在眼睛四周。這可以改善視力、治療青光眼、使睫毛變長。」黎巴嫩的黎玻里的露天市集以及葉門（Yemen）的菜市場和清真寺都有販售銻石，男性會在神聖的齋月期間聚集在這些地方畫眼線。除了實用與宗教目的，有些沙烏地阿拉伯男性畫眼線也是為了保存部落祖先的習俗（沙烏地卡赫坦部落〔Qahtan〕的「花男子」會在頭上戴花圈、腳上穿棕櫚涼鞋、臉上畫眼線）；在法國，許多阿爾及利亞年輕人都會畫眼線宣揚自己的原住民傳統。

就跟古代埃及人的眼線罐一樣，這個地區用來盛裝眼線的罐子和容器也裝飾得很華麗。有一個源自二十世紀初英國託管巴勒斯坦（Palestine）期間的[24]彩色雙管眼線袋正面便是敘利亞絲緞，背面則是染色棉花。此外，袋子裡還墊了棉花和羊毛，並使用天鵝絨、絲綢流蘇、塑膠和玻璃珠以及銀幣裝飾。這個容器被放在大英博物館展示，附有一支木雕刷具。大英博物館還有展示一件眼線罐，來自十九世紀晚期到二十世紀初期的黎巴嫩的黎玻里，是銅製的，附了一個葉子造型的刷具，上面刻有阿拉伯文「噢，眼睛之光！」是這個地區常用來表達讚美的說法。

七十一歲的貝都因老翁阿布・阿里（Abu Ali）一生中住過佩特拉的多個不同地區，總共有二十四名子女和七十四個孫子。他說，他的子孫都在剛出生時畫過眼線，因為這可以「強化他們的視力」。眼線在中東和北非地區實在太普遍了，因此女孩子有時會被父母或朋友取「卡拉」（Kahla）這個名字或綽號，大致上的意思是「眼睛四周看起來有畫眼線的女孩」。這個地區和亞洲各地的居民也會將畫有眼線的荷魯斯之眼符號及眼睛形狀的納扎爾護身符配戴在身上，用來防範邪眼。

許多流傳千年的神話、儀式與傳說都有提及眼線。前伊斯蘭時期的民俗傳說有一個女英雄[25]「藍鴿」（Zarqaa al-Yamama），最為人所知的就是她的第六感和預測未來的能力。她的視力是出了名的敏銳，根據傳說，就是因為她有畫眼線。人們認為，藍鴿是最早畫眼線的阿拉伯人之一，甚至可能是第一人。根據神話，藍鴿可以看見跋涉三天才能到達的距離。在王國之間發生戰爭時，敵軍一邊朝藍鴿的部落前進，一邊躲在他們所攜帶的樹枝後面。藍鴿因為擁有驚人的視力，她從遠處就發現了敵人，並警告她的族人，卻沒有人相信她。敵軍來到部落，殺死了族人、摧毀了他們的住所，並挖出藍鴿的眼睛。在許多描述她身亡的說法中，據說她的眼眶裡都是被她用來磨成眼線粉的那種黑色石頭，她的眼睛的血管都有眼線顏料。在她死後，人們始終記得藍鴿的視力很敏銳，以至於一個人的視力如果很好，旁人就會說這個人擁有「比藍鴿還好的視力」。

畢都爾部落（Bdoul）的女性在家或訂婚和結婚喜宴等特殊場合會畫眼線，但整體來說，她們不像畢都爾的男性這麼頻繁畫眼線。話雖如此，由於許多畢都爾人在佩特拉的觀光產業工作，大部分的人畫眼線其實是為了保護眼睛不被陽光刺傷。三十一歲的瑞達（Raeda）說：「有些女人畫眼線是為了醫療目的，但是女性也可以很自在地說，她們畫眼線是為了漂亮。相較之下，男性不太會這樣說，即使他們知道自己畫眼線時的確比較英俊。」四十五歲的畢都爾女子阿米娜（Aminah）說，她沒在用粉底、眼影或甚至口紅。她說：「我只需要眼線，沒有畫眼線，我就感覺少了什麼。我喜歡我畫了眼線的樣子。」五十幾歲的烏姆・拉菲（Umm Lafi）年輕時常常畫明顯的眼線，但在婚後就沒這麼做了。她說，年紀漸長後她很想念眼線，所以有時候會從女兒那裡要一些。有時住在佩特拉的洞穴、有時住在村裡的家的烏姆・斐拉斯（Umm Firas）則憶起單身時畫眼線的過往。她說：「以前參加派對時，我會畫眼線跟別人打情罵俏。每當我不用工作或可以卸下母親的職責時，我就會去樹上採眼線的原料。」

在中東（Middle Eastern）和北非（North African）的民俗傳說、文學、歌曲和舞蹈中，眼線無所不在。在阿拉伯詩詞裡，中東和阿拉伯女子被描寫得美若天仙，一部分原因就是她們畫了眼線的眼睛和烏黑眼眸。因此，沒有眼線的阿拉伯女子，會被認為魅力不完整。阿拉伯的女性可以放棄各式各樣的化妝品，卻不會丟掉眼線粉。西方產品和彩色眼線筆雖然越來越流行且十分實用，中東眼線粉仍流傳了無數個世紀。

詩人尼扎・奎班尼（Nizar Qabbani）在〈妳想要〉（*You Want*）這首詩寫到，他的愛人想要「羽毛扇子」、眼線和香水，跟所有的女人一樣。另一方面，蘇丹詩人穆罕默德・馬赫迪・麥佐布（Muhammad al-Mahdi al-Majdhub）在第二本詩集《榮譽和遷移》（*Al-sharafa wa al-hijra*，一九七三年）中寫道：「她的眼線散發的光芒／回憶是在墓中燃燒的蠟燭。」在佩特拉，據說丈夫在漫長的旅途結束後回到家時，會檢查妻子平常畫眼線的梳妝區，看看有沒有殘留眼線粉。若有散落的眼線粉，丈夫就知道妻子在他不在時曾哭泣，進而表示她愛他。

已故的黎巴嫩多產歌手莎巴（Sabah）在她的一首歌裡，便跟整座村子的人一起述說一個人畫眼線迎接出外一陣子的愛人回家的故事。黎巴嫩小說家哈南・阿爾－謝赫（Hanan al Shaykh）在著作《蝗蟲與鳥：我母親的故事》（*The Locust and the Bird: My Mother's Story*）中，便寫到她母親的眼睛沾染了黑色顏料。在遇到畫有綠色、而非黑色眼線的某個人之後，阿爾－謝赫思索：「這是我第一次看見不是畫黑色眼線的眼睛……，媽媽把眼睛畫成黑色的，她會將黑色石頭磨成粉，用那來畫眼線。」這段描述讓這個女性角色顯得更堅強固執，她堅守傳統，同時卻又打破傳統。我訪問阿爾－謝赫時，她思索自己使用眼線粉的方式，告訴我：「我在十五歲的時候第一次畫黑色眼線，我的外表和人生因此變好了！」

關於這個地區及其居民的西方電影包含一九六二年的《阿拉伯的勞倫斯》（*Lawrence of Arabia*）、一九七六年的《上帝的使者穆罕默德》（*The Message*）和二〇〇五年的《王者天下》（*Kingdom of Heaven*），由安東尼・昆（Anthony Quinn）和彼得・奧圖（Peter O'Toole）等演員飾演。他們在電影裡總是在沙漠中騎著馬，身上穿長袍和頭巾，當然還有畫眼線。一首在巴勒斯坦的奈卜勒斯（Nablus）撰寫的牧羊詩原本是寫給英國託管政府的，但是之後被用來對以色列的入侵者講話：「有兩種眼線可以畫／第二種是他的骨灰。」

許多虔誠的畢都爾人認為畫眼線是種聖行，體現了他們的宗教信仰。三十歲來自烏姆塞伊胡恩的穆罕默德（Mohammad）說：「先知不允許我們裝飾身體，但他允許我們畫眼線，自己也有畫。眼線並不是化妝品，而是先知的作為。我會在星期五畫眼線，展現我對聖行的虔誠。」對四十五歲、年輕時會畫眼線的阿布．阿瓦德（Abu Awad）來說，「意圖」是最重要的。他說：「你心裡的想法才重要。我畫了一輩子的眼線，都沒有不懷好意。但無論如何，神是美麗的，神也愛美。」

雖然根據聖訓，眼線屬於聖行的一種，但是女人能否單純為了美妝目的畫眼線這件事一直都有爭議。眼線如果畫得好，便能大大提升一個人的魅力，使得阿拉伯聯合大公國的伊斯蘭事務和捐獻總局在二〇一〇年頒布了一道教令，宣布女性雖然可以使用這類化妝品，但前提是她們畫眼線的意圖不能是為了吸引男性的注意力。

十月中某個溫和的星期五午後，一群畢都爾年輕男子坐在烏姆塞伊胡恩的路邊，因為他們今天放假。他們大部分都在佩特拉的觀光產業工作，不是販售紀念品，就是擔任導遊，在騾子或驢子上陪旅客遊覽（還有一些人加入了約旦軍隊，不會攜帶眼線粉在身邊）。週五的禱告結束了，現在他們可以放鬆、透過輕鬆的對話交換近況、談論路人的八卦。空氣中充斥著他們從不間斷的交談和歡笑聲、汽車引擎的嗡嗡聲，以及附近清真寺的宣禮員誦讀古蘭經的聲音。每一個年輕人都有自己的美學風格：有一個手拿菸蒂，頂著一頭凌亂捲髮，在印花T恤上套了一件灰色帽兜，下半身則穿著褪色的藍色牛仔褲，膝蓋處有破洞；有一個使用棕色圍巾包住茂密的黑髮，搭配黑色運動褲和皮革涼鞋；還有一人用髮膠將波浪般的頭髮往後梳成低馬尾，在灰色的沙漠長袍上披著暗紅色長圍巾。不過，他們全都有畫眼線。

二十一歲的歐馬爾（Omar）說：「眼線跟時間一樣古老，從法老的時代就有了，法老畫眼線是為了保護眼睛，我們也是因為相同的理由畫眼線。我們也會用眼線粉來治療眼睛紅腫和感染，不只是為了外表才畫。」歐馬爾說，他在十六歲的時候對眼線產生興趣，因為他很尊敬的哥哥當時開始畫眼線，他也想要跟他一樣。兩兄弟會一起出門，從Farsetia或刺柏樹採集製作眼線粉的原料，而他們的奶奶會在家幫他們製作成品。

歐馬爾的朋友帶著男孩子的幽默感，取笑他這番正經八百的解釋，說他們每個人畫眼線其實都是因為想要跟女生談戀愛。但是接著，他們又嚴肅起來，向我保證眼線粉確實有一些有益的特性，畫眼線的理由儘管很多，但不衝突。歐馬爾說，要不要畫眼線，會視心情、天氣、星期幾或要參加的活動而定。害羞或內向的人有時候完全不會畫眼線，或者把眼線畫得盡可能看不出來。每一個人都說，他們工作時會畫眼線來驅逐陽光。他們又補充說，他們根本沒有太陽眼鏡，因為眼線的黑色顏料就能保護他們不受到紫外線的傷害。

穆罕默德跟歐馬爾站在同一邊，說：「神禁止我為了女人畫眼線！我已經結婚了！你們覺得先知畫眼線是為了女人嗎？」穆罕默德是少數幾個喜歡使用巴基斯坦進口眼線的村民之一，因為天然的眼線粉會使他過敏。他都從當地的雜貨店（烏姆塞伊胡恩沒有藥局或大型連鎖零售商店）以兩第納爾（約二點八美元）的價格購得。其他男子說，他們只有在季節交替時用完天然眼線粉了，才會選擇使用眼線筆。

在這個社群裡，眼線是一個成年的過程、長大的象徵，甚至代表了歸屬感。穆罕默德說：「烏姆塞伊胡恩的居民就像一家人，其中一人做了什麼，別人也會效仿。」這類化妝品也是青春活力的標誌。當地人說，超過三十五歲的男性鮮少會畫眼線，少年通常會在十五歲左右開始嘗試眼線。三十三歲的里茲克（Rizk）說，他雖然還有在畫眼線，但是他的眼線不像以前那麼明顯了，因為他現在年紀比較大。從遠處看，他的眼線比朋友的眼線還細，比較看不出來。他解釋，男人通常婚後就不會再畫眼線，以對伴侶表示尊重。有的人離開烏姆塞伊胡恩到約旦首都安曼時，會選擇不畫眼線好融入當地，不過也有些人——例如里茲克會刻意做相反的事，讓別人知道他們是貝都因人，不是都市人。里茲克說，他不管到哪裡都會隨身攜帶眼線罐。

在某些阿拉伯城市，男性畫眼線會招來異樣的眼光。例如，在黎巴嫩較保守的地區（如北邊的巴布艾特巴尼〔Bab el-Tabbaneh〕），男性會模仿先知穆罕默德畫眼線，但是根據《Vice》阿拉伯版（*Vice Arabia*）所說，黎巴嫩的男性在其他地方畫眼線則會遭受汙名，因為這會讓人聯想到酷兒或撒旦次文化（很諷刺吧），被視為是反抗既有性別或宗教常理的叛逆做法。

藝術家阿赫梅德．薩伊德（Ahmed el–Sayed）就是因為自己的穿著和眼線，被指控崇拜惡魔，因此遭到「極端主義青年」綁架和毆打。他告訴《Vice》：「我差點因為眼線而喪命。」

雖然大部分的人都是使用刺柏或Farsetia的原料自製眼線粉，有些人也會跟擅長製作這個東西的人購買，如名叫莎巴和舒拉亞（Thuraya）的兩個出名女子。這些賣家常常花一整天前往當地人不會去的地方採集樹汁，所以這些眼線粉一罐要價約十第納爾（十四美元），比巴基斯坦進口的兩到四第納爾的眼線筆還貴。在斯萊曼的妻子阿芝莎的店裡，兩種眼線產品都有賣，她說：「有時，如果天然眼線粉用光了，人們會買進口的眼線。然而，天然眼線粉的需求量最大。」這是因為人們相信天然的比較安全、效果較好。「其他眼線產品就是比不上。」

眼線深植在畢都爾人的習俗與傳統中。傳統上，畢都爾人生存的方式是種植小麥和大麥以及放牧和飼養牛羊。他們跟動物之間關係密切，甚至會把母馬、母豹和母虎稱作「kuhaylah」，意指眼睛塗黑的女性。斯萊曼說：「以前的人相信，食用某種動物的肉就會得到這個動物的特性。據說，以前那些吃駱駝肉的貝都因人甚至會出現天然的黑色眼線。」三十八歲的哈布（Habu）說，貝都因人很欣賞駱駝的眼睛，因此會畫眼線模仿牠們。

烏姆塞伊胡恩有個男人被村民親切地稱作阿布．寇拉（Abu Kohla，眼線之父的意思），但不是因為他本人會畫眼線，而是因為他的眼睛看似天生自帶眼線。有些村民認為，這可能是因為他剛出生時反覆被人畫眼線所導致的，因此眼線就像刺青一樣使他的眼睛邊界染了色，或者也有可能是因為他的母親畫太多眼線，使他遺傳了她的黑色眼睛。美國演員內斯特．卡博內爾（Nestor Carbonell）的眼睛看起來也有畫得不太自然的眼線，因此引起了類似的討論，但他本人否認自己有畫眼線。

然而，約旦似乎只有畢都爾部落的貝都因人才如此普遍使用眼線，至少今天是如此。十月中的某一天，佩特拉舉行一年一度的賽馬，數十名當地人齊聚一堂比賽、社交。約旦其他貝都因部落的年輕人沒有畫眼線，而畢都爾人卻畫很多。

里茲克說：「眼線會抓住人們的注意力，但是畫眼線也是為了保存貝都因人的文化，為此感到自豪。我們是一個驕傲、熱情的民族。眼線是我們習俗與傳統的一部分。自一九八〇年代以來，我們的處境確實改變了，但我們仍努力堅守這些習俗和傳統。我們不把眼線看成化妝品，因為它絕對不只是如此。」歐馬爾也同意，他說：「眼線是我們祖先習俗傳統的一部分。我們畫眼線是為了保存這些傳統。」斯萊曼說，畫眼線或許也有表演給他人看的成分在：「假如你不畫眼線，就感覺好像少了什麼，好像你沒有符合貝都因人的定義。」

在約旦，過去一百年來，住在沙漠裡的貝都因人數量越來越少，因為有很多人成為都市人口。然而，現在住在城市和鄰近村落裡的那些人仍然努力保存自己的文化和部落傳統，包括詩歌、音樂和舞劍技藝。

烏姆塞伊胡恩佔地兩平方公里，座落在河谷之間的懸崖。雖然二〇一五年的調查顯示這座村子的人口為兩千出頭，但是當地人說，現在這裡住了四、五千名畢都爾人，這個部落跟該地區的其他族群共享勢力。一九八〇年代，佩特拉被聯合國教科文組織指定為世界遺產，[26]貝都因人的生活開始經歷不可逆的轉變。美國國際開發署為了守護這個遺址，提供約旦政府建議，因此在政府的指令下，數百個家庭在一九八五年從佩特拉遷到新建的村莊。有些人說，遷居很棒，因為村莊有比較多設施，但也有些人認為這是在驅逐貝都因人，使他們的生活和傳統被搞得天翻地覆。

長久習慣洞穴開闊空間的畢都爾人，突然被迫住進狹窄水泥建築的小公寓。幾十年下來，家庭人口不斷擴張，使這個問題越來越嚴重。根據一家獨立的約旦新聞網站 7iber，好幾名貝都因人因為烏姆塞伊胡恩過度擁擠、基礎設施不佳和缺乏政府協助的問題，選擇重返佩特拉的洞穴。7iber 報導，很多人也因為土地被圈圍而停止或減少飼養牲口。

從經濟的角度來看，佩特拉被聯合國教科文組織指定為世界遺產之後，觀光業為這個社區帶來很多利潤。除了當導遊和販售紀念品，畢都爾人也可以供應遊客食宿方面的服務。其實，早在這個地方被宣布成為世界遺產之前，[27]西方遊客就已經造訪這個地區超過一百年了。這裡是一名瑞士考古學家在一八一二年「揭露」給西方的。今天，佩特拉的砂岩峭壁每個月都能吸引數以萬計的遊客來到約旦。這個數字時有變動，往往要看當時的地緣政治和其他的全球局勢發展而定，例如跟以色列簽訂和平協議後，觀光人數大增，但是在敘利亞內戰和COVID–19疫情爆發後則縮減。現在，遊客數量已經有所恢復。

對於在觀光產業工作的烏姆塞伊胡恩居民以及繼續住在山腳下洞穴裡的人來說，眼線特別有用，因為他們每天都得在太陽底下和沙塵之中待好幾個小時，販售紀念品和引導外國人參觀廢墟。里茲克說：「此外，跟遊客說話時不戴太陽眼鏡比較好，這樣我們可以直視他們。這麼做可以表達尊敬，我們便能因此贏得他們的信任。」

根據當地人所說，在觀光業蓬勃發展之前，貝都因人在漢志鐵路尚未興建、蘇伊士運河尚未開放時，也有替前往漢志地區的朝聖者擔任導遊，工作時很可能也有畫眼線。納巴泰帝國[28]過去的首都曾經接納遊牧民族好幾個世紀，可以回溯到至少西元十六世紀。當地人表示，貝都因人除了遷到佩特拉附近的小村落之外，社會常態也出現轉變。不過，七十五歲的穆罕默德・薩馬希恩・阿布・阿布杜拉（Mohammad Samaheen Abu Abdallah）說，「人們就算住在村莊和城市，也不可能完全脫離洞穴文化。以前人們住在這個考古遺址時，比現在更願意拜訪他人和社交。」隨著伊斯蘭政治的影響力越來越廣，連偏遠地區的社群也受到震撼，男女之間現在比較沒那麼自由往來了。但，由於聖訓有提到眼線，所以這樣化妝品撐過了這些轉變，連最虔誠的年輕男性都會畫或是曾畫過眼線。

儘管有這樣的脈絡存在，村裡的一些年輕人也坦承，自己喜歡畫眼線是因為他們知道女性，主要是白人遊客可能覺得他們這樣比較有魅力。為了吸引西方和非阿拉伯的訪客，這些人似乎會刻意表現出「長相充滿異國情調」的阿拉伯沙漠男子這個刻板印象。十九歲的瑞德（Raed）說，遊客（尤其是女性遊客）常說他長得很像《神鬼奇航》（*Pirates of the Caribbean*）系列電影裡由強尼．戴普（Johnny Depp）飾演的角色傑克．史派羅。戴普自己便曾說過，滾石樂團（The Rolling Stones）的凱斯．李察（Keith Richards）為這個角色帶來了靈感；李察也很喜歡畫濃厚的眼妝。瑞德會逗趣地回說：「是我長得像傑克．史派羅，還是傑克．史派羅長得像我？」

瑞德對他口中所說的「貝都因風格」感到自豪，也就是捲髮或辮髮、傳統圍巾和不可或缺的眼線。他在佩特拉工作時，會用隨身梳妝鏡檢查眼線是否完好如初，沒有糊掉。他幾乎不太需要補妝，因為這種眼線粉效果很好，畫一次就能維持好幾天，而且他睡前通常會基於宗教理由再畫一次眼線。

二十九歲的斐拉斯（Firas）也在這處廢墟工作，說他以前總會裝扮完整的貝都因「風格」，因為他知道遊客也會把他比作傑克．史派羅。但，自從他認識了後來定居佩特拉的美國遊客、跟他結婚的娜塔莉（Natalie）之後，他就不再每天畫眼線，並把頭髮剪短。他笑著說：「我現在名花有主，不需要再畫眼線了。」

我們談話時，娜塔莉靜靜地觀察我們。美麗的她穿著黑色的沙漠長袍，有著藍綠色的眼睛以及閃閃發亮、長到接近腰際的筆直金髮。她說：「我們認識時，他的長相吸引了我。我怎麼可能不被吸引呢？他畫了眼線，還留了長髮。」娜塔莉現在也有畫中東眼線，是斐拉斯教她的。

在佩特拉的核心觀光區域，距離人稱寶藏殿的卡茲尼神殿只有幾步之遙的地方，三十六歲的馬哈茂德列出他所販售的「阿拉伯眼線」比西方品牌的眼線產品還要優越的每一個點。我告訴他我時常選擇NYX的眼線液，他說：「在那麼靠近眼睛的地方使用一項產品之前，怎麼可以不去了解它的成分？你會把金屬或塑膠的東西放進眼睛裡嗎？」

馬哈茂德在佩特拉是出了名地熱愛眼線，可說是眼線之王。他十八歲時開始販賣眼線，這一生有一半以上的時間都有畫眼線；他的母親在他出生後的四十天都有在他的眼皮畫眼線（四十這個數字在伊斯蘭教意義重大，因為先知穆罕默德據說是在四十歲時從天使吉卜利勒那裡得到第一個伊斯蘭教的訊息；此外，先知摩西也花了四十天的時間在西奈山上接收十誡）。為了證明他的假說，他把不純的進口眼線粉以及使用Farsetia製作的純眼線粉一起倒在消費者的手中。接著，他把磁鐵放在這兩堆眼線粉上方晃動，進口的眼線粉幾乎全部被吸走了。他告訴我：「我們說眼線是眼睛的靈藥，其實指的只有用礦石或樹木製作而成的原始純眼線，不是這種進口的東西。任何加工產品都不會有療效，包括西方的眼線。」

馬哈茂德不是第一次表演這個小把戲，只要有外國遊客來他的商店，他都會表演給他們看。他說，他們只要改用中東眼線，就很少會回去使用本來的眼線。馬哈茂德在商店門口懸掛了大型旗幟，上面寫著「試試真正的阿拉伯眼線，免費試用」的字樣，下方則有一幅圖，圖中的阿拉伯女子有著濃厚的眼線、又長又密的睫毛以及完美無瑕的眉毛，看不見一絲凌亂的頭髮。這位眼線賣家的產品非常受歡迎，因此他甚至在臉書上為回頭客設立了網路商店，稱作獅子之愛小舖（Lion Love Shop）。他說，銷售十分穩定，試用過他的眼線的遊客至少有百分之七十會定期下訂單，尤其是來自南美、義大利和西班牙的客人。

沒有farsetia的樹汁時，馬哈茂德會改用葉門進口的眼線，因為他說在中東地區，葉門的眼線品質最好；沙烏地阿拉伯的中東穆斯林眼線也是，但是價格較高昂，每公克約一百五十美元。他說：「我親身經歷過眼線的好處。」小時候他眼睛過敏，只有眼線治得好。小時候的馬哈茂德起初會在晚上畫眼線，然後隔天早上上學之前使用橄欖油洗掉眼線。然而，因為這個產品在他身上發揮了神奇的效用，他也注意到自己的外貌變好看了，於是他後來在白天也會畫眼線，之後就不曾間斷。他的朋友很快就開始模仿他。他說：「我想把這些好處分享給別人。中東眼線不是一種產品，而是一種文化。」

他說，一罐眼線就能使用一整年，因為畫一次便能維持一個星期，就算多次使用肥皂洗臉也一樣。如果有需要洗掉眼線，可以用橄欖油去除。反之，進口的眼線筆往往一天需要補畫好幾次。儘管他最吹捧眼線的藥用效果，但他也有說，眼線所帶來的美貌是不可否認的額外好處。他說：「假如我一隻眼睛有畫眼線，另一隻沒畫眼線，你一定會很震驚，因為我看起來會像完全不一樣的兩個人。」雖然馬哈茂德已經到了大部分男性不再畫眼線的年紀，但是因為他單身，他覺得自己可以繼續畫沒關係。馬哈茂德很看好自己的生意：在理想的條件下，他一年能夠蒐集到足以製作四百罐眼線的 farsetia 樹汁，以一罐眼線十第納爾、也就是十四美元左右來計算，五千六百美元似乎是相當不錯的營業額。

雖然他的實體店面也有販賣小飾品、首飾和陶罐，但是有一個區域完全只賣眼線。這個區域展示了數十個黃銅、紅銅和玻璃材質的眼線罐，還有一區擺滿了裝在小塑膠袋裡的葉門和 farsetia 眼線粉以及從巴基斯坦進口的眼線筆。其中，巴基斯坦眼線筆主要的品牌是哈希米眼線，他們的產品在喀拉蚩（Karachi）製造，但是賣到整個阿拉伯世界。一尊娜芙蒂蒂王后的巨大銅像以畫了眼線的雙眼盯著這些展示品。馬哈茂德說：「娜芙蒂蒂是真正的眼線之后。」

阿布．阿里的頭上包著純白的傳統素色圍巾，使用兩條黑色繩環（阿拉伯語所說的「埃卡魯」〔iqal〕）固定在頭頂。這位七十一歲的貝都因商店老闆臉上歷盡風霜，記錄了他漫長的一生中在佩特拉及其鄰近地區所經歷的無數事蹟。雖然他現在沒有畫眼線（他說是因為年紀的緣故），但是他回憶起畫眼線這件事的時候卻真情流露，因為這代表了他的少年時期與成年初期。阿布·阿里一邊撥念珠，一邊說話，講述自己充滿希望光明的青春歲月，帶我們重返他和他的家人還住在洞穴中的那個時代。他憶起，貝都因人在炙熱的陽光底下牧牛時，為了保護自己不被熱氣和沙漠的光線所侵害，會穿戴以白色為主的沙漠長袍和圍巾，當然還會畫眼線。

他說：「我們很愛眼線。那時候，我們會說自己畫眼線就是為了吸引女性，不會感到丟臉。雖然我們知道眼線有實用和治療的特性，但是一般人普遍認為，畫眼線表示你單身，在尋找伴侶。」阿布·阿里認為，貝都因人的美體現在他們畫了眼線的大眼睛、烏黑的頭髮和高挑纖瘦的身材。他說：「如果兩個女人中，一個有畫眼線，一個沒畫眼線，我會被畫眼線的那一個吸引。我自己也是這樣，女人會比較喜歡我畫眼線的樣子。」

阿布·阿里和他的妻子在持續了十五天的婚禮上都有畫眼線（傳統的貝都因婚禮通常會超過一個星期）。他說，他從二十到三十五歲自豪地使用這樣化妝品（他結婚不只一次），並表示貝都因人如果「在那個年代沒有畫眼線，不管是男是女，都會像是隱形人一般。」跟烏姆塞伊胡恩今天的年輕人一樣，阿布·阿里以前也會在出外耕田時蒐集刺柏或farsetia的樹汁。他說：「我很想念那些日子，那時的人對自己的外貌和工作相當注重和自豪。」

他還記得，傍晚時分，鄰居會互相拜訪，有時候一次出動十到二十個家庭。他們會唱歌、跳舞、吃吃喝喝。他們的洞穴歡迎所有人，每個人都非常慷慨好客。「tarab」是很常見的狀態，這個字在英語沒有確切的定義，但最好的描述就是在聆聽極為動人的音樂時所產生的超然的情感狀態，宛如狂喜。

由於那時候的天氣比較容易預測，阿布·阿里說他有比較多牛隻可以放牧、飼養，小麥和大麥也很豐盛。年輕時，他所有的時間都在大自然之中度過，後來他的父親才將一家人搬到村莊裡。為了養家外出工作時，阿布·阿里體會到眼線的益處，因為它保護了他的眼睛。他說：「這跟在意你的外表和健康有關。」語畢，他沉默了很長一段時間。

「我時常想起畫眼線的那段日子帶來的自由自在，那些交流、融合、歌唱和故事的分享。」今天的貝都因年輕人還有在畫眼線令阿布·阿里十分欣慰，無論他們這麼做的理由是什麼。「我們的傳統沒有消失，這才是最重要的。」

Chapter

5

不只是一種裝扮

喬洛文化的貓眼

對喬洛女子和更廣大的墨裔美國女性而言，眼線不只是眼線，而是一種表現和越界的行為，向盎格魯裔美國人傳達她們是驕傲的墨西哥人，同時表明她們隸屬於某個幫派（有時做為幫派之間的溝通形式）。

[29]「喬洛女子向來都呈現一種美麗的矛盾，力圖擁有富含美墨文化的傳統陰柔氣質，同時又具備激進尖銳性的一面。人們說到喬洛，常認為這個次文化的某些層面中破壞了今天的社會，但喬洛女子其實不僅是如此。跟一九三〇年代的德州興起的帕丘科祖先一樣，喬洛女子是一群面對迫害和壓迫，想辦法塑造一種以文化習俗為根基的身分認同來維繫自己美墨認同的年輕人。」

——作家溫蒂．海克蕭（Wendy Hackshaw）

在一張顆粒感很重的老照片中，兩歲的薇諾娜．培雷茲（Winnonah Perez）窩在母親的大腿上，抬頭望著她，表情充滿敬畏與驚奇。那是一九七八年，這名年輕的媽媽看起來容光煥發。她那經過吹整的及肩長髮茂密蓬鬆，跟勃艮地酒紅色的綁束上衣完美結合在一起。她的眼睛畫了精緻的眼線，裝有又長又捲的假睫毛。她盤腿坐在地板上，看著女兒，露出大大的笑容。這是培雷茲僅有少數幾張母親的照片之一，她說：「照片中的我看著媽媽，發覺眼線和睫毛就是生命。我無法確定自己那時到底在想什麼，但這看起來確實就像我看見她的眼線和假睫毛，然後一眼就愛上了！」

從這張珍貴的照片根本看不出來，培雷茲的母親珍妮佛（Jennifer）當時其實有心理疾病和成癮問題。她一邊努力戰勝這些魔鬼，一邊又要當位溺愛寶貝女兒的母親，儘管自己也還年輕

（珍妮佛和伴侶米格爾〔Miguel〕生下培雷茲時，都只有十七歲）。然而，在她二十歲時，也就是這張照片拍攝不到一年之後，她便自殺身亡，永遠改變了培雷茲的人生。

今天，四十七歲的培雷茲常常畫翼形眼線來紀念母親，傳達她的喬洛美學。她說，眼線將她跟那個對自己的墨西哥認同和傳統非常自豪的母親連結在一起。跟珍妮佛一樣，培雷茲每天都會畫眼線，向她的祖先致敬。她說眼線是她的「魔法」，是她用來傳達「內在力量」的視覺工具。

培雷茲的翼形眼線畫得相當厚重專業，上下兩條線都從眼角延伸好幾公分，而不只有幾公釐。她說到眼線，表示：「畫得越粗越好。我喜歡馬上就畫出極端的眼線，我想要把眼線畫得越長越好。」這位時髦的奇卡諾女子＊戴著反射陽光的大金圈耳環，嘴脣也塗滿口紅，髮量豐富的頭髮則跟珍妮佛的一樣呈深棕色。此外，她的雙手都戴了喬洛手帶，也就是一種黑色橡膠手環。

培雷茲有很多跟家族歷史和身分認同有關的刺青，其中一隻手臂刺了畫眼線的喬洛女子，跟她本人很像，其他的刺青則包括她的低底盤汽車及卡利夫．馬里布斯（Calif Malibus）的歌曲

＊譯註：「奇卡諾」即墨西哥裔美國人的意思，男性寫作Chicano，女性寫作Chicana。

〈我獨自站著〉（*I Stand Alone*）的歌詞——她說這是她的人生主題曲。她在袖子的地方刺有一隻孔雀，因為在她居住的聖塔克拉拉郡監獄，園區有很多孔雀遊蕩。培雷茲已經進出監獄五年了，那裡的孔雀漸漸開始象徵「那些成為環境產物、社會受害者的褐色同伴」。她說：「有一天，我坐在那裡，發覺我陷入社會對我的期待。我在那一刻改變了。這個領悟使我決定把園區當作一個正面的驅動力，我要盡我所能，再也不把那個地方變成我的家。」

培雷茲的喬洛風格讓她在位於加州聖荷西（San Jose）的家鄉招來許多人的注目，而這些注目往往不是良善的。有時，就算只是到超市買東西，她也會被跟蹤；在職場，培雷茲必須面對他人批判的眼光。她在一間航太製造公司擔任生產企劃。她說，每當有人盯著她看，或是很沒有禮貌地評論她的外貌，她就會趁機「進行互動和教育……我知道我的外表會引人口舌，但是我有機會打破【對喬洛美學的】刻板印象，因為人們會認識我，知道我有多麼自豪。」同樣的，她的外表也傳達了她根深蒂固的身分認同。她說：「我不把喬洛風格當成一種裝扮。這代表我自己，使我充滿力量。三十五年以來，我不曾改變。我年紀大了，沒錯，但是我的髮型、妝容和穿著還是一樣。」

在培雷茲正向的心態底下，其實潛藏著巨大的傷痛。她說，她父母的家庭在第三、四代以前從墨西哥移民到美國，希望為自己和子女尋找繁榮和更好的生活。然而，困境一代又一代延續下來，使得培雷茲的父親米格爾面臨歧視和經濟困難。培雷茲說：「他只能找到需要更多體力，薪水卻不多的工作。」伴侶自殺以後，米格爾努力當個好父親，他會帶培雷茲到社區的低底盤汽車秀（社區成員會帶著自己修改的車輛聚在一起，包括降低的底盤，通常是為了表達自我認同），藉此跟她培養感情。儘管如此，他私底下還是持續跟自己的情感障礙奮鬥，努力克服因為失去伴侶而加劇的憂鬱傾向。珍妮佛自殺的二十五年後，他也選擇在她的忌日自殺，培雷茲才剛要滿三十歲。

培雷茲說：「我下定決心要實現他們在這裡得不到的幸福，其中一個方式就是傳承他們的風格。保持這種風格對我來說很重要，因為這對他們來說很重要。我媽的喬洛外表和我爸對低底盤汽車的熱愛……這兩件事我一直都保存著。」

「她的眼線都花了，因為她哭得很慘。」

——梅莉莎．盧西奧（Melissa Lucio）的兒子；他在二〇二二年獲暫緩死刑處置。取自串流平台Hulu的紀錄片《德州對梅莉莎》（*The State of Texas vs. Melissa*）。

喬洛美學源自美國墨西哥移民族群及其長時間爭取平等的歷史。已故學者F．阿圖羅．洛薩萊斯（F. Arturo Rosales）曾研究並書寫墨西哥人在美國的相關經歷，他說最早一波移民到美國的墨西哥人受到歧視和厭惡，有一部分的原因是，他們擁有「印第安人的特徵」。在二十世紀初的墨西哥人遣返行動（the Mexican Repatriation）中，美國政府強制驅離近兩百萬名墨西哥人，在經濟大蕭條期間深化了緊張關係。在持續不斷的歧視下，墨裔美籍人的民權運動逐漸形成和發展，後來被稱作奇卡諾運動。[30]這個團體努力爭取土地、農耕、教育和勞工權利，並要求保存文化和語言。

以前，墨西哥人總被形容或描繪成暴力危險分子，他們的生理特徵時常給人他們是「外人」的感覺，使他們很容易被當成目標。洛薩萊斯認為，儘管「區分墨西哥裔和盎格魯裔美國人的極端種族差異加劇了偏見」，這些差異卻也在這個族群之中帶動「褐皮膚很美」的觀念。這樣的忠誠在政治和美學方面動員了墨西哥人，兩個元素交織在一起。

第二次世界大戰期間，盎格魯裔的美國人之間[31]湧現愛國主義，洛杉磯的拉丁美洲裔年輕人也開始穿著「阻特裝」（zoot suits）走上街頭，也就是色彩繽紛的長大衣和高腰褲。這種華麗的風格被稱作帕丘科裝扮（the pachuco look），成為奇卡諾青年反抗同化以及盎格魯裔美國人主導權的叛逆象徵。女性的帕丘科裝扮包含開襟針織衫、百褶裙、網襪、厚底跟鞋或涼鞋、深色口紅、蜂窩頭、大濃妝、緊身毛衣和寬褲等，也是屬於不順從主義，被主流文化拿來製造恐懼。學者亞瑪亞・伊巴拉蘭–畢加隆多（Amaia Ibarraran–Bigalondo）在《墨西哥裔美國女子、服裝與性別》（*Mexican American Women, Dress, and Gender*）這本書寫道：「當時的媒體發揮很大的影響，將帕丘科女子描寫成身材極端、膚色很深、挑釁意味濃厚的危險女人。」這加深了歧視，也讓刻板印象持續存在，作者甚至提到有一篇新聞報導把這些女性形容成「黑眼睛的*『裘莉塔』，在黑色網襪最上面藏了剃刀」。

阻特裝[32]雖然大部分都是墨西哥人在穿，但是其他少數族群也會，包括非裔美國人（這個風格也源自一九三〇年代的哈林〔Harlem〕，由爵士樂表演者帶動）。黑人民權運動和奇卡諾運動有相似的遭遇，如種族歧視、警察暴力和經濟剝削，因此雙方有時會團結起來。跟非洲中心主義的興起類似，奇卡諾或「褐皮膚」等身分認同在一九六〇和一九七〇年代變成這個族群驕傲與行動主義的根本源頭。奇卡諾這個詞最初是用來指稱墨西哥裔工人階級的貶義詞，但在當時被墨西哥裔美國人用來表達種族自豪感——特別是原住民的自豪感以及反同化主義。

[33]喬洛美學是從帕丘科的風格和態度演化而來，某些方面更叛逆，也更女性化。雖然還是帶有男性面向。喬洛裝扮結合了貓眼妝、細眉毛、深色唇線筆（深到有時候會使用黑色眼線筆描繪）、往後梳的頭髮、超大圈形耳環、壓克力指甲和名字金項鍊。[34]這個獨特的造型源自一九六〇年代的南加州，是遭受歧視、貧苦且教育機會被剝奪的歸化第一和第二代墨西哥裔美

＊譯註：原文的cholita是在玩文字雙關遊戲，將西班牙文（墨西哥的官方語言）的「chica」（女孩）和源自俄文經典小說《蘿莉塔》（*Lolita*）的英文單字「Lolita」（現今指性方面很早熟的少女）結合在一起，用來形容墨西哥裔美國女子很隨便放蕩。

國女性所發展出來的。

喬洛風格的某些元素在非裔和墨裔的美國女性身上都看得到，如圈形耳環、脣線和眼線。伊巴拉蘭－畢加隆多說：「她們有意識地運用服裝和外貌，把自己跟男性同胞發展成一個次文化運動，被許多人認為冒犯到主流社會。」

許多名人、表演家和設計師都曾採用喬洛裝扮，例如：關．史蒂芬妮（Gwen Stefani）在歌曲〈奢華〉（*Luxurious*）的音樂錄影帶，便畫了貓眼、細眉、脣線，還戴了一條名字項鍊，而拉娜．德芮（Lana Del Rey）在微電影《*Tropico*》裡的造型以及紀梵希二〇一五年的「喬洛維多利亞主題」秋季時裝秀，也都有效仿喬洛風格。學者茱莉．貝蒂（Julie Bettie）說，[35]這種情況不只出現在攝影棚或雜誌，在學校也有出現：白人女孩會「表現」喬洛文化，利用化妝品讓自己看起來更「強悍」。

在加州的墨裔美國人的服裝、髮型、妝容和肢體語言確實是一種政治工具，在充滿政治張力的環境背景下，這些傳統代代相傳，由媽媽傳給女兒、堂姊傳給堂妹或者朋友傳給朋友。這些女性雖然被期待「同化」，但她們選擇做出挑釁的髮型和妝容，並善用她們的自主性。對喬洛女子和更廣大的墨裔美國女性而言，眼線不只是眼線，而是一種表現和越界的行為，向盎格魯裔美國人傳達她們是驕傲的墨西哥人，同時表明她們隸屬於某個幫派（有時做為幫派之間的溝通形式）。

伊巴拉蘭－畢加隆多寫到，帕丘科、奇卡諾和喬洛女子也會利用自己的外表來打破群體內對女性的期望。喬洛女子和裝扮喬洛造型的女性是顛覆規矩的人，無論在宗教、社會、時尚等方面都是如此。穿著打扮往往象徵背離；這些女人在對付的是有時要求她們乖順服從、專注在生育這件事情的性別規範。在墨裔美國人歷史上的許多時候，女性曾為了抗議這些性別規範而刻意不化妝，但後來的喬洛女子則是善加運用化妝品，每天都畫眼線。

雖然喬洛美學有時候會給人男人婆的感覺，卻又帶有一絲極端女性化特質，部分原因來自一九八〇和一九九〇年代的多元風格和消費主義。一九九〇年代，南加州已經變成喬洛裝扮的重鎮，謹慎畫好的眼線成為視覺標誌，旁人很容易就能辨識。貝蒂認為，在校園穿搭和表現喬洛文化這點也帶有階級意涵，喬洛女子「完美的妝髮除了象徵這些女性為了挑戰膚色／貧窮之間的關聯所做出的努力，同時也透過拒斥預科學生的造型，來拒絕白人中產階級的規範。」

表現喬洛風格的年輕女性普遍被認為是有暴力傾向的幫派成員。然而，當個喬洛女子跟打扮得像喬洛女子是不同的兩件事，儘管媒體和流行文化喜歡將它們混為一談，這兩者其實可以單獨存在。

三十二歲的墨西哥裔企業家、時尚美妝編輯以及曾擔任過時尚設計師的史蒂芬妮・蒙提斯（Stephanie Montes）說：「喬洛造型體現了世代連結和文化根源，向一個獨特的地域次文化致敬。人們從自己的父母、年紀較大的手足和同輩親戚那裡傳承了這個造型，因此這跟任何國家的傳統服飾並無不同。這總是被跟幫派文化聯想在一起，實在令人遺憾。這不只是一種時尚宣言，還具有更廣大的重要意涵，同時述說了一個人的成長背景。」蒙提斯自己也會採用此造型的某些元素，本身很會畫貓眼妝。她擅長這個妝容擅長到連坐在移動中的車子裡也可以上妝，有一次甚至在Uber後座拍好一隻教學影片。

在一九九〇年代一篇刻意誇大的新聞報導中，ABC新聞（ABC News）的黛安・索耶（Diane Sawyer）帶著害怕的口吻談到穿著喬洛造型、畫有濃厚眼線的太妹，卻掩飾了很可能促成這些事件的社經議題和種族主義。她在報導中說道：「如果這些女子繼續脫離傳統，她們養育的小孩將面臨充滿暴力的未來，而我們其他人也是。」然而，這篇報導並沒有提到她們在學校遭遇的偏見和活在邊緣的人生，還有她們渴望在觀念接近、血脈相近的人之間獲得權力、友誼和情感支持。

以墨西哥裔美國女性經歷[36]為主題的電影極少，而像一九九三年的《我的瘋狂生活》（*Mi vida loca*）那樣有些名氣的電影，又把年輕的奇卡諾和喬洛女子描繪成以男人和毒品為生活重心（結果很早就當媽媽了）。學者亞曼達・馬丁尼茲・莫里森（Amanda Martinez Morrison）針對這個現象表示，拉丁美洲女子「不是輕佻隨便（例如熱帶音樂的甜姐兒卡門・米蘭達〔Carmen Miranda〕），就是神祕性感」。她們被形容成火熱、性感和熱情；在一九九七年由珍妮佛・羅培茲主演的電影《哭泣的玫瑰》（*Selena*）中，已故歌手莎麗娜「性感的身體變成一種過度的譬喻，象徵墨西哥裔和盎格魯裔兩者關係所蘊含的無數社會衝突、渴望和焦慮。」因為鮮明性感的造型（包括翼形眼線）而出名的莎麗娜，絕對是被放在「處女與浪女二元分法的『處女』那一端」。因此，這些敘述中的墨西哥裔女子是道具，或者被稱作「禁忌的他者」，鮮少被完整呈現。

另一方面，許多美國白人女子儘管享有天生的歐洲中心特徵所帶來的好處，卻還是能夠自由地探索不同的美學。瑞・努森在《都是妝出來的》（*All Made Up*）這本書寫道：「伊莉莎白・泰勒在一九六〇年代的誇張貓眼妝掀起了瘋狂熱潮，影迷吵著要看她，並模仿她的妝容，想要捕捉她所散發的性感氛圍。但，一九四〇年代，也就是在一九二九到一九三六年之間大量驅離墨西哥人和墨裔美國人的遣返行動過後的時期，墨西哥裔美國女孩畫的濃厚眼線卻更加深了白人的偏見，被許多白人視為犯罪和娼妓的證明。」

奇卡諾社運人士曾努力打破這些刻板印象，而在某種程度上，持續招搖自己眼線的喬洛女子也發揮了影響力。

「如果想知道喬洛女子長什麼樣子，看眼線就知道。」

——摘錄自人類學家諾瑪・門多薩－丹頓（Norma Mendoza–Denton）的研究

長久以來，墨西哥女性一直都很喜愛翼形眼線。在墨西哥影壇的黃金年代，瑪莉亞・菲利克斯（María Félix）等名人總會在大銀幕上秀出明顯的翼形眼線。儘管美妝趨勢不斷演變，翼形眼線卻始終不曾退燒。

拉丁美洲美妝品牌「叛逆天后」（Reina Rebelde）住在德州的四十一歲創辦人瑞吉娜・默森（Regina Merson）表示，墨西哥的女性把眼線當作一種工具，用來控制自己向全世界展現的樣貌。她說：「畫了眼線的墨西哥女人就是有權力的女人。」默森十歲時從墨西哥的瓜達拉哈拉（Guadalajara）搬到美國，她對化妝品的熱愛是受到母親的陶冶，因為小時候她常常看著母親塗上藍色眼線、抓鬆頭髮，準備上舞廳。不過，默森也有受到墨西哥連續劇的啟發。在這些「超讚的愛情故事」中，畫有誇張眼線的女性角色會哭得死去活來，她很欣賞她們的超女性化特質。她說，「墨西哥雖然有點專制文化，但舞臺是女性控制的。美是一種力量，好好打扮可以建立自信，這種觀念一直跟著我。」

默森還記得，在美國讀法律時，她會畫翼形眼線去學校，結果受到同儕投以異樣的眼光，「彷彿一個女人不能同時很有頭腦又注重化妝。在墨西哥，人們不會認為結合這兩件事有什麼問題。」瑞吉娜發覺化妝品是對自己身分認同的一種主張，不僅僅是暫時的「樣貌」，因此決定完全放棄法律，創建一個專門頌揚和尊崇拉美女性的美妝品牌。

現在，叛逆天后向顧客推出「薩帕塔眼線」，希望向墨西哥南部的革命鬥士致敬。＊這個原住民革命團體[37]有些成員的土地被墨西哥政府占用，他們不認為自己是墨西哥人。默森在二〇一五年到該地區進行研究時，觀察到那裡的女性會為了不透露自己的身分而把自己包起來，但她們畫了眼線的眼睛卻露出來。她說：「她們有很多人總是會畫黑色眼線，翼形眼線特別吸引我的注意。我很喜歡她們充滿力量的強悍外貌。」美妝品牌Cholas×Chulas的創立者和創意總監妮蒂亞・希斯內羅斯（Nydia Cisneros）在二〇二〇年告訴《尼龍》雜誌（*Nylon*）：「喬洛女子的翼形眼線融合了兩種文化。」分別是黃金年代的墨西哥經典影壇女演員所做的裝扮，還有美國一九六〇年代的美妝潮流。

根據皮尤研究中心在二〇一七年發表的報告，拉美血統的美國人是否認為自己擁有拉丁美洲的身分認同，跟他們的家庭在美國待了多久有很大的關聯。報告指出：「擁有拉美血統的美國人離自己的移民根源越近，越可能認為自己是拉丁美洲人。」但是離得越遠，他們越不這麼認為。在拉美認同感「因為移民連結漸漸消失，一代又一代變淡的背景下」，許多歸化第二代或三代的移民，其中像是培雷茲則希望保存自己的文化認同，而美學便在這當中扮演了重要的角色。

＊譯註：薩帕塔民族解放軍成立於二十世紀晚期的墨西哥，以該世紀初的革命領袖埃米利亞諾・薩帕塔（Emiliano Zapata）命名，叛變目的是要抗議對墨西哥原住民造成傷害的經濟政策。

默森說：「對我而言，眼線妝述說了那個移民故事、那個想要保留家鄉感的渴望。要將自己跟自己的文化源頭分離是不可能的。喬洛女子的造型跟一九二〇年代墨西哥的女性所使用的眼線造型是一樣的，都是長長的翼形眼線，都是不透光的黑。現在的細眉、嘴唇和髮型呈現出一種喬洛都會風，但是眼線的部分卻未曾改變。」

來自洛杉磯中南區、現年二十五歲的模特兒、製作人和設計師珍妮佛·托雷斯（Jennifer Torres）說，她替自己的褐綠色眼睛畫眼線時，是在傳達自己墨西哥家族數十年的歷史。她的父母一九八〇年代從墨西哥的沙卡特卡斯（Zacatecas）移民到美國，一路上必須面對許多挑戰。小時候，她和姊姊便看著母親和阿姨在這些困難中依然畫著眼線，後來她們也分別在十四和十五歲開始畫眼線。她說：「奇卡諾女子這個身分認同承載了很多重量、很多歷史、很多痛苦。我爸媽來這裡真的是冒著生命危險，他們為了我們犧牲很多。他們總是向我們灌輸一個觀念，那就是我們不應該對自己的源頭感到丟臉。」

她說：「當我化妝、畫眼線時，我感覺很強大。我感覺這是我的盔甲。它承載了好多歷史。眼線展現了堅強、力量、女性特質。」她說話的時候，眼睛眨呀眨的，還開玩笑地說，眼線偶爾彷彿擁有自己的生命，有時像雙胞胎，有時只是親戚。「我想起我的母親和阿姨，想起她們利用這個工具把自己轉變成美麗的褐皮膚女人，我感覺自己也是個美麗的褐皮膚女人。」她絕對是美麗的。

現在，有五個小孩和三個孫子的培雷茲已經將母親的遺風傳承給女兒；她的女兒十五歲就開始畫眼線。從某方面來說，翼形眼線在墨西哥文化類似某種成年禮，特別是在女孩十五歲生日的慶祝活動之後。在這個成年儀式中，女孩會得到珠寶首飾，並正式獲准可以開始化妝，包括眼線。母女會透過傳授化妝技巧而加深情感。

培雷茲沒有連貫的核心家庭歷史可以依靠，因此只好轉向文化史，把文化史跟她對母親僅有的珍貴回憶揉合在一起。她說：「小時候，我完全不知道自己是誰。沒有任何榜樣可以告訴我，逐漸成熟的我應該怎麼做，或甚至成熟的女孩是什麼樣子。所以，我將母親的形象當作自己的力量。我的家族、整個家譜的成員都有酗酒和毒癮的問題，但是我的母親是我的模範，是我長大想要成為的女人。在她的每一張照片，只要她有畫眼線，我就能看見她的力量。我想要那樣，我想要成為那樣的代表並傳承給我的孩子。」

培雷茲在一九九〇年代十四歲時開始畫眼線。她說，那個時候，美國電視圈沒什麼褐色皮膚的名人會畫濃密的翼形眼線，也沒有YouTube教學影片可以教她畫眼線的技巧。她不知道該買什麼化妝品，更不知道怎麼使用。因此，她會在星期五晚上替表姊顧小孩時，觀察準備出門的她們是怎麼化妝的。

她喜悅地回憶：「她們的頭髮呈現完美的羽毛剪造型，為了維持一整晚，會在頭髮上噴一大堆Aqua Net造型噴霧，確保沒有任何一根凌亂的頭髮。因為噴得太多，浴室鏡子後面的牆壁都變成髒兮兮的黃色，好好笑！她們的眼線會畫到太陽穴，看起來跟班戴維斯（Ben Davis）長褲的摺痕一樣銳利。那個時候很流行短版上衣和抹胸上衣，會露出漂亮的褐色皮膚。我表姊總是穿一件上面有拉斯維加斯突襲者球隊圖案的短版上衣，底下則是一件白色的抹胸上衣。再加上大圈圈耳環、喬洛手帶和瑪莉珍鞋，就完成了週五晚間的裝扮。」

最後，培雷茲買了她在當地商店所能找到最便宜的眼線筆，然後開始實驗，用笨拙的手畫出翼形眼線。她說：「我有好幾年都畫得一團糟，我的眼線很不均勻、亂七八糟、超級模糊。」她的親戚會試著重新替她上妝，給她畫可愛的小小翼形眼線，但是她不要那種。她說：「我想要極端的眼線，精細的技巧是很後來才有的。」

培雷茲奮力適應環境，想要融入學校團體，特別是在白人同儕之間。然而，她說她也跟墨西哥裔的同儕相處不來，因為她的膚色比較淺，有一半的義大利血統。她說：「我從來不覺得自己真正融入任何一群人，我一直都是那個明顯的怪人。那啟發我創造自己的路線。」她說，雖然人們絕對有注意到她，卻很少聽見她的聲音。「在那個時候，堅守自己的文化、對自己的文化感到驕傲，是不可取的。我們被教導要融入，但我非常反對這件事。我不想要融入。而我的確也無法融入，所以我乾脆走自己的路。」眼線是那趟旅程的一部分。突出的眼線使她與眾不同，但也讓她覺得自己屬於更龐大的東西，讓她想起母親和其他自豪的喬洛女子。

剛上高一兩個星期，十五歲的培雷茲就陷入麻煩。她說，她結識了錯的人，結果被捲入地盤爭奪戰，最後被送到法院審判。這場審判是幫派加重量刑最早的案例之一，也就是被控重罪者若犯下跟幫派有關的罪行，刑罰時間會增加。培雷茲說，情況的嚴重性因為種族刻板印象而加劇。她談起那次經歷，說：「就好像他們視而不見【那些社會經濟因素】，把我們全部的人歸為一類。但事實是，我們被卡在這個困境中走不出去，想盡辦法脫逃。」培雷茲出庭時，依然畫了她的特色眼線。她說：「我打每一場仗都驕傲地畫上我的戰爭彩繪，無論是在街頭或在法庭上。」話雖如此，她從不把這想成一種反叛，而更像是保護措施。

那是一個陰晴不定的三月天，剛過午餐時間，我人在洛杉磯的威尼斯區。然而，等到十來輛古典車一一停下時，雨已經停了，加州的陽光再次出現。數十名當地人齊聚一堂，一邊聊著近況，一邊觀察各自車輛的彈跳液壓系統，接著一起出發，沿著公路開向海邊。女人把自己打扮成最美的樣子。狗鎮魔鬼汽車俱樂部的成員梅莉娜（Melina）畫了翼形眼線和脣線、戴著圈形耳環、穿著黑色背心和格紋短裙——這些都是喬洛風格的標準配備。她那綁起來的筆直長髮滑落到背部，她的車是現場唯一的旅行車，她本人則散發一種絕對的韌性。她說，她來這裡是要頌揚「經典的生活方式和經典的汽車」，但也是「為了這個社群、朋友和家人。我們把車子帶出來，付出一些心力，這是用來建立感情很棒的藝術形式。」對梅莉娜來說，畫眼線會讓她記起祖母光鮮亮麗的歲月，也讓她可以分享自我認同的一些元素，當一個驕傲的墨裔美國人。

她說：「眼線是美麗的墨西哥文化的一部分，我們在這樣的文化中長大，把這樣的美一代又一代傳承下去。」

也有畫貓眼妝的西莉亞（Celia）裝扮得更女性化一點，她穿著一件A字短洋裝、塗了法拉利紅色壓克力指甲油、胎毛瀏海往旁邊梳。她說：「我的媽媽超會畫眼線，我在八〇年代很愛這個東西。沒畫眼線時我覺得很赤裸，我每天都會畫眼線。我連去海邊也會畫。這是我最喜歡的東西之一！」西莉亞說，她已經把「眼線傳統」傳給二十一歲和二十三歲的女兒，她們通常都會陪她去低底盤汽車秀。

這兩個女人都採納了喬洛造型的不同層面，但又沒有表明自己是喬洛女子。然而，她們在低底盤汽車社群和其他地方都有畫眼線，且在以男性為主的環境中強悍地占據一席之地，是她們的共通點。默森在二〇二一年告訴《佐伊報導》（*The Zoe Report*），低底盤汽車文化中的女性「很美麗，但是也非常強悍……古典卻又現代。我對低底盤汽車文化的解讀是，它體現了許多像這樣的二元性。」這位企業家花了好幾個月研究這個次文化的美學，之後把成果運用在自己的品牌上。

培雷茲在發展自己的喬洛風格時，也有從低底盤汽車文化中的女性身上找到靈感。差不多在她剛開始畫眼線時，她就有開一輛七九年的凱迪拉克（Cadillac Eldorado Biarritz），那時她甚至還沒有駕照。這名奇卡諾女子會跟父親一起坐在他那六七年的雪佛蘭（Chevy Impala）裡兜風，跟社區的其他人會合。培雷茲記得，大家會隆重展示自己的車，談工作、聊近況。他們會在經典的熱狗連鎖店「維也納炸肉排」（Wienerschnitzel）停下來吃東西，然後到公園晃晃，坐在椅子上休憩，避免車子過熱的同時，也看著人們走來走去。每個人都打扮得很時髦，有乾淨的鞋子、打摺的長褲、燙平的襯衫和俐落的翼形眼線。她說：「低底盤汽車體現了我們對自己的驕傲。我們的車是自我的延伸，所以越豔麗越好。我們要凸顯自我，不只透過汽車，還要透過外貌和翼形眼線。」

培雷茲因父親的緣故而喜歡上這種藝術形式，週六晚上常常會走好幾公里的路，到聖塔克拉拉街觀看有著浮誇設計的老車行駛而過。在那裡，她被這個地區少數擁有低底盤汽車的女子之一瑪麗（Mary）深深吸引。她說：「那時候，兜風比較是男子漢在做的事。汽車只有男人才有，女生是坐在他們旁邊給人養眼的。女生沒辦法有車子，沒辦法有工作，被認為應該待在家裡顧小孩。她們很需要被認真看待。反之，瑪麗很強大，她有車，也有那個外表；她有很濃的翼形眼線。我很崇敬她，我想成為她。她啟發我全心投入、大方展現整個外貌。」

培雷茲欣賞瑪麗呈現出的南加州造型，包括正字標記的濃厚眼線和白色眼影，也就是所謂的「浣熊」妝（她說北加州的眼線就沒那麼濃）。她現在常做這樣的打扮。她說：「我那時就想：『這就是我長大後想成為的人，我想要成為唯一一個擁有低底盤汽車、做自己的事、有這個外表的女人。』結果，我真的就變成那樣的人了。」

培雷茲在低底盤汽車的世界裡找到自由與自信。然而，沒多久，聖荷西警局[38]瞄準她的社群，在一九八〇年代晚期全面禁止低底盤汽車出現在當地街頭（這項禁令後來已經取消）。培雷茲還記得，星期天出門兜風或甚至只是去個雜貨店，都有可能被警方盯上。開著老車的人會被叫到路邊盤問、開單。那樣的打扮，包括眼線在內，已然出現更大的風險。但是，培雷茲從來沒有放棄畫翼形眼線，反而更大膽了。雖然在一九八〇年代晚期，低底盤汽車因為這個禁令而不再那麼受歡迎，在整個九〇年代漸漸消失，她還是盡量有機會就開它。

培雷茲說，過去十五年以來，年輕一代的墨西哥裔美國人讓低底盤汽車強勢回歸，她和朋友非常鼓勵他們。伴侶本身有在開低底盤汽車的托雷斯表示：「人們開始驕傲地畫眼線，在低底盤汽車秀展現喬洛美學，展現自己是從哪裡來的，並因此感到自豪。這是黑人和褐色皮膚族群的大熔爐，大家聚在一起表達團結與驕傲。我們就是藍圖，顯示我們創造了自己的審美標準。我們的社群有好多的美和藝術。」

受到瑪麗的勇氣、對母親的回憶以及父親的嗜好所影響，培雷茲持續為其他墨裔美國女性樹立榜樣，除了參與低底盤汽車社群，也在工作場合、家庭環境、街頭、甚至網路上（她在抖音上擁有將近十三萬名追蹤者）當一個驕傲的喬洛女子。

今天，培雷茲開的是一九五一年的雪佛蘭（Chevy Styleline Deluxe）。她對待自己的車就像對待自己的容貌，十分細心呵護，會強調並頌揚其獨特的文化特徵。在加州的低底盤汽車圈，現在有好幾位女性成員和女性團體會一起駕車兜風，如女主人汽車俱樂部、復古女子汽車俱樂部以及地區吸血鬼汽車俱樂部。二〇二二年，住在洛杉磯的演唱會籌辦人安潔拉・羅米洛（Angela Romero）開了一間低底盤汽車的主題餐廳和酒吧「哈囉陌生人」（Hello Stranger），對這個文化表達敬意，同時也紀念在二〇一四年因肺炎去世的哥哥，並凸顯女性藝術家的成就。她告訴《洛杉磯時報》（*Los Angeles Times*）：「我想讓人們知道這是一個女性開設的空間。」在這篇報導的照片中，羅米洛展示了大膽的眼線。

現在，培雷茲的小孩和孫子也會參與每週的低底盤汽車秀，她女兒同樣會畫貓眼妝參加每個星期的活動。她說：「週日兜風是我們的家族傳統，沒有手機、沒有令人分心的事物，只有一家人的時光。沒有比那更棒的感覺了，那種自豪和社群感。以前在低底盤汽車圈，我得找出自己的路，自己想辦法，就像在學校的時候，就像我剛開始畫眼線的時候。出外兜風會讓其他女性也有這麼做的力量。現在，有好多女性坐在駕駛座。我們創造了改變，我對自己、對我們感到驕傲。」

針對她的風格，培雷茲既謙遜又有自信。

她說：「我現在正用最好的方式實現我的歷史，用最好的方式代表我的先人。我希望人們看見我的時候，會看到堅忍、力量、驕傲與勇氣。我不屬於主流美，但是我覺得人們的確有感受到我的內在力量，那頭透過我的眼線散發出來的內在力量。」

Chapter

6

眼睛之舞

喀拉拉的卡塔卡利舞和南亞眼線

「你從來沒有看過天堂的模樣，但卡塔卡利舞的藝術家可以把天堂帶進你的想像裡。對我們來說，美不是實體的，我們會給你美的『感覺』。你可能會問：怎麼做到的？就是透過眼睛。當你看著眼睛和它們移動的方式，當你看著那些妝容和眼線，你會感受到真正美麗、深刻的事物。」

「手移到哪，目光便到哪；目光到哪，心神便到哪；
心神到哪，情緒便到哪；情緒到哪，滋味便到哪。」

——南地凱什婆羅（Nandike vara），《姿勢映像》（*The Mirror of Gesture*）

那是喀拉拉濱海城鎮高知（Kochi）的某個悶熱午後，距離古典印度舞蹈表演卡塔卡利舞的演出還有整整四個小時。有三個男人已開始準備化妝和著裝，兩個年紀較長，一個年輕許多。在後臺，他們小心攤開條紋圖案的草蓆。房間中央唯一的一盞燈照亮許多裝滿紅、藍、黃色顏料的陶罐，還有椰子葉和椰子葉粗枝，前者是他們用來調色的彩妝盤，後者則是刷具。有好幾個罐子裝的是濃度很高的南亞眼線顏料「kajal」（源自阿拉伯文的kuḥl），在梵語印度文化普遍稱作「anjana」，烏都伊斯蘭文化則稱作「sormeh」。

年輕男子阿蒂提安（Adityan）將會飾演梵語戲劇《野薑花》（*Kalyanasaugandhikam*）的女主角黑公主（Panchali）。他盤腿坐在地上，一邊深呼吸，一邊觀察四周，彷彿在準備一場儀式——從很多方面來說，確實是如此。首先，他用手指在臉上塗滿一種淺黃色的膏狀物，顏色比他深棕色的肌膚淺上許多。他從鼻子的邊緣開始，將這種膏往下巴推。整張臉——包括眉毛，都打好底之後，阿蒂提安先用粉撲鎖住顏色，接著將近日暴雨殘留的濕氣所造成的油光給去除。他又使用粉底進行修補，確保每一個地方都有打好底，把自己的臉變成一張空白紙，可以開始畫眼線。

阿蒂提安左手拿起一面鏡子，右手使用椰子葉的粗枝，穩穩地將南亞眼線畫在下睫毛。他從距離眼眶幾公釐的鼻梁開始，最後畫出延伸到髮際的翼形眼線。憑著大師般的優雅與精準，他透過每一劃不斷加厚下眼線，使其厚度達到半公分左右，填滿輪廓。接著，他誇張地揮舞幾下，把眼線加長，最終跟拉長成S形、有明顯拱狀的眉毛平行。

小鳥和蟋蟀從遠方傳來的啁啾聲，四架吊扇也發出嗡嗡聲，卻沒有使他分心，連跟兩個朋友和一個助理一起在這裡進行拍攝的那位Instagram網紅也是，都破壞不了他的專注力：那位網紅的環形補光燈跟著她移動，打亂了檯燈柔和的黃光，照亮她畫有南亞眼線的眼睛。阿蒂提安的手毫不瑟縮，因為他已經做這件事好幾十次，先是在學校學會畫誇張南亞眼線的藝術，後來又在私下練習。畫好之後，上睫毛另一條較細的黑色眼線已經跟下眼線在眼角相連。結果是，他的翼形眼線下面比上面粗，跟西方的翼形眼線造型相反。

擅長民俗藝術研究的卡塔克舞者（卡塔克舞跟卡塔卡利舞一樣，是印度八大古典舞蹈之一）蘇卡達．汗吉（Sukhada Khandge）說：「為了提升眼睛及其動作和表情，南亞眼線用得很重，是古典舞蹈的重要元素。我們常說，很多舞者是用眼睛在跳舞。」

阿蒂提安使用剩下的南亞眼線在額頭和太陽穴四周畫出漩渦狀的胎毛，並在額頭點一個紅點。妝化好了以後，有人遞給他一頂長長的人造假髮，接著他小心翼翼地套上底部使用強韌麻布袋層層堆疊支撐而成的華麗蓬鬆大衣（卡塔卡利舞的服裝可以重達十八公斤，需要打很多結來固定）。阿蒂提安的手臂戴了大量金鐲子，脖子掛有珍珠項鍊，耳朵則戴了垂墜耳環。最後，這位表演者穿上一件用錫辛苦製成、覆有紅色毛氈的胸兜，下面垂著許多彩色的小毛球。

阿蒂提安把自己變成了女人，跟變裝皇后很像。雖然卡塔卡利舞的演員通常是男性，但是無論男女裝扮都差不多，妝容沒有性別之分。整個過程大約要花費四小時，其中一個小時完全用來上眼妝。然而，阿蒂提安看起來一點也不累，因為真正的勞動在臺上才會開始。

不遠處，六十八歲的巴拉蘇布拉馬尼安（Balasubramanian）則準備扮演黑公主的綠面伴侶怖軍（Bhima）。他的南亞眼線比黑公主還要誇張，因為在卡塔卡利舞的妝容中，角色越不「純潔」或者越「邪惡」，眼線就要畫得越濃厚。巴拉蘇布拉馬尼安習慣從眼睛開始化妝，這樣他可以盡量在這個部位花上最多時間。之後，會有一位化妝師協助他，處理臉妝比較棘手的部分。巴拉蘇布拉馬尼安會需要躺在草蓆上，才能方便上妝，用紙張和米糊，也就是米製粉跟棉花和水混合的產物所做成凸出的鬍子。怖軍的眼線跟黑公主的類似，但是更粗、更尖，以極斜的角度往上畫，遠看就像閃電，最後的收尾不是翼形，而是方形的尖端。巴拉蘇布拉馬尼安指著自己的眼睛說：「這不是面具喔。我們要變成超人類的角色，而眼線可以放大雙眼，把眼睛投射給觀眾。所有的一切都必須畫得很精準，好讓眼睛傳達角色的感受。」

南亞眼線膏是化妝師事先準備好的，使用的技巧已經在印度存在好幾百年。首先，要燃燒多種香草、芝麻油或是其他原料，起火後用陶罐蓋住，讓煙霧產生灰燼，接著把灰燼刮起來，跟椰子油混合。理查・崔姆布雷（Richard Tremblay）在著作《卡塔卡利探索者》（*The Kathakali Explorer*）中寫道：「眼皮會用銻塗黑，讓眼睛看起來更大，因為這是印度人理想中的美。」

對卡塔卡利舞的表演者來說，舞蹈和眼妝是一種生活方式，這種熱情早在兒時萌芽，在青年時期茁壯，在中年時期變得茂盛，最後在老年時期變得成熟完美。巴拉蘇布拉馬尼安十三歲的時候，開始在教導舞蹈的藝術文化大學「喀拉拉邦卡拉曼達拉姆大學」（Kerala Kalamandalam）學習卡塔卡利舞和化妝的技巧。他學習卡塔卡利舞十年，之後成為大學講師三十二年，後來又擔任校長兩年，最後在二〇一一年退休。

卡塔卡利舞這種藝術形式是在西元十七世紀的喀拉拉發展出來的，字面上的意思是「故事戲劇」，結合了音樂、舞蹈和口述傳統。卡塔卡利舞的故事改編自印度教史詩以及統稱為「往世書」（Puranas）的古印度經典。喀拉拉在卡塔卡利舞的歷史上扮演了核心角色：這種舞蹈的繁複妝容有一部分源自喀拉拉邦寺廟裡的壁畫；其舞蹈動作有很多是以該地區的傳統武藝為靈感；卡塔卡利舞的樂曲也被認為是當地一種歌唱風格的分支。

卡塔卡利舞的故事有一部分是透過表演者充滿情感的臉部表情述說，而眼睛尤其被當作通往超現實世界的窗口。基本手勢稱作「手印」，會搭配眼神，因此二十四種手印可表現多達六百個字詞。卡塔卡利舞的音樂和動作都有經過控制，並依循刻意安排的步調：表演者被教導如何把眼睛、眉毛、臉頰和眼皮等不同的部位分開處理，以表達特定情感。表演者的眼睛會畫上浮誇的黑色眼線，以便在臺上吸引觀眾注意；眼線也能幫助觀眾從遠處區分角色。巴拉蘇布拉馬尼安說：「卡塔卡利舞完美了劇場藝術。化妝是其中很重要的一部分，沒有濃厚的眼妝，觀眾無法像現在這樣詮釋舞蹈的意涵。」

阿蒂提安和巴拉蘇布拉馬尼安將黃果茄的種子塞進下眼皮，使其變紅，更加凸顯眼神。種子放入眼睛後，眼睛可以維持紅色長達四小時，但是巴拉蘇布拉馬尼安堅稱這不會痛。據說，這些種子跟南亞眼線膏一樣具有保固的作用，可以使眼睛不被異物侵入。他說，眼線也會產生涼爽的效果，削弱種子引起的灼熱感。

兩個角色都準備好之後，在登臺前默默祈禱鞠躬。最後一刻，他們利用掛在衣服上的隱藏鏡子做最終的檢查；表演期間，他們也會偷偷檢查自己在鏡子裡的樣子，確保妝容完好如初。

在印度傳統中，第三眼，被視作是看不見的神祕之眼、通往高階靈性意識的入口。卡塔卡利舞這種藝術形式有一部分很仰賴眼睛的實體呈現和形塑方式，還有眼睛傳遞深層意涵的能力。在卡塔卡利舞的舞臺，眼睛可以傳達神聖事物、慾望、角色的強大力量以及憤怒等各種東西。這些演員不只是演員，還是神祇，他們眼睛四周的流暢黑線不只是為了美麗才畫，還能引導觀者進入另一個世界。

「噢，眼睛水汪汪的人兒！」

我們在薄暮時分進入那個世界。在為了紀念馬拉雅蘭詩人昌甘浦茲．克里什那．皮萊（Changampuzha Krishna Pillai）的昌甘浦茲公園，有超過一百名觀眾都已經在露天劇場就座。除了我本人，現場沒有任何觀光客，有些觀眾甚至專程從喀拉拉各地跋涉數百公里，前來讚嘆這齣舞蹈戲劇的奇異裝扮和華麗服飾，見證過去在現今重生。有好幾秒鐘，沒有人出聲，手機也是。就連小鳥似乎也沉默了。最後，印有怖軍那雙畫了奢華眼線之犀利眼眸的布幕升起，這位神祇、他的伴侶、兩個鼓手和另外兩名打擊樂器手（一人持鈸、一人拿鑼）現身。

黑公主和怖軍的眼睛開始隨著打擊樂器的節奏移動，節奏越來越快，眼睛的動作也是。持鈸的樂手開始一邊擊鈸、一邊唱歌，整場演出都是如此，負責敘述部分故事情節。才短短幾分鐘，觀眾此時已經全神貫注。表演者眼睛的動作令人呆愣，逼近催眠的程度。觀看卡塔卡利舞就像身處在角色所創造的世界裡，他們的眼睛是核心畫作，眼線則是畫框。

《野薑花》的故事有三個主角，分別是黑公主、黑公主的丈夫怖軍以及怖軍的哥哥猴神哈奴曼（Hanuman）。兩個男性角色都是風神之子。故事說到，一陣從喜馬拉雅山吹來的微風，帶了一朵野薑花給黑公主，她的眼睛一邊觀察簇擁在花朵四周的蜜蜂，一邊不斷繞圈。花香似乎令她欣喜若狂，她非常著迷，眼睛快要凸出來。她使自己鎮定下來後，要求丈夫摘更多這種花給她。她在他身邊魅惑地跳著舞，上半身從左搖擺到右，從右搖擺到左，雙手仿效眼睛的動作，眼睛也仿效雙手的動作。

最後，她靠向丈夫，嬌羞地用眼睛描摹他的身影，眉毛忽上忽下。樂手唱道：「噢，眼睛似蓮花的高貴女子，只對丈夫表達慾望；噢，眼睛水汪汪的人兒，如妳所願！」想討妻子歡心的怖軍湊近她，雙手在空中揮舞，表示他決定踏上危險的旅程尋覓野薑花，「上山下海在所不辭」。他踮著腳尖在臺上興奮地走來走去，超過五公分長的金屬假指甲在臺上的燈光照射下閃閃發光。

現在，怖軍得穿過一座「充滿岩石荊棘」的茂密森林。他重重地踩在小徑上，吵到正在冥想的哥哥哈奴曼。怖軍沒有認出哥哥，因為他這時變身成猴子。哈奴曼是卡塔卡利舞當中比較邪惡的一個角色，因此他的眼睛畫了極為誇張的眼線，甚至竄來竄去，在他橘色的額頭上形成狠厲的圖案。

氣急敗壞的怖軍罵了那隻猴子，要他讓開：「嘿，潑猴，快走開，別擋我的路！」他的手勢非常戲劇化，雙手毫無章法地揮動，還不斷瞇眼。然而，猴子不為所動。怖軍試圖用棍子撩起牠長長的尾巴，卻發現牠的尾巴很重。隨後，猴子變回人形，怖軍羞愧服從地低下頭，意識到原來猴子是他的哥哥哈奴曼。怖軍得到教訓後，哈奴曼原諒了他，指點他野薑花在哪裡。怖軍為黑公主摘到了花，黑公主收下後，她那塗著眼線的眼瞼興奮地顫動起來。

「某種護身符」

整座印度次大陸充滿了各種流傳許多個世紀的儀式與習俗，有些始終如一，有些不斷演變。具有靈性、迷信、美妝和醫療用途的南亞眼線膏，便是這樣一個相傳已久的習俗，使它今天變成在印度被廣泛使用的化妝品。十年前，傑伊南亞眼線（Jai Kajal）、萊肯（Lakmé）、安巴爾（Ambar）等當地品牌以及夏赫娜茲・侯賽因（Shahnaz Husain）的草本眼線是市場的主流，但是今天，媚比琳、巴黎萊雅、MAC、嬌蘭等國際品牌也有推出南亞眼線筆來迎合印度女性。為了宣傳自己的產品，這些牌子有的找寶萊塢巨星拍廣告，像是艾莉雅・巴特（Alia Bhatt）和愛絲維婭・雷（Aishwarya Rai）。

不同宗教和世代的人經常、甚至每天都會畫南亞眼線，而且除了印度，巴基斯坦、孟加拉和斯里蘭卡等鄰國也有這個現象。喀拉拉本地人維努・古瑪醫生（Vinu Kumar）便說，他八歲的女兒也有畫眼線，她每天早上都會站在鏡子前，使用化妝用具自己畫。他說：「這是我們文化的一部分，也是成長的一部分。」畫南亞眼線的人會在家裡自製這種顏料，透過燃燒印度酥油、蓖麻油、椰子油、樟腦、蘆薈或檀香泥來取得灰燼。

南亞眼線對印度和南亞文化來說非常重要，「安雅娜」（Anjana）、「卡潔兒」（Kajal）和「卡潔莉」（Kajri）都是很常見的印度女生名字，源自南亞眼線一詞。例如，卡潔兒・阿嘉瓦爾（Kajal Aggarwal）和卡約兒（Kajol）便是現代印度影壇中經常畫眼線的知名演員。人們會替新生兒畫眼線，以驅趕邪眼，幫助他們睡得安穩，因為許多印度人都相信邪靈的存在。由於許多品牌的南亞眼線都含有鉛，有些父母已不再使用市售產品替新生兒畫眼線，但有些父母仍會使用自製眼線，畫在孩子的額頭、臉頰、耳後或腳跟，做為一種保護。

有些印度人會在十月和十一月的排燈節期間製作這種化妝品，份量足以維持好幾個月。文化部落客普佳．蘇迪（Pooja Sodhi）說，她和她的祖先已經依循這種製作眼線的傳統三百年了。蘇迪說：「我的母親從她的母親那裡學到了【這個傳統】，她的母親必定也是從自己的原生家庭或她嫁進去的家庭那裡學到的。」她來自北方邦的古城瓦拉納西（Varanasi），並補充說，北方邦和比哈爾邦的印度教家庭通常會在排燈節期間製作眼線膏。排燈節是慶祝善戰勝惡的節日，因此製作可以驅逐邪靈的南亞眼線很適合。南亞眼線也會在婚禮等特殊場合派上用場，例如，在南印度的婚禮上，新人有時會把眼線膏點在臉頰上，以驅逐邪眼，而在北方，大小姨子會在準新郎出門迎娶新娘之前，在他的眼睛四周畫上眼線。

對於住在海外的南亞移民而言，眼線成了展現自我認同的方式。記者伊曼．蘇丹（Iman Sultan）在二〇二一年三月的《誘惑》雜誌上寫道：「我是巴基斯坦裔美國人，十幾歲在費城（Philadelphia）郊區長大時，傳統眼線對我來說就像某種護身符……當我覺得自己不屬於那裡時，用一點點眼線畫在眼睛四周，就能讓我馬上想到巴基斯坦，使我對自己的美麗有了自信。」她也告訴我：「當我在白人的社會中感到孤單或疏離的時候，畫眼線可以帶給我安慰，因為這是我很熟悉的東西。」

四十歲的藝術顧問兼策展人法拉赫．席迪圭（Farah Siddiqui）表示：「雖然寶萊塢和媒體延續了殖民過往和傳統印度教種姓制度那些不切實際的審美標準，認為白皮膚、金頭髮才是美，但是過去十年來，南亞女性已經開始接受自己的獨特性與膚色。」她還提到，「這個南亞傳統已經是不可或缺的要素，無論是伊斯蘭教或印度教的信徒。」同樣四十幾歲的卡維塔．艾耶（Kavitha Iyer）從十八歲就開始畫眼線。她的大學朋友都使用西方眼線，她卻使用南亞眼線，因為比較方便。她說：「這是一種方便、好用的化妝品，不需要花什麼時間，後面也不需要管它，就能達到效果。你可以只畫下緣，或是連眼皮都畫，非常靈活。它馬上就能提升我的氣色。」

住在德里的研究員兼教師莎拉．汗（Sarah Khan）會畫南亞眼線，也會畫西方眼線，但是她比較喜歡前者，因為她說南亞眼線比較平滑，能展現出更「自然」的效果。二十五歲的她表示：「這是我唯一的化妝習慣。」她還說，自己受到母親的啟發，因為她常常看著母親在眼睛周圍畫上南亞穆斯林眼線，只用一筆就搞定。她表示，「對我來說，它象徵著毫不費力的美。」

婚後開始使用這種化妝品的亞姆麗塔．塔易（Amrita Thayyil）也把畫眼線當作一種日常儀式。三十八歲的她表示：「我沒畫眼線是不會走出家門。我覺得自己沒畫眼線的話，看起來好像很累或病了。我畫眼線是要讓自己看起來神清氣爽，這能使我的眼睛看起來更加深邃。」塔易說，她很欣賞史蜜塔・帕蒂爾（Smita Patil）、奇特蘭加達・辛格（Chitrangada Singh）和南蒂塔・達斯（Nandita Das）等演員的眼線。

四十二歲的絲蜜塔・奈爾（Smita Nair）說：「眼線令我感覺美好。畫眼線這個日常儀式可以幫助我準備好展開漫長的一天，這是我的例行公事，感覺常態沒有被破壞。」住在孟買的奈爾是名記者，她把這樣化妝品跟對母親的回憶緊密連結在一起。奈爾的母親時常用安全別針彎曲的部位替女兒畫上眼線；為了方便取得，她會把別針別在項鍊上，用捲曲的地方把黑色的眼線膏挖起來。奈爾說：「那是我什麼都要依賴她的時期所留下的回憶。現在，她會幫我買眼線棒，放在我的抽屜。從這個方面來看，【眼線代表了】我跟母親之間的關係。」當她緬懷起那段歲月，她就會去買馬哈拉什特拉邦的本土品牌傑伊南亞眼線。其他時候，她跟塔易、艾耶和汗一樣傾向購買媚比琳或萊肯的產品。

「愛的眼線」

在寶萊塢電影及其天馬行空的歌舞表演中，常常可以看到眼線的使用。那些畫有眼線的美豔女演員是寶萊塢產業的核心，因此她們鮮明的外貌會受到推崇和浪漫化。在無數探討單戀、心碎和分離等主題的寶萊塢歌曲中，眼線就相當於愛人的眼睛。一九八一年的獨立電影《邪眼退散》（*Chashme baddoor*）便以〈烏雲從何來〉（*Kahan se aaye badra*）這首歌為主題曲，內容講述戀人因為「烏雲」的誤會而被迫分開。在歌詞裡，跟戀人分手使女主角痛苦不已，眼睛流瀉暴雨般的淚水，洗掉了她的眼線。一九九六年的電影《好兒子》（*Sapoot*）則有一首歌〈你雙眼的眼線〉（*Kajal kajal teri aankhon ka ye kajal*），講述一個女人的眼線快要把她的愛人瘋狂。這部電影在表演這首歌時，背景舞者舉起的圍巾便是以畫有眼線的大眼為主題，以闡述歌詞意境。在一九六八年的電影《命運》（*Kismat*），主角為了逃離劇中的反派角色，便裝扮成畫有濃厚眼線的女性，隨著熱門歌曲〈愛的眼線〉（*Kajra mohabbat wala*）起舞，歌詞中便有提到女人眼睛的「愛的眼線」。寶萊塢化妝師莎莉許．尤卡爾（Shailesh Jukar）認為，打從印度影壇最早發展出來時，印度女演員就有畫眼線。尤卡爾說：「化妝的演變主軸是眼睛，濃厚的眼線和睫毛膏成為女演員令人注目的焦點所在。」原本銀色的螢幕在引進其他色彩後，助長了印度影壇的黃金時期，也就是一九四〇到一九六〇年代。作家和導演大膽實驗不同的美學、劇情、音樂和角色。服裝被設計得色彩繽紛又性感，妝容風格大膽，歌舞將女性特質變得情色。女性開始在電影中扮演蕩婦、潑婦、歌舞餐廳的舞女和妖姬等角色；莎丹娜（Sadhana）、莎蜜拉．泰戈爾（Sharmila Tagore）、蒙妲茲（Mumtaz）和海倫（Helen）等名人都裝扮得很誇張，包括大蓬鬆髮型、加長睫毛、翼形眼線和顯著眉毛等。在一九六〇年代，印度女演員娜吉絲（Nargis）、莎拉．巴努（Saira Banu）和瑪杜芭拉（Madhubala）畫了大量眼線，帶有往上翹的翼形圖案。

眼線也有純粹實用的用途。尤卡爾說，早期由柯達和富士生產的電影膠片會使光線漫射，因此化妝品必須塗得很厚、重複堆疊，才能凸顯演員的五官，類似西方電影剛問世時的做法。

化妝師娜姆拉塔・索尼（Namrata Soni）也同意。她曾經在多部成功的印度商業電影擔任化妝師，並被認為是二〇〇七年熱門電影《珊蒂別傳》（*Om shanti om*）的經典妝容幕後的功臣。她說：「在以前的印度黑白電影，女性角色的妝容會用到很多眼線和睫毛膏，因為要增添戲劇性或提升容貌，唯一的方法就是透過眼妝。翼形眼線變成印度影壇女星的特色。」在過去，女演員通常會穿著紗麗或紗爾瓦卡米茲（salwar kameez，一種寬鬆的長褲和上衣），因為當時在銀幕上的女性尚未透過裸露的服裝表達自己的性感和女人味。「在當時，眼睛是一切的重點，所以眼妝可以呈現出誘惑、浪漫、誇大等不同的形式。」

二〇〇四年，索尼開始在孟買的印度電影劇組擔任化妝師，在這個由男性主導的產業中是個特例。然而，她因為替新人蒂琵卡・帕都恭（Deepika Padukone）找到了招牌妝容——超長翼形眼線，因而聲名大噪。她說：「給我一支眼線筆，我就可以超越其他任何化妝元素，改變一個人的樣貌。」她補充說，如果要尋找靈感，她會參考莎蜜拉・泰戈爾、維賈雅蒂瑪拉（Vyjayanthimala）蒙妲茲和米娜・古馬利（Meena Kumari）等知名印度電影明星，這四個人全都會這樣裝扮。索尼同意艾耶所說的，認為由於許多印度女性都有杏眼，眼線除了美化眼睛，還可以產生容貌被提升的錯覺。

這樣化妝品也在索尼個人的風格上扮演了顯著的角色。她說：「我出門一定會攜帶眼線筆。一點點眼線就可以完全改變眼睛的樣貌，尤其是印度人的眼睛，因為我們的眼睛帶有濃烈且多種層次的褐色。」

「真實感受的全面體驗」

卡拉曼達拉姆（Kalamandalam）大學現在是放學時間，其十二點五公頃的校園座落在喀拉拉邦多彩多姿、擁有眾多宗教勝地的德里久爾（Thrissur）市中心。這所擁有數百名學生的大學創立於一九三〇年，後來在一九七一年又開了第二個校區；校園裡林立著高大的樹木和茂密的植被，有幾棟宿舍、一座戲劇寺廟、一間餐廳、兩座圖書館和一個遊客中心。卡塔卡利舞的表演者能如此精準掌控眼睛的動作，是在這所專科學校經過長達十二年的練習才養成的技能。學生從十二歲左右就展開進入這門藝術的旅程，有時候早上三點半就得起床練舞。除了舞蹈練習，他們還要唱歌、演奏樂器，擅長卡塔卡利舞服裝設計與美妝藝術的學生則會磨練自己的技巧。由於美感非常重要，彩妝課就跟舞蹈和理論課一樣嚴苛。

二十一歲的阿什克（Aashiq）吃完午餐之後，來到校園的其中一座圖書館準備期末考。他說，他從十三歲開始學習卡塔卡利舞，這是他的熱情，因為他「熱愛古典藝術形式和美妝」。他沒有穿戲服時雖然不畫眼線，但他說眼線很重要，因為「那可以幫助人們轉換成角色，並框出眼睛，也就是靈魂之窗。」他一邊說，一邊示範卡塔卡利舞表演者必須要會的幾種眼睛核心動作，如由左到右、由右到左、由上到下、由下到上、呈半月形、呈現對角、呈正方形，還有繞圈。卡塔卡利舞的臉部表情可以傳達很多不同的情感，包括幽默、愛、悲傷、害怕和平靜。他說：「表達情緒時，眼睛最重要。眼睛如果有化妝，可以表達得更明顯。沒有化妝的眼睛是赤裸的。畫眼線時，我感覺自己是不同的人，變成了那個角色。」他說，眼睛必須變得非常自由，想怎麼移動就怎麼移動，毫無阻礙。雖然眼線框住了眼睛，卻不會侷限他，而是會解放它們。

阿什克認為南亞眼線具有美化和保護的功用，這其實在歷史、哲學、文化和科學文本中也有提到：南亞眼線有時會被稱作「anjana」（anj這個字根的意思是「塗抹」）或洗眼藥。西元七世紀寫成的《語師本集》（*Ashtanga hridayasamhita*）便描述洗眼藥是一種治療眼疾的藥物；同樣地，《妙聞本集》（*Sushruta samhita*，醫學和外科手術的奠基之作）第三冊把「anjana」定義為一種用來治療的物質；十九世紀晚期根據梵文醫學作品彙編而成的著作《印度藥學》（*The Materia Medica of the Hindus*）也說到，「anjana」具有療效，作者還詳細列舉四種洗眼藥，分別是「sormeh」、來自印度河沿岸索維拉王國山區的硫化銻、一種鹼性物質「pushpanjana」以及從亞洲小檗的樹汁製成的「rasanjana」。

收錄了六千句詩意文字、在西元前二世紀和西元二世紀之間出版的《樂舞論》（*Natya*

Shastra）吩咐：「使用＊洗眼藥（collyrium）碰觸兩隻眼睛。」這本古印度梵文文本不僅是最古老的戲劇音樂相關手冊，也是表演藝術的權威指南，兩度在形容少女美貌的梵文詩句中提及洗眼藥。其中一個詩句寫道：「妳的眼睛為何沒有洗眼藥，妳又為何將臉頰歇在掌心？」在關於手印的章節，這本書說明了「鉗子手印」這個姿勢——食指和姆指交錯，掌心形成一個空洞，代表抓取燈芯或使用洗眼藥塗在眼睛上的動作。根據倫敦國王學院的表演藝術講師、同時也是奧迪西舞者（奧迪西舞也是一種印度古典舞蹈）的普莉洋卡．芭蘇博士（Priyanka Basu）所說，眼線在整個印度被普遍接受，因為它不分階級、種姓和宗教。芭蘇說，這從《樂舞論》有提及眼線這一點就能看得出來。這部著作也強調，透過三十六種獨特的眼睛動作所傳達的滋味（rasa）和狀態（bhava）非常重要。

十五世紀的逗趣和情色詩集《妙語集》（*Subhashitavali*）列出了所謂的「十六妝」（solah shringar），也就是在印度文化中常被提及的十六種裝飾物（用來讚揚女性的美貌以及跟愛人見面前如何梳妝打扮的藝術）。十六種包含了花圈、牙齒清潔用品、服飾、額貼、手鐲、耳環、鼻環、腳環、華麗髮型、鏡子等——還有眼線。此外，特別聚焦在美學上、被認為是印度斯坦

＊編註：collyrium是一個古老的術語。在印度，collyrium指用作眼睛清潔劑的乳液或液體洗滌劑，特別是在眼部疾病中。collyrium這個字來自希臘文κολλύριον，意思是眼藥膏。

與卡納蒂克音樂領域最具有權威性的十三世紀著作《歌舞海洋》（*Sangitaratnakara*），也建議「眼膏」裝飾眼睛。

卡塔克舞的舞者兼老師娜揚塔拉・帕爾皮亞（Nayantara Parpia）說，眼線是少數幾種用法沒什麼改變的化妝品之一。她說，卡塔克舞跟卡塔卡利舞一樣，表演時「眼睛是主要元素」，舞者會「透過臉部表情和手勢來表現神話故事」。這位舞者在網路上頗有名氣，利用網路搭起過去和現在的橋樑。她的其中一支YouTube化妝教學影片觀看次數超過三十萬次，內容示範了如何使用眼線膠畫出「完美無瑕」的古典舞者妝容。

帕爾皮亞表示，眼線是印度美學的核心，跟女人氣質息息相關，就連不太願意化妝的鄉村婦女也會畫眼線。這位老師說，這背後有一部分的原因是，眼線在文學、舞蹈、音樂等大眾文化的各個領域都非常普遍。她有一些表演是以跟眼線有關的對句為主題：她曾編舞表演的主題包括：跟印度教神祇黑天以及他那進行十六種裝飾的儀式的伴侶拉達有關的情歌，還有揭發黑天不忠的歌曲。

雖然是放學時間，卡拉曼達拉姆大學的校園仍充斥著千達鼓和馬達蘭鼓的聲音，這些都是學校會教、卡塔卡利舞會使用到的樂器。一陣喧鬧聲吸引了我們，原來是十五歲的見習舞者葛蕾什瑪（Greeshma）正準備在兩位老師以及前來替她加油打氣的親友面前進行期末考表演。她在學校鑽研的是摩希尼亞坦舞，這種舞蹈的字面意義是「女巫之舞」，源自《樂舞論》。她說：「化妝的藝術和舞蹈的歷史都很吸引我。」

小時候，年僅三歲的葛蕾什瑪曾受到一名卡塔卡利舞者的啟發。剛學會走路的她會跳舞跳好幾個小時，她的父母認為這相當有趣。她說：「哪裡有生命，哪裡就有舞蹈。舞蹈讓我想起自己對自身文化的驕傲。」葛蕾什瑪的眼睛畫了非常專業的眼線，讓我對自己的外行眼線技巧感到十分不好意思。她說，她每天早上都自己畫眼線，幾分鐘便能畫好。我讚美她，她很可愛地回答：「眼線把我變得美美的。」

除了古典舞蹈，其他民俗藝術的表演者也時常畫眼線，像是加瓦蘭、拉瓦尼和卡賈里等音樂歌舞類型。在卡塔克舞等舞蹈類型中，表演者也會假裝自己手上有眼線膏，透過不同的手印示範如何畫眼線，比方說表演內容要描繪女主角準備去見愛人或是準備參加某個慶典的時候。摩希尼亞坦舞（其表演者主要是女性）的妝容比卡塔卡利舞低調，但是嘴唇通常會塗成紅色，眼線也會畫得很多，以便在跳舞時凸顯眼睛的動作。另外，作家卡拉達蘭（V. Kaladharan）說，喀拉拉邦的中產階級女性也會畫這種風格的妝容。

葛蕾什瑪已經為了考試練習好幾個月了。從四月到六月，她每天都凌晨四點半起床，跳舞跳到中午十二點半，把動作練到完美。她顯然非常緊張，練習手勢時來回踱步，向我展示她的課本。不過，她也相當興奮。她在卡拉曼達拉姆大學學習三年了，從她身上穿的亮橘色和綠色紗麗，就能看出她的舞齡。終於要在評審面前表演時，她的姿態端莊，在教室裡四處游移，上半身宛如汪洋中的小波浪左右擺動，赤腳踮著腳尖，在扭動她的身軀時保持微妙的平衡。兩位老師看著她的表演，露出幾次微笑，顯然被她的表演所吸引。最後，她順利通過考試，帶著笑容準備迎接暑假，明年繼續她的學業。

隔幾扇門，五十二歲的希瓦達斯（Sivadas）被各種化妝品的瓶瓶罐罐和刷具包圍。希瓦達斯已經在卡拉曼達拉姆大學教化妝教了二十年，跳卡塔卡利舞跳了三十五年。他說：「化妝是卡塔卡利舞最重要的部分。」「畫眼線可以把情感更容易傳達給觀眾。這些妝點可以提供對真實感受的全面體驗。」

希瓦達斯表示，在過去沒有電力和音響系統的時代，卡塔卡利舞是在椰子油油燈的照射下表演的，因此化妝極為重要，可確保觀眾更清楚看見表演者的臉部表情。妝容的色彩可以讓他們的臉在光線下發光，這帶來的好處就跟濃妝可以協助演員的五官在早期的電視和大銀幕上變得更清楚是一樣的。

希瓦達斯會鑽研卡塔卡利舞的妝容這門科目，是因為他小時候相當有藝術的眼光。他每天清晨四點到六點教化妝課，要見習舞者用陶罐的底部來練習化妝，在上面畫出臉，並使用專業表演者會用的材料和工具在五官上畫眼線。學生畫在罐子上的卡塔卡利舞人物包括神祇、國王和惡魔；希瓦達斯面前的容器呈現各種哈奴曼和怖軍的妝容版本，有些畫有完整的眼妝，有些只畫一半。

三十七歲的圖拉西古瑪（Thulasikumar）負責教導舞蹈，包括劇本和手印的意涵。他說：「在印度文化中，一切都會回歸藝術，而化妝就是一門藝術。雖然所有的服裝和色彩都很重要，眼線卻格外如此，因為眼睛是第一個傳達表情的器官，大部分的交流都是透過眼神和眼睛的動作完成。」圖拉西古瑪說，他一生下來就被卡塔卡利舞的寺廟和舞者所圍繞，他會把卡塔卡利舞一起帶進棺材。雖然他才年近四十，卻已經表演至少五百次。他說：「卡塔卡利舞是我的生命，我跟這種藝術形式共生共存。它賦予我這份工作，賦予我信仰，是我最大的熱忱。等我九十歲了，我還是會表演卡塔卡利舞。只要我還有一口氣，我就會表演，我就會畫眼線。」

「淚眼婆娑的黑眼睛」

眼線充斥於印度和南亞的歷史。[39] 在一九三五年，英國考古學家歐內斯特·約翰·亨利·麥凱（Ernest John Henry Mackay）在現今的巴基斯坦發現不少銅製和陶製的化妝罐，跟找到的其他瓶瓶罐罐一樣，被認為是梳妝打扮用的。有些罐子雖然製作得很粗糙，有些罐子卻做得很精細（其中一件在開口處雕了四條魚）。[40] 刷具是用紅銅或黃銅製成的，有時也會帶有創意設計，像是某一個刷具的把手便呈現鴨頭造型。這些罐子被發現時，有的裡面還殘留黑色顏料，顯示可能是用來裝眼線的。

此外，有些地方也找得到眼線的描繪，像是印度洞穴內的精緻壁畫。在馬哈拉什特拉邦的阿旃陀石窟，描繪中世紀佛陀生平的壁畫便顯示，當時的男男女女都有畫眼線，無論是王室或平民。在西元五世紀的一幅畫作中，年輕的男性神祇蓮華手菩薩就有畫了眼線的眼睛。這些畫作把冥想中的佛陀以及舞者、神祇、王后、國王、仕女和平民全都畫得活靈活現，眼睛個個又大又長，畫有翼形眼線。

[41] 據說先知穆罕默德有畫中東穆斯林眼線，早期的阿拉伯穆斯林商人很有可能在西元七世紀旅行到印度海岸時，將眼線的使用傳到了印度次大陸。蒙兀兒王朝（十六到十九世紀）的穆斯林開始定居印度的部分地區時，可能也使得眼線變得更加普及。另外，在西元前六到七世紀編纂的宗教文本《尼爾瑪塔往世書》（*Nilamata Purana*）收錄了一千四百五十三句有關喀什米爾歷史的詩文，其中也建議把眼線做為拜神者的裝飾品，或是獻給印度教神祇濕婆的妻子烏摩天妃祈求繁榮。

在頌揚黑天或吉祥天女的民俗歌謠中，也有講到眼線及其生產製造。北方邦和比哈爾邦有一種受歡迎的民俗舞蹈形式及半古典歌唱類型「卡賈里」，其名稱便源自北印度博傑普爾語的「眼線」一詞。這些歌曲描述一個女人整天在父母家殷殷期盼跟愛人或丈夫見面時，心中對他的思慕。汗吉說：「歌詞祈求空中低垂的雲朵可以降下大雨，結束兩人的分離。這些歌表達了分離的痛苦，並說到這種痛導致淚水洗掉少女的眼線，象徵天上的季風烏雲及淚眼婆娑的黑眼睛。」

「天堂的模樣」

直到今天，當代的卡塔卡利舞者和他們的同行仍持續書寫南亞眼線這類化妝品，以及眼線與印度藝術形式的關聯。從某種程度上來說，這一切正被重新詮釋。

數百年以來，卡塔卡利舞只侷限在男性表演者和「高等種姓」。女性被認為不適合從事這種表演，因為訓練過程需要消耗掉很多體力、表演服裝很笨重、表演者得奔波各地，而且大部分的演出都會拖到深夜或清晨。然而，隨著社會規範的變遷，喀拉拉有一群女子在一九七五年成立了一個全女性的卡塔卡利舞班「特里普尼圖拉卡塔卡利舞女子團體」（Tripunithura Vanitha Kathakali Sangam）。這個舞班到至今仍有在表演，啟發了許多女性成為卡塔卡利舞者，很多人後來都踏上同一條路。不再只有男性把自己打扮得漂漂亮亮，讓自己看起來更有女人味，以便扮演女性角色（使用往上翹的翼形眼線輔助），女性也開始扮成女性角色（還有男性角色）。角色不再僅僅是倒置，它們變得可以互換。

同一時間，卡拉曼達拉姆大學的老師也有觀察到，卡塔卡利舞在這些年又變得更受歡迎了，報名入學的人數也有增加。二〇二一年，學校的行政單位允許女生進入這所機構學習卡塔卡利舞。今天，在六十名卡塔卡利舞學生當中，只有九個人是女生，但是這個數字應該會逐漸攀升。學校老師認為這是一種進步，因為一直有女性要求加入卡拉曼達拉姆大學。在其他地方，印度各地有許多公共演藝場所都有卡塔卡利舞的表演，使不同宗教的人們不用上私立學校，也有機會學習這門藝術。社群媒體也協助提高卡塔卡利舞和其他印度古典舞蹈受歡迎的程度，**Instagram** 上甚至還有以卡塔卡利舞為靈感的化妝教學。

四十九歲的蘭吉妮（**Renjini**）從還是個小女孩時，便開始學習卡塔卡利舞，跟全女性舞班成立的年代一樣。她是一九七〇年代出生的孩子，從小便不斷受到父親的激勵。她的父親除了在肥料和化學公司的正職之外，還是一位認真的卡塔卡利舞藝術家和老師。她說：「我一出生就接觸這個藝術形式，馬上就愛上了它。我一直看見卡塔卡利舞、聽見卡塔卡利舞、活在卡塔卡利舞的世界裡。我覺得卡塔卡利舞的服裝和妝容很美，因此決定也把這個當成我的生涯。」三歲時，蘭吉妮已經會畫眼線，在兩個哥哥和父親的學生面前表演，接受這群私人觀眾的加油打氣。

小時候的蘭吉妮又矮又壯，但一點也不害羞。她很愛講話、愛玩，非常好相處。儘管如此，她在學校卻還是被嘲弄。卡塔卡利舞讓蘭吉妮能夠透過化妝，尤其是畫眼線，好進入另一個角色，進而克服不安全感。她說：「一旦畫了眼線，我就覺得自己變成另一個人。」她還說，為了登臺演出而畫眼線，她需要花四十分鐘左右的時間，但是其他時候則快很多。不管有沒有穿戲服，她都會畫眼線，但是眼線的風格和粗細會根據觀看的人是誰而定。

蘭吉妮說，在一九七〇年代初期，根本沒人聽說有女性在學習卡塔卡利舞，「真的有在學的那些女性也沒有被認真對待。」儘管如此，到了她五歲時，她那讀過卡拉曼達拉姆大學的父親堅信她對卡塔卡利舞是認真的，因此開始更正式地教導她卡塔卡利舞。她說：「他是一位嚴師，如果我的表演沒有達到他的標準，就會懲罰我。但，他也是個非常慈愛的父親，雖然當時的女性不被認為可以表演卡塔卡利舞，我在家裡卻沒感受到自己跟哥哥之間因為性別而產生差異。」她的母親有時候會翻轉傳統的性別角色，白天在辦公室擔任工程師，她的父親則負責照顧小孩、替一家人準備三餐。蘭吉妮常常模仿爸爸：她會崇敬地看他畫眼線，之後他也開始替她畫眼線，然後換，她開始為自己畫眼線。她思索了一下，說她最喜歡的卡塔卡利舞角色是印度教猴神哈奴曼，有一部分的原因就是他的眼線非常極端。

由於蘭吉妮有一張圓臉、嗓門很大，還有所謂的「陽剛氣質」，因此她的父親覺得她的外貌和性格很適合扮演男性角色，而非女性角色（蘭吉妮說，他的身高也不高，所以在她身上會看見他自己的影子）。今天，這位舞者已經扮演男性很多次，其他表演者已經把她當成男人來看。她說：「卡塔卡利舞不存在性別之分，我們受到的指導並無差別，每個人都得到相同的待遇。男女都會化妝、畫眼線，不只有女性。」

成年後，蘭吉妮加入特里普尼圖拉卡塔卡利舞女子團體。有些成員可能因為上大學或成家而離開了團體，有些則留下來。她們依然一起跳舞，建立起緊密的連結。蘭吉妮就算後來去學法律、結婚、還生了兩個小孩，仍持續投入。她說：「我只有在懷孕和生產期間暫時停止表演，因為表演服裝太笨重了。」

蘭吉妮的眼睛很小，但眼線可以產生放大雙眼的效果。她開玩笑地說：「妳絕對不會看到我沒畫眼線的樣子。」接著她嘲笑我的翼形眼線，說：「現在不流行這個了。」沒有登臺時，蘭吉妮會使用拉瑪千德朗（Ramachandran）這個牌子的阿育吠陀眼線。她喜歡這種眼線勝過其他選擇，是因為這不會暈開，而且是以樟腦製成，跟佩特拉流行的眼線一樣取自樹木。她補充說，她自出生第二十八天之後，便一直都有畫某種形式的眼線來驅離邪眼。這是依循印度教曆法中以二十八天為基礎的「月亮週期」，月亮週期的第一天（梵文稱作Amavasya）被認為是具有強大力量的時期。雖然新生兒不論男女都會畫眼線，但是在印度傳統中，女孩漸漸長大時仍會繼續畫眼線，而大部分的男孩則會停止。

蘭吉妮的母親以前會在家製作眼線，將銅鍋或盤子放在火焰上方，燃燒印度酥油（即澄清奶油）或樟腦。然而，蘭吉妮說她現在都買現成的眼線，因為她沒時間。不過，她在舞臺上還是使用正統的眼線。她說：「在表演卡塔卡利舞時，眼睛一定要大、一定要張開，而南亞眼線膏可以做到這兩點。」

蘭吉妮在一九九八年失去了父親。為了對抗悲傷（以及其他原因），她後來決定開設一所卡塔卡利舞學校「卡塔卡利舞卡魯納卡蘭紀念學校」（Karunakaran Smaraka Kathakali）來紀念他。今天，她主要教導女孩和已婚婦女。最後，她甚至不再當律師，全心投入這所學校和舞蹈生涯。她說：「卡塔卡利舞從我的熱情變成我的職業。」這所學校也有教化妝，進而指導畫眼線的技巧。

回憶起父親時，蘭吉妮流下淚來，但是當她擦拭淚水時，她的眼線仍完好如初，面紙完全沒有沾染顏料。他是個嚴格的老師，鮮少當著女兒的面說他很欣賞她的表演，卻時常對陌生人誇獎她。人們看她表演時會想起她的父親，令蘭吉妮相當歡喜。雖然她有時會覺得，要達到父親的成就是個沉重的責任，但她總能克服這份責任，因為成為卡塔卡利舞的藝術家賦予她「強大的心，以及比心還要更強大的眼」，她指了指自己的眼線罐說。她不只一次提到，眼線的藥用特性是她不需要戴眼鏡的原因。

蘭吉妮表示，她傳承的不只有父親的謙遜和表演才能，還有他的美麗。她解釋，美不是外在的，跟一個女人的臉、脖子、胸部、肚子或腿無關。她說：「我不覺得我是蘭吉妮的時候很美，但我確實會將美帶到舞臺上的角色。卡塔卡利舞的表演者不是一般人，因為我們會透過手印、身體動作和眼神帶領觀眾到美麗的地方。觀眾會被帶到別的地方、另一個世界。觀看卡塔卡利舞時，你看到的不是那個人，不是我，蘭吉妮，而是藝術家帶給你的世界。」

「你從來沒有看過天堂的模樣，但卡塔卡利舞的藝術家可以把天堂帶進你的想像裡。對我們來說，美不是實體的，我們會給你美的『感覺』。你可能會問：怎麼做到的？就是透過眼睛。當你看著眼睛和它們移動的方式，當你看著那些妝容和眼線，你會感受到真正美麗、深刻的事物。」

Chapter

7

藝伎的凝視

京都的目貼

榮太郎最深刻的兒時回憶之一就是母親替他畫眼線的時候。他常常會在過程中睡著，因此每當他的頭突然晃動時，眼線就會「畫得亂七八糟」。他說：「這不像一般化妝那樣，只需要除去畫錯的眼線就好。你的臉已經畫了白粉，所以那也會被破壞。你得全部重來，我的媽媽有時候會因此很火大。」

三十四歲的美惠雛禮貌地表示請我不要在她沒畫眼線時拍攝她。這位輕聲細語的女子眉毛是紅褐色的、嘴唇是鮮紅色的，臉則塗滿「白粉」這種使用米粉和水做成的白色粉底。這位藝伎戴了一頂高聳的華麗假髮，象徵王冠。假髮分成不同的區塊，互相摺疊融合在一起，使用水鑽髮夾固定。這樣的裝扮一點也不低調，但是美惠雛本人卻很低調，接近冰冷。儘管這位藝伎前一晚睡得很好，但她說沒有眼線就好像少了什麼。她呵呵地笑：「我看起來不一樣，還不能見人。我現在的樣子有點蠢，好像我很迷惘！女人的眼睛沒畫眼線看起來很懶惰。」

在提供茶、湯以及炸蝦、菊花海苔餅和紅豆水羊羹等小點心之後，她消失在簾子後，跑去拿她的化妝品。她在位於京都宮川町的這間古雅茶室裡優雅地走過一間又一間的房間，身上那件有著條紋圖案，使用花朵精緻裝飾的白色和服拖曳在她身後。

她再次出現，把一塊花布放在木頭矮桌上，另一塊放在胸前。接著，她從化妝包取出黑色、紅色、粉紅色的罐子。她用左手拿著鏡子，右手開始將蜜桃色的眼影點在眼皮的角落。她一邊用竹刷塗眼影，一邊帶著漫不經心，甚至有些驕傲的語氣說：「我不是很想結婚，但也不排斥。如果對的人出現了，那很好；如果沒有，也很好。」

假如結婚，美惠雛就得放棄藝伎這一行。藝伎是存在了數百年的娛樂行業，以接待和娛樂賓客為主，會提供客人豪華的體驗，包括季節餐點、插花、跳舞、唱歌、演奏樂器、聊天等。美惠雛喜歡這份工作，卻也沒有喜歡到無法離開，畢竟對她來說，這「只是工作」。

[42]這位藝伎將刷具沾了點水，再放入紅色粉末沾裹，接著優雅地在眼睛邊緣畫出線條，這稱作「目貼」或「目彈」。目貼跟現代的眼線用法一樣，畫在眼睛四周，但是使用紅色顏料時，目貼除了凸顯眼睛，還能保護眼睛。美惠雛說，她很習慣上濃妝，這對她來說幾乎是第二天性。無論在私下或有其他人在的地方，她都可以很自在地化妝，並能快速順應新環境的光線。雖然剛入行時，她需要花一個小時準備，但是現在她只需要一半的時間。那時，因為有青春痘的緣故，化妝可以幫助她提升自信。雖然那時的她很討厭碰自己的臉，但是她很高興這些產品把人們的注意力轉移到她的眼睛和眼線。

藝伎妝容會使用到的紅、黑、白三色是日本的傳統色彩，常會用在本土藝術等地方。就跟印度的卡塔卡利舞表演者和世界各地的變裝皇后一樣，對比明顯的厚重妝容可以讓觀眾看清楚藝伎的臉，就算距離很遠也是。根據身為研究者和記者的淺原須美所說，藝伎的妝容也會給人產生一種「超脫塵俗之感」，讓客人更感覺自己脫離了日常生活，進入另一個領域。

不只有臉部上妝，美惠雛的頸子也被塗成白色，只留一小塊地方沒有塗，形成W字。雖然白色可以讓脖子看起來更長，也給人她有戴面具的錯覺，但是這一小塊裸露的肌膚又暗示人們顏料之下藏了什麼。露出來的皮膚就像從厚重的眼妝之中往外窺視的那雙眼睛，提醒觀者在所有的裝扮底下，有一個藏著許多故事的女子。

藝伎的世界

[43]藝伎最早大約出現在日本江戶時代中葉的吉原等地；江戶時代從一六〇三年一直延續到一八六七年，而吉原則是東京（Tokyo）的一個紅燈區。最早的藝伎是男性，他們的職責是協助性工作者，負責跳舞和彈三味線這種傳統的三弦樂器。這些男藝伎被稱作「幫間」，比較不注重外表和美貌，而是要提供搞笑或娛樂的表演。

女藝伎源自東京的深川，原本是沒有執照的，職責是透過歌舞討賓客歡心。某一次，數十名藝伎因為從事性交易而遭到逮捕。事件過後，政府決定發執照給吉原的藝伎，條件是她們的角色跟花魁這種最高級別的妓女必須有所區隔和規範：藝伎可以賣「藝」，花魁可以賣「色」。兩者的差別會透過髮型以及和服腰帶綁束的方式等外在訊號來傳達。

在第二次世界大戰期間，藝伎跑到工廠工作以支援戰爭；戰後不久，她們的人數開始下降。然而，淺原說，在戰後經濟復興的一段時期，這個行業又興盛了，在一九五〇和一九六〇年代最受歡迎。後來，隨著酒吧和夜店等西方娛樂的引進，藝伎服務變得沒那麼受歡迎。越來越少人喜歡這個看似過時的職業，那些閃亮新潮的娛樂選擇比藝伎便宜多了，因此有比較多的人負擔得起（當時跟現在一樣，藝伎服務的價格很不一定，要看藝伎本人受歡迎的程度來決定）。

一九九〇年代初期是藝伎最艱辛的時期。時任首相的細川護熙宣布「料亭」——藝伎經常出沒的高級日本餐廳——是邪惡的場所，因為政治人物有時會在那裡會面進行貪腐交易。結果，政治人物不再到藝伎的茶室聚會。淺原解釋：「這對她們的收入有很大的影響，迫使藝伎對更多的族群敞開大門，把目標鎖定在新客群，包括女性和觀光客。」

在COVID–19疫情期間，由於社交距離的規定以及讓觀光客（藝伎穩定收入的來源）無法入境的旅遊限制，藝伎產業又面臨另一個寒冬。然而，截至二〇二二年下半年，這個產業又再次站穩腳步，成為中上階級的娛樂形式。相撲選手、歌舞伎演員、遊客、商人以及對日本傳統藝術和化妝有興趣的年輕女性等，都會造訪茶室。此外，大體而言，雇用藝伎的費用比過去還要容易負擔。儘管費用有可能落在數百到數千美元不等，視藝伎本人而定，但若是以觀光客為目標的話，則可能只需要五千日圓左右，相當於三十八美元。話雖如此，這個產業整體仍在衰微。在第二次世界大戰之前，整個日本約有八萬名藝伎，很多都集中在京都；今天，全日本只有一千名藝伎左右。二〇二〇年，京都的藝伎和舞伎加起來只有三百名，這個數字在二〇二二年下半年更是減少到兩百名。

在這座迷人的日本城市，藝伎和見習的舞伎依舊受到喜愛。畫有細緻眼線的舞伎圖像隨處可見，包括筆記本、擦手巾、鑰匙圈和車站的海報。疫情爆發前，觀光客和舞伎迷會玩角色扮演，在電話亭化妝。二〇二三年，Netflix推出了《舞伎家的料理人》（日語原文：舞妓さんちのまかないさん）這部戲，總共九集，改編自小山愛子創作的同名漫畫，內容講述兩個年輕朋友搬到京都想成為舞伎，最後卻分道揚鑣的故事。[44] 學者揚．巴德斯利（Jan Bardsley）表示，現今對舞伎的描寫已經變得比較正面，賦予了女性更多在現代日本表達女性特質的自主權。通常，舞伎會接受四到五年的學徒訓練，往往是在十五到二十歲這段期間。她們會受到「置屋」，也就是寄宿屋負責，置屋會在她們的訓練時期支付大約五十萬美元，包辦所有費用。這些費用相當高昂，因為其中包含了數年的住宿、訓練、服裝、和服等，其中和服是用絲綢等奢華的材料所製成的。雖然精心打扮的舞伎是這座城市的象徵，對年輕女孩來說也是一種文化象徵，真正的女帝卻是藝伎。

眼睛在花柳界（藝伎的世界），其繁複的裝扮過程向來占據核心地位，黑色和紅色的眼線會跟白色的肌膚形成對比。美惠雛最依賴眼線來凸顯她的美，不管她是否穿著藝伎服裝。她說：「我的眼睛不漂亮，但是畫了眼線之後就變美了。」二十三歲的東京舞伎照葉說，她很愛畫眼線，因為這會讓她的眼睛變大。她也不喜歡自己與生俱來的小眼睛，因此仰賴當地的三善牌眼線來把眼睛變大。此外，照葉也受到她最喜歡的藝伎：京都的紫藤，也受到搭她所啟發，因為紫藤很愛用眼線。在Instagram尋找#Mamefuji（紫藤的英文）這個標籤，就能找到這位極美的藝伎的照片，看見她的紅色眼線在黑色之中綻放。

這些紅色顏料是藝伎氣質的關鍵所在，而且不只跟美感有關。人們認為紅色化妝品[45]可以防止邪靈進入體內：紅色眼線可以阻擋這些靈魂進入眼睛，而紅色口紅可以避免邪靈從嘴巴進入。有些舞伎也會在耳朵上塗紅色的顏料，認為這會讓她們看起來更年輕。在古代，男女都會基於靈性和宗教目的畫紅色的妝容，主要是在眼睛和嘴巴四周。館林梓在她的學術文章〈化妝的文化理論〉（*The Cultural Theory of Makeup*）中提到，紅白兩色的結合也能夠讓臉部在燭光下變得更突出，創造和諧之感；在黑與白的襯托之下，紅色可以為整體樣貌增添生命和活力。

藝伎和舞伎會在臉部使用舞臺化妝品，因為這比較耐用（過去的藝伎和舞伎很有可能是用木炭畫出黑色線條）。雖然遠遠看，會覺得這兩種人的妝容和髮型差不多，但是觀察敏銳的人便會注意到細微的差異。舞伎是用自己本身的頭髮做造型，藝伎則可以戴假髮；美惠雛的兩片嘴唇塗成紅色，顯示她是藝伎，而舞伎只會在下嘴唇塗上口紅；舞伎會使用腮紅，藝伎通常不會；藝伎的和服不會像舞伎的和服那麼繽紛；藝伎眼睛周圍的紅色顏料沒有舞伎的那麼明顯，因為她們強調的是黑色眼線。許多舞伎完全不畫黑色眼線，要不就是畫得非常細緻，幾乎像是沒有畫。這種風格會隨著舞伎的見習等級的晉升而改變，每個等級都伴隨多一點點的寬鬆、多一點點的眼線。淺原表示，藝伎的妝容也會根據不同的地區而有所不同，因此藝伎的族群在理想美、傳統和時尚方面非常多元。

「跟其他女人沒有不同」

我們說話時，美惠雛的藝伎「媽媽」遼美在附近徘徊。藝伎媽媽這個角色是舞伎和新手藝伎的指導者，負責管理她們的事務。五十七歲的遼美說：「沒有畫眼線的藝伎看起來會完全變了個人。」多年以後，她仍清楚記得自己第一次畫眼線的時候：「我非常緊張，無法畫出直線。」（說到線條，她那張完美無瑕的臉看不到任何皺紋。）「我看起來就像一隻狸貓。但我覺得只要畫了眼線，我就能看得更清楚。在所有的化妝品當中，眼線最為重要。你不用畫其他東西，只要有畫眼線就會感覺很亮眼。」她說，眼睛的形狀很重要，例如眼線的粗細就跟有無雙眼皮有關。談話談到一半，遼美稱讚我的眼線，令我不知所措，因為能被她這樣說是很高的讚美。

東京藝伎惠美說，許多藝伎都力求打扮成日本傳統的樣貌，眼線讓她們可以做到這一點。「我們試圖達成的美感就是日本傳統繪畫或版畫中，肖像人物細細長長的那種眼睛。眼線能夠有效實現這種樣貌，不是把眼睛變大變圓，而是把它們變長。我們通常會在眼睛外緣附近把眼線畫粗。【藉由化妝】人們可以透過藝伎文化跟自己的歷史淵源重新連結，有所緬懷。」

本名費歐娜．葛拉罕（Fiona Graham）的紗幸是一名西方白人女子，她表示自己是正在接受訓練的藝伎和人類學家，並談到眼線對藝伎造型非常重要，因此她把眼線刺在眼皮上。她說：「這樣比較簡單。這是藝伎妝容中最重要的元素，一定要畫得很完美。在白色的粉底上化妝真的不容許犯任何錯。」紗幸天生金髮碧眼，但會使用化妝品融入藝伎團體，使自己看起來「更有日本味」。她說，她穿著藝伎服裝時會戴棕色隱形鏡片，並將眉毛畫高（把原本的眉毛藏起來，然後畫在更高的位置），因為她本身的眉毛太接近眼皮，不像日本人。她在嘴唇四周畫出藝伎招牌的心形小嘴造型。紗幸雖然出生時不是日本人，但是她十五歲便移民到這個國家，現在已是永久公民。談到她當初進入藝伎產業的決定時，她說：「我只是在參與跟自己居住國的其他人一樣的活動。」

在眼角畫好紅色眼線後，美惠雛改用黑色眼線液，她說這是必要的步驟。穿著藝伎服裝時，她使用的是露慕丹，一種非常耐用的眼線（穿著「西式」服裝時，她則是使用另一個日本品牌凱婷的眼線）。美惠雛使用刷具將眼線完美畫在上眼皮，一共畫了兩下，以確保眼線光滑平順。接著，她將眼線畫出眼睛邊緣，跟紅色眼線的末端相連。她用棉花棒進行一些微調，接著閉上眼睛，用鏡子把眼線液搧乾。最後，她在淚腺周圍畫了小小的三角形，進一步使眼睛變長。接著，她張開眼，端詳鏡中的自己，露出微笑。她說：「我的容貌完整了，我感覺自己又活了過來。」

美惠雛是他們家第一個成為藝伎的女性。她來自京都（Kyoto）的伏見區，出身中產階級家庭。她的姊姊是美容師，爸爸的工作跟體育用品有關，媽媽在她小時候便過世。美惠雛大約在國中時期只有十幾歲的時候進入花柳界。她的家人原本就認識她的藝伎媽媽，因此當藝伎媽媽建議她入行時，當時使用本名的美惠雛便想：好啊，有何不可？

美惠雛決意找尋自己的道路。對她來說，獨立非常重要，獲得獨立的方式則沒那麼要緊。她願意進入這一行並沒有什麼深奧的理由。她問，大部分的人為什麼會做他們所做的工作？不是每個人都覺得自己有某個天職。美惠雛不帶任何期待進入這個產業，後來漸漸深植在藝伎的文化中，發現自己很欣賞這份工作，因為這帶給她某些奢侈和體驗，是她在別的地方不可能得到的。「我心想：哇！我竟然在穿大部分的人買不起的和服，我認識了很多有趣的人，我在最棒的餐廳吃飯，我可以出國旅遊，我可以打扮得美美的。我在體驗我這個年紀大部分的女孩無法體驗到的事物。」

反之，照葉說她想要成為藝伎，正是因為她很喜歡和服與日本的傳統美學。根據淺原的說法，以前的女性會成為藝伎是因為家境不好。這創造了不平衡的權力動態，有時還會促成剝削，因為女孩子必須工作替父母償還向藝伎置屋借的錢。也有的人會進入這一行，是因為在置屋家庭出生或家裡跟置屋有關係，因此藝伎是顯而易見的選擇。

美惠雛對自己的身分似乎不太在意，事實的確也是如此。不過，她也坦言藝伎的生活並非一帆風順。起初，她發現要成為藝伎實際上相當令人難以招架，就連化妝也令人精疲力盡。當一名藝伎會使身心非常勞累，得接受感覺無止盡的訓練。美惠雛以前如果做錯什麼，就會一直想，想到曾考慮放棄這一行。現在，她感覺很滿足也很驕傲，當藝伎比當舞伎自由，她能夠加入成熟的對話，在外表方面也擁有更多自由，像是畫比較濃的眼線。不過，她也願意嘗試不一樣的東西（她說，因為她很內向，「重視自己的私人時間」，如果有下輩子她一定不會從事娛樂他人的工作，可能會從事設計或「不必跟人打交道的工作」）。美惠雛的同儕有的形容她個性嚴謹紀律、不喜歡狂歡，有的則說她有「輕浮」的一面，偶爾會表現出幽默感和伶牙俐嘴。

她說，如果全盤考量，藝伎這個角色其實就跟「任何一份工作」一樣。藝伎也有工會和退休金；她們有開心的時候，也有不開心的時候；美惠雛的客人有的很好，有的則會考驗她的耐性。她補充道：「我可能很幸運吧，從來沒有經歷過真正可怕的事情，只是有一次遇到幾個喝醉的笨蛋。」藝伎會在月底收到薪資，她們的請款單被稱作「情書」。藝伎的薪水一般都有依循一套標準，且會保密，不過有的人可能賺得比較多，因為她們有收到客人的禮物或小費。

美惠雛在空閒時間會上比較淡的妝，通常包括眼線。她喜歡看漫畫，最近最愛看的一部是《咒術迴戰》（日語：呪術廻戦），內容講述一個男孩打擊「咒靈」的故事。除了日劇之外，她也喜歡看西方電影，尤其是《修女也瘋狂》（*Sister Act*）和《大娛樂家》（*The Greatest Showman*）。她問我有沒有看過《藝伎回憶錄》（*Memoirs of a Geisha*）、喜不喜歡，我說我有看過，但不喜歡。她挑眉，堅定地說她一點也不關心、更不會去參與西方人對藝伎族群懶惰的刻板印象。健身房是她唯一不會畫眼線的地方，她常去那裡上皮拉提斯課。她喜歡的音樂人包括比吉斯（Bee Gees）和喬治男孩（Boy George），後者精緻的眼線她很欣賞。她喜歡唱卡拉ＯＫ和看賽馬，會「在腦海中」下賭注。她很愛旅行，芬蘭首都赫爾辛基是她最喜愛的城市之一，紐約也是，讓她「感覺好像走進攝影棚」。雖然社群網站給藝伎帶來不少好處，讓她們得以澄清一些迷思，強調這個行業的藝術層次，但是美惠雛不喜歡用這些網站，認為那是「浪費時間」。

藝伎和舞伎極為注重自己的美貌和整體呈現，這一點美惠雛非常欣賞。她認為，最理想的藝伎和舞伎要「輕鬆有趣」，但同時也要泰然自若，注意自己的禮數、談吐、表情和舉止。她說：「這會展現在她們的臉上。我覺得這很美，這是從她們的內心流露出來的美。」她很欣賞花費心力把自己變美的女人，她們的美就美在那份心力。她說：「當你看見女人上很多妝，看見她們畫眼線，你就知道她們為此感到自豪，我認為那是很美的。」比起外在特性，美惠雛更強調風情和魅力。「我寧可因為魅力而出名，不是因為美貌。當然，有的女人可能外表美麗，但是那能持續多久？我當舞伎的時候也很討厭別人說我『可愛』。我不『可愛』，我是個女人，跟其他女人沒有不同。」

在美惠雛為我跳舞之前，她先跪坐在地上，扇子放在面前。藝伎媽媽彈奏三味線，幽幽地唱起歌，像為請求她來見面的情人所唱。美惠雛的動作掌控得宜，她一邊擺動轉身，一邊開闔扇子，幾乎就像在跟扇子對話。她張開雙臂，動作充滿整個榻榻米房間；房間只有約半坪大，被草蓆覆蓋。美惠雛跳舞時似乎進入了自我，她的眼神穩定，刻意不跟我對上眼。但偶爾，她會瞥向我，畫了眼線的眼睛在柔和的燈光下閃動。最後，她把扇子放在地上，對我鞠躬。她說：「跳舞時，我不會專注在自己身上，而是專注在歌詞與動作，以及如何讓客人開心。知道妳很開心，我也很開心。」

從古至今

傳統上，[46]眼睛和眼神在日本向來都跟權威和權力有關。例如，日文的「目下」和「目上」這兩個詞彙分別是指下屬和上司，由來已久。君主和將領會坐在比下屬還高的位子，以確保他們可以由上往下看他們。相親的日文「お見合い」是觀看然後配對的意思，同樣也是從認為眼睛具有力量的想法演變而來。在江戶時代，男性會在茶室門口附近等待，女性則會假裝「不小心」經過，跟男性交換眼神。「目合う」一詞表面上的意思是「對到眼」，其實是性交的委婉用法。眼神接觸往往帶有重大意涵，因此人們對於交換眼神的方式和時機十分謹慎。

學者通常會將日本的化妝史（自然也包含眼妝史）分成四個時期：原始、大陸、傳統和現代。

原始時期

在古墳時代（約西元三百年到五百三十八年）由中國人寫成的《魏志倭人傳》（*Gishi Wajinden*）探討了當時的日本文化，裡面提到刺青、黑牙（舞伎剛出現時曾經做過這種造型）以及紅妝。五到六世紀用來實現儀式性目的、跟亡者一起下葬的[47]「埴輪」陶偶，會被塗上紅色顏料，尤其是在雙頰和眼睛四周。這種顏料是以辰砂和氧化鐵製成，而紅色被認為可以用來辟邪。這種說法可能是源自拜日信仰，因為紅色跟太陽、火焰和鮮血有關，因此象徵生命。日本的古老宗教神道教崇拜自然萬物，其中的太陽女神天照大神便是一個重要的神祇。

大陸時期

[48]在飛鳥和奈良時代（西元五百三十八到七百九十四年），日本跟中國有大量的文化交流，日本從六三〇年開始派遣數次官方代表團到唐朝，更是促進了雙方的互動。白粉和「紅」（一種紅花製成的胭脂）等化妝品和化妝方式隨著中國社會文化的其他元素（例如佛教）一起引進日本。化妝開始實現裝飾和美學的用途，而不只是迷信；統治階級會使用化妝品，象徵其崇高的社會地位。胭脂等物品是在埃及或後來被稱作中東的地區生產，再從絲路運到日本。這些時期奠定了日本三色化妝傳統的基礎。

傳統時期

[49]化妝史的傳統時期跟平安時代（西元七百九十四到一千一百八十五年）重疊，此時中國的影響減弱了，因為日本前往中國的眾多使節團在西元八百九十四年劃上句點。貴族開始追求日本自身獨特的美學風格，被稱作「國風」。結果，時尚、髮型和妝容演變得更具地方特徵。

從十七世紀延續到十九世紀晚期的江戶時代，是政局安穩、經濟成長、都市化以及對文化的欣賞相當普及的年代。[50]化妝品變得更容易取得，因此個人風格變得越來越重要，催生了許多新式潮流。就像在波斯那樣，從妝容甚至可以看出一個女人已婚與否。從平安時代開始，黑牙跟女性成年和成婚產生關聯，在江戶時代中葉以降發展成一種常見的做法。女人會在婚禮前後把牙齒塗黑，在產下第一子之後剃眉。

女性會把胭脂塗在[51]嘴唇、指甲和眼角，由於這種化妝品很常這樣使用，因此甚至被裝在清酒的杯子和貝殼等容器內販售。目貼的做法最初是由歌舞伎和日本傳統劇場演員帶動的，後來才被市井小民仿效。女性會用無名指將胭脂塗在眼睛周圍，因此這根手指被稱作「塗紅指」。她們也會用刷子將胭脂塗在眼睛邊緣，類似今天畫翼形眼線的方式。紅色被認為有助於治療天花等流行病；基於這樣的迷信，醫院的衣服等物品有時候會染成紅色的。紅色也會用在生產的相關儀式，被認為具有保護作用，例如新生兒會用紅布包裹，臉上也會塗紅色顏料。此外，紅色對人生大事也很重要，所以傳統新娘套裝的內襯是紅色的；今天，很多藝伎會穿紅色內著物，包括美惠雛。

一八一三年出版的美妝手冊《都風俗化妝傳》（*Miyako fuzoku kewaiden*）建議，「眼睛太細太小，看起來幾乎像閉著一樣」的人，可以「用濕布擦拭靠近睫毛的眼皮區域【把白粉擦掉一些】，然後將一點點胭脂塗在」上睫毛就好，不要塗在下睫毛。下手務必不可太重，因為眼睛看起來太大也會不好看，而這跟現代的西方審美標準形成明顯的對比。《都風俗化妝傳》也有提供把眼睛變小，變得比較「適度」的訣竅，包括在眼皮上塗白粉。

現代時期

在接近十九世紀末、二十世紀初的明治時期期間，化妝方式和審美標準又經歷了一次變遷。在「富國強兵」、「文明開化」、「脫亞入歐」[52]等口號的帶領之下，日本政府在社會的各個層面都提倡西化。黑牙和剃眉的做法遭到禁止，因為這些習俗被造訪日本的西方人視為「野蠻」。「自然美」成為常態，包括自然的眉毛、皓齒和沒有塗白粉的肌膚等。根據東京紅博物館的策展人所說，二十世紀初雖然不太可能有「眼線」這個名稱的產品進口日本，但是川上貞奴（她也是藝伎）等演員和娛樂表演者上臺時，會在眼睛周圍塗油彩。

在一九一二到一九二六年的大正時期，有更多女性成為[53]勞動人口。跟西方女性一樣，日本女人開始積極使用化妝品來表達自己的獨特性。擁有「西方」樣貌的壓力增加了，因此女性把目標放在大眼睛和立體的五官，而非過去描繪美女時著重的小眼睛和「扁平」五官。這樣的轉變使越來越多人喜歡可以透過創造陰影來強調臉上特定部位的化妝品。眼線是實現這個目的最受歡迎的工具之一。

「現代女子」的出現[54]似乎標誌了女性解放的新時代。這些年輕的日本女性很喜歡進行各種時尚實驗，把頭髮剪短、眉毛修細，並開始畫更多眼影和眼線。這時候可以看見超出眼角、朝太陽穴的方向畫過去的眼線，模仿的是好萊塢明星的風格。話雖如此，從明治時代到大正時代晚期，眼線主要還是被當成舞臺妝或是「夜間」妝，一般大眾不會使用。

在一九一〇年代初期，全女性的寶塚歌舞劇團成立了。[55]這個劇團的表演涵蓋西方和日本舞臺劇，也會改編電影和愛情故事，到今天仍受到廣大民眾近乎宗教崇拜般的歡迎。寶塚的概念跟把觀眾帶入另一個國度的「夢想世界」有關，演員兩種性別的角色都會扮演。較資深的團員會教導新進成員如何化妝；眼線的畫法會根據表演者的角色有所不同，但通常都很大膽。例如，研究寶塚文化的伊娃．巴里林斯卡（Ewa Baryli ska）表示，日本舞臺劇的表演者會畫藝伎風格的妝容，將紅色顏料塗在眼角。性別也有關係，如男性角色需要透過眼線創造出雙眼皮的錯覺，因此顏料也會塗在下方的內眼線；另一方面，女性角色需要透過圓滾滾的眼睛來達到「可愛」的效果，因此眼線只會畫在上方的內眼線或眼皮，使表演者的眼睛看起來更大。

一九二〇年代初期，日本的女性雜誌和美妝手冊開始刊出一些仿效眼線用法的化妝技巧。[56]有的教導女性使用胭脂或眉墨塗在眼角，以凸顯眼睛；有的教她們在睫毛根部塗上墨水，達到目貼的效果；有的則指示她們把一點點鉛筆畫在眼睛邊緣，適合晚間活動。有一篇文章甚至吩咐女性「使用眉墨畫出目貼」時要張大眼睛，才能「朝眼角畫出清楚的線條」。市售的眼線產品還不是很容易取得，但人們會用墨汁或甚至色鉛筆等傳統的化妝工具在眼角畫出線條。紅屋博物館（Beni Museum）表示，這時候人們還是把眼線稱作目貼。

到了昭和時代結束[57]的一九八九年，日本的美妝產業已經相當蓬勃，商店會提供女性許多穎且現代產品，類型和品質都很多元。這是個受人歡迎的發展。在第二次世界大戰期間，化妝品被當作奢侈品禁止。一九三九年，文部省明文禁止女學生塗口紅、白粉和腮紅。然而，就像戰爭期間的西方女性和更早之前的古埃及人，日本女人也很堅持且足智多謀，會使用燒過的火柴等物品來畫眉毛和眼線。

戰前，只有對[58]潮流和時尚有濃厚興趣的人才會使用化妝品；然而在戰後，化妝變得無所不在。戰後的美國占領時期及美軍在日本的存在，對當地的化妝風格有很大的影響。在一九五〇年代，西方文化的代表人物和名人變成美的象徵，許多日本女性都會仿效奧黛麗・赫本（Audrey Hepburn）的髮型和妝容，包括她的招牌翼形眼線和濃密眉毛。到了一九五〇年代中葉，儘管眉墨很可能仍被當成眼線使用，「眼線」一詞卻首次出現在美妝雜誌。國內外的產品充斥整個市場，化妝品廣告也引起消費者對眼睛的關注。一九六七年，英國模特兒崔姬（Twiggy）造訪日本，她的迷你裙和亮眼的眼妝（包括雙眼線和假睫毛）一炮而紅。為了進一步強調眼睛，女性還把眉毛修到幾乎沒了。

根據作家石田香織所進行的研究，[59]在一九九〇年代初期，日本泡沫經濟崩潰，人們在化妝方面變得相對克制低調，女性只會使用粉底和口紅等必備物品，這反映了經濟停滯帶來的深層不安感。然而，化妝風氣開始在一九九〇年代中期再次復甦，並出現「女高校生」的美學風格（大部分的日本女性原先都是到高中畢業後才開始化妝）。石田等研究人員認為，這些獨特的美妝趨勢跟人們在混亂的時局中想要加強個人特性有關。跟年輕潮流有關的媒體報導，便刊出女高中生打扮最新潮的穿著與妝容造型，在東京最時尚的澀谷和原宿區逛街的畫面。她們的眼睛畫得十分誇張、睫毛又長又捲、嘴唇光澤閃亮、頭髮則漂成亮色。這種「女高校生」的美學變得越來越大膽，十幾歲的女孩子在嘗試各種造型時，使用（有時甚至是彩色的）假睫毛和黑色眼線來修飾自己的眼睛。女高中生還會嘗試後來被稱作「山姥」的潮流——這是日本民間傳說的角色。山姥造型包含透過人工曬出黝黑的膚色、白色眼影以及黑色眼線。到了世紀交替之際，眼睛已成為所有年齡層的日本女性美學的焦點，俚語「目力」變得非常流行。

二〇〇〇年代的「燕尾蝶」造型聚焦在「大眼妝」，也就是透過大量的眼線和睫毛膏，讓眼睛看起來比自然的樣子大兩到三倍。這種美學的靈感來自日本的女招待俱樂部文化，強調誇張，除了上濃妝，女人還會把頭髮弄得很蓬鬆。石田表示，人們會越來越注重「目力」，部分原因是來自西化和西方理想美的普及，還有人們需要改善外貌才能把生活變好、在事業上獲得成功的觀念。

這些濃烈的美妝風格有的今天還看得到，尤其是在東京的原宿。不過，這些往往被視為過去的潮流。以二〇二三年來說，日本的眼妝相形之下似乎比較溫和低調。資生堂日本美容研究所的研究員認為，這些行為的改變要歸因於二〇一一年造成超過一萬五千人身亡的日本東北地方大地震與海嘯。分析家觀察到，在大規模災難過後的全國迷惘、哀悼、療癒與恢復期當中，淡一點的妝容感覺比較恰當。彩妝的顏色比較有可能包含柔和一點的粉紅、咖啡和白色，而非黑色或其他鮮明的色彩；眼線筆較眼線液好，可以創造出細緻的容貌。此外，讓眼角外側的位置看起來比內側還低，使眼睛看起來好像「往下垂」的妝容，也變得很流行。

西方思潮和連續發生的自然與經濟災難，可能導致日本獨特的風格有所減弱，至少表面上是如此。然而，許多傳統的技巧都被創意族群保留了下來，包括藝伎。此外，社群媒體在尋找美妝靈感方面也促成了比以往還要多的交流，協助日本年輕女性汲取各種趨勢、文化、國家和時代的風格，創造自己的大膽美學，透過獨一無二的方式來回應艱困的時期。

「探索不同的風格」

在一個炎熱潮濕的八月下旬午後，來到東京原宿區熱鬧的竹下通的日本年輕人，全穿著時下最新潮前衛的視覺系、卡哇伊文化服裝。這裡遠離東京的主要道路，看不見衣服和妝容比較簡約的千禧世代及大齡女子，只看得見刻意違反重力原則的厚底鞋。這裡也找不到緊身或高腰牛仔褲，寬鬆又低腰的牛仔褲和超迷你百褶裙才是王道。印有受歡迎卡通人物米飛兔的皮包帶在身上，完全沒有違和感。手機殼附帶皮卡丘的耳朵；口罩印有條紋、星星或點點；Z世代的髮型帶有幾撮紫色和粉色，並常常搭配相呼應的眼線和眼影。眼線非常普遍，有延伸到太陽穴的紅色彩繪線條、蝙蝠翅膀、貼有亮粉的螢光綠魚尾以及琥珀色飄浮眼線等各種造型（穿著錐形丹寧褲、畫有艾美．懷絲翼形眼線的我，覺得自己俗斃了）。條紋上衣呈對角線綁過胸口，腰包綁的位置完全遠離臀部。偶爾，可以看到畫有黑色煙燻眼妝的哥德風男子出沒。印有動漫人物的復古T恤配上了格紋裙和帆布鞋；藍芽耳機已退場，換有線的耳罩式耳機登場。

相隔一個捷運站，我來到東京市區的唐吉訶德（Don Quijote）。這間高樓層百貨公司從草莓乳酪蛋糕口味的Kit Kat巧克力到鍋鏟都有販售，還有一整區專門在賣眼線產品。那裡有許多展示架擺滿藍色、綠色和橘色眼線，提供當地品牌的產品，包括D–Up的絲滑眼線液（我最喜歡的顏色是開心果拿鐵，為略帶棕色的綠色）和Flowfushi的Uzu渦睛奇眼線液（它的黑棕色款式在我臉上維持了整整十八個小時，即使在濕度百分之八十七的環境中，也完全沒有糊掉）。[60]這項產品使用日本傳統的熊野刷具，既強韌又有彈性。MSH的Love Liner眼線液和Heroine Make的光滑眼線液也很受歡迎，後者的宣傳口號是：「妳必須美麗地哭泣」（因為這款眼線既持久又防水）。

除了在眼瞼上描線，日本女性也會使用眼線或眉筆修飾眼下區域，讓眼睛顯得更立體。在日語中，臥蠶被稱作「淚袋」，男女都會利用化妝品來強調這個部位的陰影和添加高光和亮粉，營造出膨脹的效果。這些產品稱作臥蠶眼線筆，例如Etude（在日本頗受歡迎的韓國品牌）的臥蠶眼線筆和得鮮的珠光兩用眼影臥蠶筆。雙頭的產品需求量也很大，一頭是可以添加陰影的深色筆，另一頭則是增添亮光。二十七歲的美香說：「我用眼線筆畫【在臥蠶上】，使它們看起來更加立體。」這項產品「效果真的非常細緻，自然地增添了色調。」

二十六歲的紗彌佳說，她每天都會畫眼線，疫情期間也透過眼線尋求慰藉。她說：「因為要戴口罩，我現在口紅和腮紅用得比較少，但是只要出門就一定會畫眼妝。」在東京的行銷公司上班的紗彌佳會使用眼線膠和眼線液畫翼形眼線，但她還沒找到自己的招牌妝容：「我在探索不同的風格，以便找出最適合的。」紗彌佳希望讓自己的眼睛看起來更大、更有精神，因為她的眼睛「往下斜」，她正嘗試「使用翼形眼線改善」。她非常認真地想把眼線畫好、讓眼睛變美，因此開始上一對一的教學課程，學習如何畫出完美眼妝。她說：「開始這些課之後，我感覺有自信許多。」紗彌佳也喜歡觀看Netflix的節目《美顏大師》（*Glow Up*），比較日本和西方的化妝風格；她甚至習慣到YouTube搜尋藝伎的相關影片，看她們是怎麼化妝的。「那非常超俗，是你在現實生活中絕對不會畫的那種妝。」

當地的女性說，人們一聽見「亞洲美」，就會想到又窄又長的眼睛。然而，根據資生堂日本美容研究所在二〇一九年所做的一項調查，日本女性通常喜歡大眼睛。這項調查詢問日本女性她們認為最「美麗」的眼睛形狀是什麼，有百分之四十六點六的人說「有雙眼皮的明亮眼睛」，百分之二十四的人回答「杏眼」，百分之十四點七的人回覆「圓眼」。喜歡又大又亮的眼睛跟日本的卡哇伊文化有關，不管是動漫人物或凱蒂貓和皮卡丘等吉祥物身上都找得到。要讓眼睛看起來很大，女性會運用凸顯或假造雙眼皮的技巧，這有時會用到膠帶和膠水等工具。

紗彌佳說，開始上化妝課前，她對於「日本人認為濃妝就是不好的」這種觀念感到焦慮。我以前會把這跟陪酒女郎或辣妹【過度化妝的年輕女孩次文化群體，通常被視為俗氣或矯揉造作】聯想在一起。在西方國家，濃妝可能被視為很『亮麗』，但在日本，我們卻會用『俗艷』這種負面的詞來描述。每當我翻開日本雜誌，所有的美妝名人都在談論要畫『自然和細緻的妝感』，或要化妝化到別人看不出來，但我一向比較喜歡濃一點的妝容。」

韓國流行歌手──特別是Blackpink女子流行團體，她們的妝容以及韓國整體美妝趨勢對日本的美妝文化造成了很大的影響。由於韓國流行音樂在日本盛行，韓國的美妝風格（或日本人對韓國美妝的詮釋）也漸漸變得受歡迎。雖然韓國美妝造型受歡迎的程度在二〇一一和二〇一二年達到巔峰後曾經下降，但是在二〇一五年左右又開始上升。這種美學風格包括用眼線液畫出銳利的翼形或貓眼，以及自然筆直的眉毛配上白皮膚和紅嘴唇。

模仿Blackpink妝容的亞紀說：「她們每出一張新專輯或單曲，就會完全改變造型。」二十七歲的她會瀏覽提供Blackpink化妝風格技巧的YouTube頻道，並會在夏天使用彩色眼線、冬天使用深色眼線。她說：「以前念書時，日本的主流趨勢是辣妹或AKB48等日本女子團體，樣貌比較天真稚氣。但我想要看起來成熟一點，而韓國美妝風格就比較像大人。」她補充說，韓國的美妝潮流壽命很短，總是有新風格不斷冒出來，因此涉獵這個國家的時尚領域會令人很興奮。她說：「韓國的偶像文化是我認識化妝和其他美容知識的窗口。我會使用不同韓國品牌的眼線液。眼線賦予我自信，我也想把眼睛變得更長——那是韓國美感的代表。日本人喜歡圓滾滾的可愛眼睛，韓國人則喜歡比較酷、銳利或是成熟的樣子。」

二十七歲來自東京的加奈子不喜歡韓國或日本的眼線美學。在學時，由於校規嚴禁化妝，因此她上大學後才開始畫眼線。她憶道：「我當時的目標是要有『大眼睛』，因為我試著依循崇尚西洋的日本審美標準。我會用很多黑色眼線液、戴假睫毛等等。我曾經很喜歡西方白人和中東地區五官非常鮮明的臉孔，那是大部分的日本人所喜歡的樣子。」

然而，加奈子在國外待過後，改變了這種思維，決定不再把焦點放在單眼皮或雙眼皮等小事，而是著重於發展個人風格。她一邊觀看YouTube上為東亞人的臉孔所設計的化妝技巧教學影片，一邊開始探索什麼最適合她。最後，她選擇了比較細緻的樣貌，使用棕色眼線替代黑色眼線。她說：「我化妝到最後一步時才畫眼線，但是最後那一筆可以讓我的臉變得更具立體感。例如，走進辦公室時，我感覺我需要眼線；晚上出門時，我會畫粗一點的眼線。」加奈子似乎在反抗她眼中認為「同質性高」的日本審美標準，包括大眼睛和白皙的皮膚。她說，韓國美妝趨勢對日本女性有很大的影響，而且「同質性更高。她們都有自然的眉毛，但濃烈的眼線。」

二十八歲來自東京的洋子也在畫了很多年濃重搶眼的眼線後，改成溫和輕盈的眼妝。她說：「我只畫內眼線，這個技巧是我的姊姊教我的。這樣就足以讓眼睛看起來更大。日本人很想要把自己變得不像自己，他們會畫很濃的眼妝，使眼睛看起來比實際大得多。我不想看起來像別人，那會讓我非常沒有安全感。」

超越性別

在日本，[61]不只女性會畫眼線，男性使用化妝品的情況可以回溯到平安時代末期。當時，宮廷的男性貴族會效仿女性的妝容，並由於當時宏偉的建築使陽光無法進入，面部塗抹白粉變得流行。這是因為，挑高的屋簷擋住陽光，導致這些建築的室內很昏暗，使用白粉可以凸顯他們的臉。男性還會在額頭上畫高眉，以拉長臉型並展現權威感。從平安時代晚期一直到鎌倉時代（一一八五到一三三三年），武士會在打仗時化妝，這樣假如他們遭到斬首，也能保持美貌。

在江戶時代，[62]化妝品的使用從統治階層傳到娛樂產業的工作者，包括歌舞伎演員、藝伎和性工作者，最後又傳到平民階層。到了明治時期，男性則變得比較不太可能化妝，因為在提高國家生產力的要求之下，性別角色確立了；根據文化網站「和樂網」的內容，男性的身體要用來勞動和從軍，女性則被分配到顧家的角色，因此化妝被認為是為女性設計的。

歌舞伎是傳統的日本戲劇形式，最初由男女演員共同演出。直到一六二九年，由於歌舞伎業界被認為與性工作有關，且幕府擔心這會腐蝕大眾的價值觀，因此禁止了女性參與這項藝術。時至今日，男性和女性角色都是由男演員扮演（也有女性的歌舞伎表演者，但是數量很少）。歌舞伎表演的風格非常鮮明、服裝相當華麗、妝容也極為繁複（稱作隈取）。[63]好比卡塔卡利舞會使用到的南亞眼線，眼線在歌舞伎的美學風格中也非常重要，可以決定演員想要呈現的性別以及角色的性格特質，如平凡或高貴、邪惡或善良、勇敢或膽小。不同的顏色有不同的意涵：紅色表示勇氣、正義與力量；藍色代表冷漠、懷恨和忌妒；咖啡色象徵動物或靈體。

研究化妝品的村澤博人說，現代的男性化妝趨勢從一九八〇年代開始流行，但那時候仍幾乎只限於娛樂和創意產業的名人和男性。針對不屬於創意產業的男性為何使用化妝品的這個問題，研究者認為主要原因是，一九九〇年代經濟衰退後，人們對男性認同的理解出現了轉變。

二〇二一年，日本政府針對美妝產業的未來展望做出一份報告，預測男性或男女通用的梳妝產品將在十年內變成常態。同一時間，資生堂和DHC等美妝龍頭也已經各自推出男性專用的產品。這類產品具有相當樂觀的成長潛力——根據研究公司富士經濟集團，在二〇一八到二〇一九年之間，男性的化妝品市場從六千億日圓（四十六億美元）成長到預估六千兩百三十億日圓。

劍橋大學（University of Cambridge）的研究員克里斯多福・曹（Christopher Tso）表示，男性之間盛行的美妝行為跟廣受歡迎的「勵志」敘事相符。在二十一世紀初期，男性除了到某間公司上班賺錢，還被認為應該在生活中的每一個層面努力讓自己更優秀。為了提升自己的魅力、個人「品牌」和社會地位，男性開始投入更多心力打扮，並使用化妝品掩蓋自認有瑕疵的地方，以「增加自己吸引力」。曹說，由於這些男人也想要違反傳統的性別規範，所以他們傾向對自己使用什麼產品保密，最終目標是要隱藏不完美之處，而非凸顯或表達自我。即使這些男性真的選擇畫眼線讓眼睛變大，克里斯多福懷疑他們可能也不願意坦承，以免被人認為太過娘娘腔。

儘管存在這些壓力，市場對於提供化妝教學的男性網紅仍有需求，因此近藤耀司和高橋廣樹等Instagram網紅便因為教導男性如何用不會被人發現的方式畫眼線，而獲得不少追蹤。他們的教學建議男性把眼線畫在眼睛內緣，填滿上下睫毛之間的空隙，並使用可以跟膚色融合得很好的棕色產品，好讓這些改造不那麼明顯。他們也推薦用少少的眼線創造眼皮上有皺褶的錯覺或是凸顯自己的臥蠶，就像眾多日本女性會做的那樣。

「無性別」次文化[64]讓對化妝和服飾有興趣的男性有一個探索自我的避風港。例如，若要提升眼睛，高橋鼓勵男性畫棕色眼線和珍珠眼影。跟亞紀一樣，許多年輕男性都很喜歡韓國明星，會密切追蹤韓國名人的化妝風格和韓國美妝趨勢。

身為佛教僧侶、彩妝師和LGBTQIA＋社運人士的西村宏堂說，雖然他對化妝——特別是眼線很有興趣，但因為他是日本年輕男性，所以他每次到美妝店都會被問是不是要幫「媽媽或女友」買東西，他也從來不敢說他是買給自己的。西村小時候很喜歡迪士尼卡通的公主和日本漫畫《美少女戰士》，他很討厭自己那雙「很像日本人」的眼睛。他說：「在日本，你從小就會被灌輸生硬的審美觀，像是一定要有大眼睛和雙眼皮。」因此，當日本人森理世在二〇〇七年當選環球小姐時，西村很震驚，因為他從來沒有想過不是金髮碧眼的人在全球性的舞臺上會被認為很美。他非常欣賞她的妝容，因為她沒有隱藏自己天生的五官；她不像許多日本人那樣試圖把眼睛變「大」或使用雙眼皮膠帶。

西村有時候無法自在地購買眼線產品。然而，由於他個人生活的轉變（包括搬到美國念設計學校）以及社會變遷（像是LGBTQIA＋意識的興起），他開始接受這樣化妝品。他搬到美國後，發現跨性別者和變裝皇后都會化妝，並到絲芙蘭（Sephora）等美妝店購物。他這輩子買的第一支眼線筆是封面女郎（CoverGirl）的，而他選擇這個牌子的原因，是因為他的偶像茱兒·芭莉摩（Drew Barrymore）替他們代言。他很喜歡她在二〇〇〇年的電影《霹靂嬌娃》（*Charlie's Angels*）的演出，「很佩服她那麼堅強」，因為他從來不敢替自己發聲。他就讀帕森設計學院（Parsons School of Design）時，開始穿高跟鞋，嘗試不同的時尚和化妝風格。

今天，身為彩妝師的西村（Nishimura）會從變裝皇后和他們華麗的眼線汲取靈感，不過他以僧侶的身分執行儀式時從不化妝。他把化妝當成做菜，在評估手上的工具和材料之後，根據自己的心情用這些創造出某個東西（要創造堅固的眼妝，他會用眼線筆打底、眼線液凸顯眼睛的形狀、把防水眼線畫在內眼線）。先前，他只想讓眼睛看起來大一點，但是現在他說「達成平衡」最重要。他說，「眼線就像鹽巴」，因為它會「襯托出原本就有的東西」，而顏色則像「調味料」，為整體造型增添風味。

在被問到身為日本唯一一名扮演女性的男藝伎是什麼感覺時，三十五歲的松野屋榮太郎情緒絲毫不受到動搖。他在一間置屋出生，已逝的母親松野屋麻里子也是名藝伎。他的人生被藝伎文化塑造，乃至於性別對他的思想而言幾乎無關緊要。

他說：「男女的區別對我來說並不重要，我不覺得自己身為男藝伎有什麼特別的。我會走上這條路，純粹是因為我喜歡這個文化，希望它能流傳到未來。最重要的是藝伎文化可以受到眾人欣賞，人們可以更認識它。」

榮太郎從小便看著媽媽沉浸在藝伎的美學，年僅六歲就開始練習藝伎表演、涉獵化妝。他第一次為客人演出是在十歲的時候，當時他隱瞞了自己是男生這件事（他現在沒辦法隱藏自己的性別了，因為他隨著年紀增長變得「更高大、更像個男人」）。他說：「對女性的性別歧視和男性主導權是日本社會很常見的問題，但我跟我媽常常會開玩笑說，我們在藝伎文化得應付的是女性主導權。」

榮太郎二十三歲時，他那致力復興當地式微的藝伎文化的母親，在跟癌症奮戰許久後，便去世了。他說：「假如媽媽依然健在，我不確定我會不會走上這條路。以前，我為了撫養家庭和母親，必須經營生意。」這帶來的直接結果是，榮太郎在東京港口附近的大森區代替母親扛下松野屋藝伎屋的老闆角色。他繼承了母親推廣和復甦藝伎文化的野心，同時也因為自己的性別而受到撻伐。

在明治時代和昭和時代初期，[65]榮太郎的出生地大森是東京最繁榮的藝伎圈。在巔峰時期，這個地區曾經有超過三百名藝伎，反觀今日卻只有約四間置屋和十五名藝伎。幸虧有榮太郎，這個地方獲得不少媒體版面。

榮太郎認為自己是順性別的男性，但是跟變裝皇后一樣，穿上藝伎服裝後，他會感覺自己變成女性。他說：「打扮成藝伎這個行為具有強大的力量，某種程度上就像魔法，會影響你的情緒和靈魂。你會出現極大的改變。這就是為什麼你會感覺自己的靈魂被『吸乾』，或者【你的妝容】帶走了自然的你。那是非常震撼衝擊的，會把你的靈魂拉到另一個次元。這幾乎讓我覺得我無法繼續當男性，我小時候便已強烈感受到這點。這些妝容造型有很多都源自傳統，具有歷史淵源，但我個人感覺這正漸漸變成一種自我表達的形式。」

榮太郎最深刻的兒時回憶之一就是母親替他畫眼線的時候。他常常會在過程中睡著，因此每當他的頭突然晃動時，眼線就會「畫得亂七八糟」。他說：「這不像一般化妝那樣，只需要除去畫錯的眼線就好。你的臉已經畫了白粉，所以那也會被破壞。你得全部重來，我的媽媽有時候會因此很火大。」

榮太郎說，眼線是藝伎妝容的關鍵。在臺上，他會畫上「濃厚」的眼線，有時他會使用現代的刷具，其他時候則使用傳統化妝工具或筆刷。轉變成女性的那種感受非常強烈，因此下了舞臺之後，榮太郎絕不化妝，連眼線也是，這樣才能幫助他回到男性的自我，回歸私生活裡他身為丈夫和父親的身分。他說：「化妝這個行為幾乎模糊了你天生的認同，我真的得確保這跟我的日常生活有所區分，否則我的心會受到很大的折磨。」

他解釋，這是美感、也是靈性方面的改變。他說：「日本是一個多神論的文化。芭蕾舞等西方舞蹈的表演者常常會往上看或踮腳尖，想要接近天堂，但日本舞蹈則通常會往下看。我們會牢牢踩著地，這也跟我們有豐收的祭典有關：神明在地面上。日本的傳統表演具有這種靈性意涵，藝伎以及藝伎的妝容和眼線當然也是其中一部分。」

在二〇二二年八月，為了這本書到日本進行研究和報導時，我發現由於COVID-19的旅遊限制，這個國家幾乎沒有西方遊客，因此也就沒有西方人的目光。當我穿梭在各個城市時，我意識到自己的視角，發現每座城市的每個角落都充滿了美和神聖感，從榻榻米房間、寺廟到那些最意想不到的地方。

我在廣島和平紀念館的特展「全家福：被扯斷的連結」觀看展出的兩百張照片時，這種感受淹沒了我。從這些在一九四五年廣島和長崎遭到原子彈轟炸以前所拍攝的照片中，可以看見面露笑容的女性跟自己的家庭合影。她們有些人有畫眼妝，尤其是藝伎，儘管照片的顆粒感很重，遠遠地還是看得出她們的目貼。一個年輕的日本女子端詳其中一張照片端詳了一段時間，她的眼睛也畫了紅色和紫色的眼線，使這個提醒人們不可忘了這場龐大悲劇的肅穆環境，迸發出鮮豔的色彩。

我思索著將兩名不同年代的女子連結在一起的那條線，以及幾世紀以來將她們團結在一起的文化習俗。從那條線，我看見的不只是她們臉上的顏料，還有無法撼動的深沉美麗，是時間或悲劇都難以改變的美。

Chapter
8

少了它感覺好赤裸

變裝皇后與眼線的改造力量

在變裝皇后的美學裡，眼線是把皇后服裝變完整的那頂王冠、聖誕樹頂端的那顆星星、求婚戒指上的那顆鑽石、完美的展現。

enjoy the journey

「我的化妝包。那是一本裝了一堆乳霜、藥劑、皺紋填充劑和成藥的護照，可以削弱強勢的性別二元論，讓我與之抗衡，就算只有一個晚上也好。這些工具是讓我終於能夠實現每一個兒時幻想的硬體設備，也是歷史書的旁注，把我跟過去那些激進的皇后、酷兒、踢和跨性別同胞連結起來——是他們的奮鬥讓我可以用我想要的方式彩繪我的臉，展現給全世界看。」

——變裝皇后克莉絲朵．拉斯穆森（Crystal Rasmussen）

「我把畫眼線想成蓋磚房，要從最底下開始疊磚，再慢慢往上。」

——彩妝師瑪蒂亞斯．愛倫（Mathias Alan）

露西亞．福克西亞

露西亞．福克西亞（Lucia Fuchsia）穿著琥珀色絲綢禮服上臺，對嘴演唱皇后樂團（Queen）的〈波希米亞狂想曲〉（*Bohemian Rhapsody*），看起來似乎很緊張。她的白金色假髮吹得非常蓬鬆，簡直要高到天花板去了；她誇張的灰色翼形眼線極端到在外太空用望遠鏡也看得見。對這位變裝皇后來說，今天是很重要的日子，因為她要爭奪第五十五屆火島小姐比賽的年度最佳娛樂演出頭銜。

露西亞的母親也在人群之中，露出燦爛的笑容，驕傲地聽她的孩子透過樂團主唱佛萊迪・墨裘瑞（Freddie Mercury）的口，坦承自己剛剛殺死一個男人＊。二十二歲的她是年紀最輕的選手之一，年紀最大的選手高齡九十。這場選美和才藝競賽舉辦的地點，是在長島外海一小塊由受保護沙灘所環繞的陸地，吸引了來自紐約和其他各地的數十名變裝皇后——今年還有變裝國王。這是這些表演者展示自己精心打扮的髮型、妝容、服裝和對嘴技巧的大好機會。這裡是他們尋找同好的庇護所，使他們能遠離困境、恐同主義和恐跨主義，參加一場唯一的宗旨就是要頌揚他們一切美好的活動。在這裡，露西亞有了歸屬感。

這些皇后散發的能量如此強大，使觀眾暫時遠離前一年疫情的可怕情景，進入一切都很精彩繽紛的宇宙。每一個造型都非常有創意，所有的參賽者都有畫眼線。你甚至可以說，這是一場眼線盛會。

露西亞的妝容無可挑剔。她透過修容把原本就很尖的鼻子變得更尖，原本就突出的顴骨變得更明顯，橘紅色調凸顯蜜桃粉的豐滿嘴唇。她的眼線就像有好幾層的蛋糕，最上面（就位於畫好的眉毛下方）是一條淺灰色，下面是一條亮白色，再下面是深一點的灰，接著是一條粗粗

＊譯註：〈波希米亞狂想曲〉的其中一句歌詞是「媽媽，我剛殺了一個男人」。

的黑線，位於一排更粗的、被假睫毛放大的上睫毛上方。不只如此，她的下睫毛也有一條白線，完美接合上睫毛。說到她對眼線的投入，露西亞說：「眼線是一切，少了它我無法成為露西亞。眼線是基石，它讓一切變得合理。」

在變裝皇后的美學裡，眼線是把皇后服裝變完整的那頂王冠、聖誕樹頂端的那顆星星、求婚戒指上的那顆鑽石、完美的展現。露西亞說：「想想小丑，小丑要是沒有那紅色的笑容，看起來會超怪。在還沒畫上眼線之前，變裝皇后的妝容就是不合理。眼線支撐一切。」露西亞愛眼線愛到在右側的二頭肌刺了一個畫有濃厚眼線、帶有纖細睫毛的眼睛。沒變裝時，這個刺青可以提醒她化妝給她的自信、專業給她的自豪，以及她克服不安全感和轉換性別的能力。她也有把自己的酷兒偶像法蘭克・奧申（Frank Ocean，歌手兼作曲家）刺在身上，另外還有一個刺青文字寫著「享受旅程」。

露西亞除了白金色的蓬髮和華麗的眼妝，還有同樣浮誇的超長垂墜金耳環，拂過她的雙肩、戴了首飾的頸子以及剪裁洋裝的閃亮袖口和圓釦。她袒露的胸膛灑有亮片，在舞臺燈光和九月的戶外陽光底下閃閃發亮。她選擇〈波希米亞狂想曲〉這首歌也別有用心；其他的變裝皇后對嘴演唱的都是席琳・狄翁或惠妮・休斯頓等女歌星的經典歌曲。然而，儘管露西亞呈現的一切都如此鮮明，她卻給人隱晦、害羞、謙虛的感覺。她甚至可能低估了自己安靜的力量。

這場比賽吸引了來自曼哈頓（Manhattan）和美國各地的觀眾，並且跟九一一事件二十週年撞期。有些參賽者因此在衣服上用墨水留下「永不忘記」的字樣或有雙子星大樓在內的曼哈頓天際線剪影，以紀念這起事件；活動開幕時，先播放美國國歌〈星條旗〉的莊嚴肅穆版，接著才演奏這場選美大賽的經典主題曲〈火島小姐歌謠〉（*The Ballad of Miss Fire Island*）。正式開幕後不久，啤酒和龍舌蘭酒便開始暢流，主持人說：「你喝得越多，今天越能夠玩得開心。」短短幾分鐘內，滿地都是空空如也的塑膠杯。選美評審紛紛抵達的同時，現場充斥著亞莉安娜・格蘭德（Ariana Grande）、女神卡卡（Lady Gaga）和瑪丹娜（Madonna）等愛畫眼線的歌手的歌曲。

火島從以前就一直都是LGBTQIA＋族群的避風港，在這個夏季尾聲乘坐渡輪來到此處，遠遠便能看見一面很大的驕傲和跨性別旗幟，插在岸邊跟旁邊的美國國旗一起飄揚。這場選美比賽一九六六年問世，舉辦地點是櫻桃園（Cherry Grove）的果園大飯店裡面的冰宮夜總會；櫻桃園是火島上一個風景如畫的海灘區，有相當多餐廳和酒吧，在較暖和的季節會吸引很多酷兒人潮。比賽是由身為酒保的強尼・薩伏依（Johnny Savoy）構思的，因為他受到美國小姐選美比賽的奢侈與華麗所啟發，希望為變裝皇后創造類似的活動，兼容並蓄地頌揚面臨歧視的酷兒。〈火島小姐歌謠〉也是他的創作，改編自伯特・帕克斯（Bert Parks）著名的〈美國小姐〉（*Miss America*）歌曲。

音樂變得越來越澎湃，露西亞喊出第二聲「媽媽」時誇張地掀掉假髮，同一時間爆出一堆彩帶。捲曲的彩帶在她周圍飄揚，接著落在興奮的人群之中。亞麻色長髮的頂層之下是一頭微濕的亂髮，揭露出露西亞特別欣喜若狂的一面，她原本可能有的任何緊張之情都不見了。她一邊對群眾拋媚眼，一邊走來走去、模仿墨裘瑞揮舞手臂，群眾則替她喝采。在某一個時間點，她甚至跪在地上假裝在彈一把隱形的吉他。露西亞用她那塗了指甲油的雙手撩起裙擺，向完全著了迷的觀眾致意。在總長五分鐘又五十五秒的歌曲中，穿著裸色細高跟鞋的露西亞先從大笑轉為大哭，又從大叫轉為對觀眾送飛吻。露西亞告訴我：「這首歌有好多層次，有淨化心靈的效果。」她引用歌詞說：「什麼都不重要，這是我的生活準則。」

為了今天六分鐘的表演，露西亞花了三個小時準備（但是如果時間緊迫，她可以在四十五分鐘內完成）。為了創造招牌造型，她會使用百老匯在用的舞臺妝品牌，包括Ben Nye和歌劇魅影。她說：「我基本上每次都畫同一種妝容，然後再根據我的穿著和表演內容調整，但是我一定會畫眼線。」

「一開始，我在當時還很不友善的紐約街頭看見變裝皇后，那被當作一種很有勇氣的行動，企圖更全面地表現自我及自我定義的認同。接著，我看見變裝皇后變成一種認同和政治的表現。最後，我看見變裝皇后變成一種藝術形式。」

——表演藝術家佩妮．阿卡德（Penny Arcade）

露西亞歷經了好一段時間和曲折才來到現在這裡。沒有變裝時，她會恢復使用本名朱利安．布魯姆（Julian Blum，改用「他」這個代名詞）。朱利安是土生土長的紐約人，小時候在上東城長大，後來搬到布魯克林（Brooklyn）充滿綠蔭的中產階級社區公園坡。他告訴我，雖然他中間也有住過其他州，包括伊利諾州（State of Illinois）和加州，但是「所有的事物都把我帶回紐約。」我們在附近的冠冕嶺社區找一間咖啡廳見面，他穿著格紋襯衫和卡其短褲，沒有畫眼線，給人低調溫暖的形象。住在大城市讓朱利安很早就沉浸在變裝文化中，那時他才十幾歲。事實上，當時他還受到父親的鼓勵；朱利安的爸爸本身是「五四俱樂部常客」＊，二十幾歲從芝加哥來到紐約，之後就經常出沒夜總會。十幾歲的朱利安常去一九九〇年代的酷兒熱點Kit Kat俱樂部。

混在這些活躍的圈子裡，使朱利安結識了鼎鼎大名的蘇珊娜．巴奇（Susanne Bartsch）。她是來自瑞士（Switzerland）的活動策劃人，在紐約和其他派對大城舉行派對超過了三十年，形容自己是「紐約市的改造與包容守護神」。在名氣響亮的變裝皇后魯保羅．安德爾．查爾斯（RuPaul Andre Charles）訪問巴奇的一支YouTube影片中，有一個留言者寫道：「我要大大感謝

＊譯註：五四俱樂部（Studio 54）是一九七〇年代曾在紐約紅極一時的傳奇夜店，雖然只成立不到三年便關門大吉，卻代表了美國的夜生活文化。

蘇珊娜為紐約市和全世界的酷兒族群所做的一切！」巴奇顯眼的眼線造型也很出名，有時看起來更像建築，不是妝容，因為她時常運用銳利的幾何設計，把眼線往上延伸，占據額頭一大塊區域。

起初，朱利安只是在一旁觀察變裝皇后，沉浸在令人興奮的新世界，後來終於在十八歲時決定自己嘗試看看。他嘗試了一九八〇和一九九〇年代影響變裝美學的地下派對運動「俱樂部小子」（Club Kids）的造型。他說：「我好愛那個運動，不管是他們的房間、布置、派對、服裝、眼線，全部都愛。」朱利安也有跟煙燻眼妝變裝皇后雪莉・葡萄藤（Sherry Vine）以及令人聯想到兔子潔西卡＊的跨性別模特兒兼表演者的阿曼達・萊波雷（Amanda Lepore，她以前也是俱樂部小子的成員）相處過，問她們問題、從她們身上學習（不意外地，萊波雷和葡萄藤都很熱愛眼線）。

朱利安十二歲時悄悄出櫃了。儘管他的父母很支持他，他的性別認同卻令他煩惱。他喜歡溜滑板，人們卻認為他不該喜歡「陽剛」或「男孩子氣」的事物。同一時間，他也對美容、化妝、穿著很有興趣，特別是眼線。朱利安被生硬的社會期待和自身的流動性來回拉扯，不禁質疑自己的歸屬到底在哪裡。最後，他找到了變裝文化，那正是他在尋找的平衡還有浮誇。「我一直覺得自己是個外人，變裝皇后總算是我可以理解的族群。在找到這個族群之前，我一直沒辦法在酷兒之間找到自己的位置或特定的群體。」

朱利安很內向（他說他「真的很不喜歡人」），而露西亞卻很外向；朱利安的男性特質有時令他痛苦，而露西亞則著迷於自己的女性特質。他說：「對我來說這是流動的，但露西亞有她自己的想法，有她自己的時間和空間。露西亞迫使我外放，成為比我自己還龐大的人。她幫助我建立勇氣。雖然【當臺上的露西亞】真的很累，也真的很難，卻讓我得到很多。」

朱利安從七年級的時候開始愛上化妝，差不多就是他向父母出櫃的時候。他正經一個歷情緒化的階段，認同與敏感、社會疏離和焦慮有關的音樂與時尚。有一天，拿到每個星期的零用錢後，他決定到當地的店家購買眼線產品。他還記得，他想要創造典型的情緒化妝容，包括大量的深色眼線，但是當他試著給下睫毛畫眼線時，卻戳到自己的眼球。說到這裡，他不禁輕笑出聲。當時那位剛萌芽的表演家在高中時期仍持續對化妝充滿興趣，很欣賞眼線用來發揮創意和表達自我的潛力。

他也在這個時候開始嘗試藥物，結果造就一起使他深受震撼的事件。朱利安不想要談到細節，但是他說，這件事「影響了一切」，「讓他更難真誠地跟人建立連結」。後來，他被診斷出創傷後壓力症候群，在持續自我發現的旅程中，發覺小創傷會使既有的創傷更加惡化。

＊譯註：兔子潔西卡（Jessica Rabbit）是由小說改編而成的動畫片《威探闖通關》（*Who Framed Roger Rabbit*）裡的角色，身材樣貌都非常美豔性感。

這起事件給朱利安的人生造成很深的陰影。在加州藝術學院（California Institute of the Arts）學音樂製作時，他很寂寞，「沒有精力創造新的人際關係」。他漸漸無法專注在學業上，開始參加變裝秀和派對。雖然他很享受這些秀，也在其中找到慰藉，但也陷入菸酒成癮的漩渦，迷失了方向（他現在已經不抽菸了）。他說：「大學生活真的很可怕，真的不好玩。」

在那些經歷之後，朱利安離開學校，到芝加哥照顧自己的心理健康一年，其間曾到絲芙蘭工作，練習化妝和畫眼線的藝術。大部分的時候，他負責替郊區的主婦打扮，細心地幫她們畫眼線、上腮紅。他說：「她們覺得：『噢，你的技術不可能跟女人一樣好。』我好像需要滿足某種期待，而化妝把這一點帶出來了。」

然而，朱利安並沒有打退堂鼓。反之，他對化妝的熱情增加了。在芝加哥工作一段時間後，他搬回紐約，接受成為彩妝師的正式訓練。在疫情達到巔峰時，他在化妝品店Riley Rose找到一份工作。但，他無法以自己想要的方式沉浸在創意表達的世界中，這讓他沒有滿足感——替別人化妝跟替自己化妝、把自己變成露西亞，是不一樣的。因此，當紐約開始放鬆疫情期間的限制時，朱利安便將工作辭了，用全部的時間追求變裝生涯。提到他的決定時，他說：「身為變裝皇后，你可以好好寵愛自己。我用自己的黑暗創造光明，我讓自己感覺特別。這使我的心情很好，讓我進入某種心理狀態。」

露西亞在紐約的第一場秀是在布希維克（Bushwick）的Vault酒吧舉行的（現在已經永久停

業）。朱利安說，露西亞凌晨三點半在一個感覺很像性愛地牢的房間裡演出，因為那裡沒什麼人。在那個超現實的環境中，她感覺自己可以完全放開。她甚至決定表演劈腿，卻因為從來沒做過而拉傷腳筋。她當時表演的是搖滾樂團「偶像求職中」（Icon for Hire）的〈出手〉（*Make a Move*）：「那次經驗讓我非常飄飄然，我覺得我這輩子必須一直做下去。」

現在，露西亞會策劃自己的活動，並打算參加更多選美比賽（朱利安又找了一份兼差來支持露西亞）。她希望能在外百老匯＊的表演中演出，或許甚至可以替國外的觀眾演出。她越來越喜歡在演出時打扮誇張的妝容。朱利安說：「觀眾真的很享受你的表演時，那是非常特別的一刻。當下很難確切感受到那個時刻，但是事後回頭看，會感覺很暖心。」

露西亞最喜歡的一場表演是，她在每一根手指上綁了一條線，然後把線遞給觀眾，讓他們拉動每一條線，像木偶般操控她的表演。接著，她用剪刀把線全部剪掉，讓自己可以再次隨心所欲地移動。他說：「我當時覺得受到了束縛，因為人們對變裝皇后只有一種期待，可是變裝皇后其實不只那樣，因此我想用這些線表達的是，要擺脫【那些期待】、做自己想做的事其實很容易。」

儘管熱愛自己做的事，露西亞卻仍感受到外貌的壓力。朱利安說，現在「很多變裝秀講求的是看起來很美、看起來像女生」，但是反觀「以前卻是很鋪張搞怪的。以前講求的是表演本身，而不是外貌，你只要戴上假髮、穿上鞋子，可能再畫個眼線，大家就會知道你是變裝皇后。」

露西亞把這種壓力部分歸咎在網紅的身上。朱利安認為，Instagram雖然對變裝文化有正面的影響，讓表演者可以接觸更多群眾，但是這也有缺點。他說：「卡戴珊家族為變裝皇后帶來很大的啟發，因為他們總是打扮得漂漂亮亮，總是拿得到跟品牌合作的機會，那奠定了我們的工作應該是什麼樣子的基礎。但過了一陣子，這會導致某種身體臆形症。我確實有得過身體臆形症，現在仍然有。」

朱利安說，這樣的文化也對廣受歡迎的變裝皇后競賽實境節目《魯保羅變裝皇后秀》（*RuPaul's Drag Race*）造成不好的影響，因為這個節目也變得越來越傾向主流，具有顛覆性的造型越來越不可能獲選。「他們全都有把事情做好、全都長得很美、全都沒有任何缺點。所以，你很難不被他們展現的樣子嚇到，心想：『噢，如果我跟他們一樣，或許會比較好看。』」儘管如此，朱利安堅持露西亞不會去做整形手術——唯一的例外可能是少量的肉毒桿菌注射。

回到火島的比賽上，各位皇后在舞臺上展示自己的禮服，競賽項目為日常服裝。很多人都穿花朵圖樣的洋裝。有個人穿了帶有星星和條紋圖案的紅白藍連身裝；有個人穿著帶有短擺裙邊的白色皺褶上衣，腰部釘了一顆紅色星星；還有一個人穿了合身的紅色大衣式洋裝，散發出英國王室的時尚感。現場看得到九寸的紫色厚底高跟鞋、桃紅色的晚宴手套、珍珠頸鍊、墊肩、亮片皮帶和鑲鑽網襪。馬甲和墊肩可以給人身形凹凸有致或稜角分明的錯覺，就看你希望達成什麼效果。除此之外，還有米妮造型的帽盒，以及大到跟呼拉圈沒兩樣的圈形耳環。參賽者的髮型大部分都是蜂窩頭，不過也看得到妹妹頭、波浪捲，以及一九二〇年代好萊塢風潮的造型。有一位變裝皇后帶了馬丁尼酒杯上臺，一邊啜飲，臺下觀眾一邊叫好。參賽者的眼睛周圍畫了你所能想像得到的各種眼線：貓眼、寬翹尾、雙翹尾、經典粗線、敞開翼形，還有藍色、綠色、紫色、粉色的彩繪眼線，有些飾以水鑽。皇后們對嘴演唱的歌曲有席琳·狄翁（Celine Dion）的〈我現在想起了一切〉（*It's All Coming Back to Me Now*）和ABBA的〈勝者全拿〉（*The Winner Takes It All*）。

舞臺的背景放了一系列使用紅藍彩帶裝飾的獎盃。在數十個分成好幾個類別的表演，包括露西亞的對嘴。結束後，皇后們又回到舞臺上。現任火島小姐佐拉·鮑威爾（Zola Powell）準備交棒。

露西亞再次站在臺上，這次身穿新的美人魚禮服，頭髮又變回蓬鬆的造型。這件借來的服

＊譯註：外百老匯（off-Broadway）的演出是指比傳統百老匯演出的規模小（觀眾席數量較少）、成本低、沒那麼商業化的舞臺劇場表演。此外還有「外外百老匯」（off-off-Broadway），規模又比外百老匯更小。

裝使用手工串珠裝飾，上身為薄紗，下身為不透明的琥珀黃，最下面為銀色的流蘇。她的眼線跟幾個小時前一樣完美無瑕。她被頒發年度最佳娛樂演出獎，贏得合情合理，但是表情依舊羞怯；在自信的露西亞背後，透露了一絲朱利安的緊張。這是一個強大的傳承之物，接下棒子的露西亞看起來好像一時難以招架，但也非常感恩。她憶道：「我非常替自己感到驕傲，感覺我好像真的進入了這個族群，我背負著前人傳下來的東西，參與了酷兒的歷史。」

> 「我們有義務研究個人的歷史、對抗歷史的抹滅、尊重傳承，因為這些都是我們所有人的財產。假如我們沒有這麼做，我們也將被邊緣化、隱藏起來、變得模糊、喪失價值。」
>
> ——佩妮·阿卡德

過去十年以來，變裝文化在主流中獲得史無前例的歡迎程度，《魯保羅變裝皇后秀》功不可沒。然而，[66] 這個藝術形式最初是源自社會邊緣，根基深植於底層階級。要描寫變裝文化的現代史很有挑戰性，部分原因是人們對LGBTQIA＋族群的歧視及歷史紀錄的不充分。例如，石牆暴動＊的相關文獻便常常存在矛盾。馬克·愛德華（Mark Edward）和史蒂芬·法瑞爾（Stephen Farrier）在他們的著作《變裝文化多元史》（*Drag Histories, Herstories and Hairstories*）中寫道：「正是由於社會和文化對於非主流性別與性向的監控，我們認為變裝文化史不可能有可以被所有人接受的單一版本，而是許多系譜所交織而成，將變裝跟多種表演形式相連結在一起。」

然而，變裝皇后的妝容倒可以回溯到化妝品本身的根源。美妝——尤其各種眼線的詮釋方式，這向來在變裝文化發展中扮演了核心角色。變裝皇后通常會上濃妝，以確保變裝後產生巨大的轉變，表演者的五官特徵也能夠有所提升和誇大（或削弱），尤其是眼睛的部分。眼線因為有無數種形式、質地和刷具種類，因此幫助了許多皇后嘗試不同的造型、放大她們的眼睛、達成臉部對稱、造就更女性化的整體容貌。紐約變裝皇后維吉妮亞·希克（Virginia Thicc）告訴我：「我畫眼線是為了把自己改造成全新的人，並讓大家用全新的角度看待我。這會帶給我自信，而我總是想要展現我的藝術為他人看見。」

就跟黑白電影時代、舞臺上的卡塔卡利舞和歌舞伎演員畫眼線的目的一樣，變裝皇后也會仰賴眼線，好讓自己的表情在遠處看得更清楚（社群媒體問世後，變裝皇后也會考慮眼線在手機上呈現出來的樣子）。全妝必須在長時間的演出中有持久性，變裝皇后會在明亮的光線下表

＊譯註：石牆暴動（Stonewall riots）發生在紐約下曼哈頓的石牆酒吧，起因是警察在一九六九年六月二十八日到酒吧臨檢時動用暴力，引發以酷兒族群為主的酒吧客人反擊與抗議，後來延燒成二十世紀美國同性戀解放運動的分水嶺事件。

演，因此在變裝皇后的化妝品當中，持久性是最重要的。基於這個原因，變裝皇后通常會選擇舞臺妝和臉部彩繪的產品，而非在化妝品店找到的產品。

西蒙·杜南（Simon Doonan）在《變裝全史》（*Drag: The Complete Story*）中寫道：「古代很多教派都有異性裝扮的行為。」沒錯，古埃及女性會用中東眼線裝飾自己（當然是由娜芙蒂蒂王后引領風騷），但是男性也會這麼做。杜南表示：「一桶桶的黑色眼線粉、長到地板的緊身直筒洋裝、高聳的鑲金頭冠……那還只是男性的裝扮而已。」古埃及人很歡迎這種陰陽融合，在美感上不分性別。馬克·湯普森（Mark Thompson）在由多位作者寫成的書籍《文化出櫃》（*Out in Culture*）中主張：「在當代的西方社會，極少有人比變裝皇后更遭到鄙視，或是更被認為無用或搞怪。然而，在很多非基督教和前工業化的文化，搭起性別橋樑的那些人卻受到尊崇，賦予儀式功能的身分。」

變裝皇后也有發覺古埃及人帶來的影響。曾出演一九九〇年的紀錄片《巴黎在燃燒》（*Paris Is Burning*）、被封為哈林變裝舞會之后的已故變裝皇后佩珀·雷貝加（Pepper LaBeija），便在她的美學中體現了後來所謂的「埃及效應」。她的伸展臺演出推廣了另一種變裝類型，跟先前的變裝常態不同。她的變裝焦點不在展現女性特質，而是頌揚家族音樂的文化和有色人種族群。這還是很重視時尚，但是更注重刻苦、突破以及向過往的變裝皇后致敬，不只有浮誇和奢華。

在二〇〇〇年的寬齋約翰莫斯奇諾舞會上，雷貝加家族打扮得像法老一般，眼睛畫了眼線、頭上戴著高冠還有華麗的衣領。法老列隊出場之後，五名男子扛著靠在一張床上的佩珀進入舞廳，其中一人用扇子為她搧風。在她生命的最後十年，她因為糖尿病長期臥床，此時兩條腿都已經截肢。佩珀裝扮成娜芙蒂蒂，戴了一頂使用金色和紅色珠寶裝飾的緞面王冠，身上穿著搭配的緞質長袍。她被帶到舞臺上時，「像埃及人一樣跳舞」，大大的眼睛畫有眼線，即使在畫質不清晰的活動影片中，也能看出她的貓眼妝。身為雷貝加家族的家長，佩珀希望透過古埃及——更明確地說，是娜芙蒂蒂的裝扮，不只是變裝表演，還有黑皮膚和黑人歷史。

變裝妝容的根源橫跨各大陸和數個世紀，包括古埃及的法老、日本的歌舞伎表演者和他們濃密的眼線，還有英國伊莉莎白時代在莎士比亞的劇場舞臺上，那些同樣在塗白的臉孔畫上深色眼線的演員。古希臘神話中，[67]創建雅典（Athens）的忒修斯國王（King Theseus）據說也有變裝。杜南寫道：「許多古典學者都有描述閹人在古代世界的城鎮敲鈸乞討的畫面，他們往往戴著假髮、臉上化妝、穿著華麗女性洋裝，說話尖聲尖氣。」這跟現今在印度看得到的「海吉拉」（hijra）是一樣的，他們是「畫有眼線」的陰陽人、跨性別和「第三性」族群。勞倫斯·阿爾瑪－塔德瑪爵士（Sir Lawrence Alma–Tadema）在一八八八年完成的畫作《埃拉伽巴路斯的玫瑰》（*The Roses of Heliogabalus*）中[68]描繪了一群羅馬人，其中便包括被一些歷史學家認為是跨性別者的皇帝埃拉伽巴路斯（Elagabalus）。在這幅畫，這位皇帝明顯打扮成變裝造型，並畫有眼線。現代對他的描繪時常都會加上眼線。根據杜南所說，在許多帝國，男孩子進行入會儀式會被迫打扮成女生，或是自願打扮成女生以躲避懲罰。至於在巴洛克時代（Baroque period）的凡爾賽宮廷，男性也會扮成女裝，在臉上塗胭紅、上下內眼線畫細細的線條。同樣地，歌劇表演中也有男性化妝和穿女裝或是女扮男裝的情形。

日本的歌舞伎表演在十七世紀發生觀眾暴動的事情之後，便禁止女性演出，因此男性得裝扮成女性。這些男性跟變裝皇后一樣，會使用類似蠟的材料修眉，把整張臉塗成白色的，然後在眼睛四周畫眼線。結合芭蕾、雜耍、舞蹈、對話、獨白、武功和啞劇的中國京劇在十八世紀也禁止女性演出，所以男性必須變裝。京劇的[69]臉譜十分多樣，有整臉、四分臉、三塊瓦、六分臉、小花臉、歪臉等等，需要不同類型的眼線畫法，以便提高或削弱臉孔的不同面向。眼妝的圖案是要用來呈現特定角色的特徵。例如，劉雪芳（Hsueh–Fang Liu）在〈國劇的臉譜化妝藝術〉（*The Art of Facial Makeup in Chinese Opera*）中寫到，大眼睛的角色被認為性格直接大膽；反之，眼睛很長的表演者則被認為「溫和保守」；眼角往上翹象徵狡猾，而瞇成一條線的眼睛代表邪惡。人物的表情可以分成八種眼睛類型，包括惡眼（用眼線畫出漸漸變細的三角形）、直眼（根據眼睛的形狀畫出方形或圓形的眼線）、老眼（眼線在眼睛邊緣往下畫，創造下垂的效果）和環眼（在眼睛周圍畫出圓圈，通常表示凶狠）。

回到西方，變裝文化有一部分其實是在回應保守的維多利亞（Victorian era）和愛德華

（Edwardian era）時代。朱利安．埃爾廷奇（Julian Eltinge，一八八一到一九四一年）模仿當時的中產階級女性，非常喜歡馬甲和華麗的妝容。杜南認為埃爾廷奇是一個「亮麗女孩」，而他甚至還出版了《朱利安．埃爾廷奇的美容妙招與訣竅》（*Julian Eltinge's Magazine of Beauty Hints and Tips*）等雜誌。一九五〇年代，有些變裝皇后會打扮得像性工作者，將眼皮塗黑，或許是想體驗這些女子的生活，因為她們可能被認為代表了極端女性化特質的理想樣貌。

到了一九六〇年代，性規範變得寬鬆，酷兒和黑人力量的反文化也興起了。小公雞（the Cockettes）、永縱姊妹（Sisters of Perpetual Indulgence）和激進仙子（Radical Faeries）等[70]變裝運動團體也在此時登場。各種舞會和選美比賽讓皇后們可以自信地站上某些舞臺。一九六八年的紀錄片《皇后》（*The Queen*）便記錄了在紐約舉辦的全美陣營小姐選美大賽。這部電影的宣傳海報是由四張照片組成，第一張顯示一個素顏的男人，第二和第三張照片顯示同一個男人在畫眼線，第四張照片則呈現這個男人完整的華麗裝扮，包括垂墜耳環、假髮和浮誇的眼妝。這場比賽的所有皇后都有畫翹尾眼線。這部紀錄片非常具有突破性，不僅是因為它描繪了變裝皇后這種藝術形式，讓性別少數族群和社會邊緣人獲得能見度，也因為它探討了有色人種儘管對這個產業做出重大貢獻，卻還是面臨歧視的問題。

變裝文化跟夜總會和滑稽歌舞秀漸漸結合，變裝皇后也開始喜歡模仿貝蒂．戴維斯和[71]瑪麗蓮夢露等明星。首次在一九八四年的曼哈頓東村為酷兒族群舉行的假髮托音樂節（Wigstock）

[1]提升了變裝文化的聲譽。紐約的變裝皇后在東村極具代表性的金字塔俱樂部找到表演場地，之後在接近一九九〇年代時，又在蘇珊娜・巴奇舉辦派對的地點獲得演出機會。安迪・沃荷（Andy Warhol）與尚－米榭・巴斯奇亞的作品也啟發了變裝皇后更冒險、更繽紛的眼線造型，模糊了高雅藝術與時尚之間的界線。身為變裝代表人物，同時也是安迪・沃荷底下超級明星[2]之一的傑基・柯提斯（Jackie Curtis）曾經出演多部安迪・沃荷製作的電影，包括諷刺片《叛變的女人》（*Women in Revolt*）。這部電影從三個女性經驗講述女性的解放運動，但演員其實都是變裝皇后。在這部電影中，柯提斯和其他明星都有畫明顯的眼線。

喜劇變裝是一種藝術形式，同時也針對多年的迫害做出反應，其造型比較突出，帶有卡通風格，眼線刻意畫得不完美，目的是要嘲諷，而不是擁抱標準的化妝傳統。例如，變裝皇后碧安卡・戴爾・里奧（Bianca Del Rio）就被人形容成「穿禮服的小丑」，並自稱「情色小丑」。有一次，她在臉書發表一張跟小丑並肩合照的照片，說明還寫：「臭婊子學我！」變裝喜劇演員在模仿名人時，有時會運用妝容來仿效和嘲諷那些光鮮亮麗和超脫現實的人物。

接近二十世紀末，合成器流行、華麗搖滾、龐克搖滾和迪斯可等不同類型的歌手開始會穿扮異性服裝。在一九八四年的〈我想自由〉（*I Want to Break Free*）音樂錄影帶，佛萊迪・墨裘瑞就扮成用吸塵器打掃的家庭主婦，穿著皮革迷你裙、淺粉無袖上衣，頂著一頭妹妹頭，並畫有暈染眼線；流行樂團「文化俱樂部」（Culture Club）亦男亦女的主唱喬治男孩總是畫著大膽多彩的男性眼線；大衛．鮑伊會穿高跟鞋、畫煙燻眼妝；紐約娃娃（New York Dolls）則會穿戴裙子、羽毛和厚底鞋、畫貓眼妝，跟女人一樣頂著蓬鬆髮型。

這些表演者私底下大部分都是直男，或被認為是直男，可以卸下眼妝，恢復男性的樣貌，不受到歧視（杜南寫到這個現象，說：「我們穿梭在倫敦時，不能畫眼線、披絲綢、背著有流蘇的男用背包，然後開一輛彩繪迷幻藝術的復古勞斯萊斯，因為我們是同志，同志受到嚴格禁止，但是你可以，因為你是年輕的異性戀流行歌星！」）。話雖如此，並不是所有畫眼線的男歌星就一定有變裝；很多人選擇畫眼線，但卻不穿女裝。

現代有無數爆紅的妝容造型被認定是超級美妝網紅的點子，包含金．卡戴珊在內。然而，這些「趨勢」往往源自變裝技巧和美學。克莉絲蒂娜．魯杜夫（Kristina Rodulfo）在二〇一八年的《ELLE》寫道：「整體一致的噴槍妝容已成為新常態：漸層濃密的方眉、大幅修容的臉頰、高度打亮的產品、長長的假睫毛。有些人說這叫『Instagram妝』，有些人說這叫『完勝臉』，但這其實是變裝族群累積了數十年安靜但強大的影響力。」在這篇文章中，變裝表演者

＊1 譯註：這個時斷時續的年度音樂節是以一九六九年流行音樂史上極為重要的一場活動「胡士托音樂節」（Woodstock Festival）命名。

＊2 即安迪．沃荷在一九六〇年代和七〇年代初期協助推廣的一群紐約明星。

「維瓦肖斯」（Vivacious）哀嘆美妝產業都沒有正式承認變裝文化為他們所帶來的創新。用髮型噴霧定妝、截斷式眼影技巧、打亮與修容、彩繪眼線以及「烘焙法」（使用碎粉來固定遮瑕產品和粉底，以創造無毛孔的霧面妝容）只是少數幾個從變裝表演者身上學來的風格和技巧。現在，一些變裝皇后超級明星都有自己的美妝產品，像是特里克西・馬特爾和金・凱（Kim Chi）就分別創立了特里克西美妝和金凱時髦美妝這兩個品牌。她們都是以龐大的極端眼線造型出名，特里克西二〇一九年十月在《Vogue》的YouTube頻道發布的「美妝祕密」化妝教學影片，目前已經突破五百萬次的觀看次數。她說：「我想給你們示範一款簡單的妝容。呃，對我很簡單，對你們很難。」

在YouTube、抖音和Instagram上有成千上萬支傳授如何成就完美變裝眼妝的教學影片。變裝網紅塔瑪拉・拉瑪斯卡（Tamara Mascara）在她的YouTube「變裝必備」系列影片中的其中一集便說，「大家都有點癡迷」眼線，於是她用三美元的艾森絲眼線液來示範如何善加運用這個產品（她喜歡用便宜貨，因為「老娘得努力工作才有錢賺！」）。她一邊為粉絲示範眼線的專業畫法，創造貓眼妝，一邊叮囑他們認真看待這門藝術：「畫眼線之前，務必靜默一分鐘。」

安雅・妮茲

「對我來說，身分認同可以分裂成個別的片段。我把自己所有腐敗的層面：我跟父母的關係、我對自己的性向可能不獲得承認的恐懼、我的文化、阿拉伯語、我的信仰全都塞在家裡的衣櫃，就像道林．格雷那腐爛的畫像。至於我想被看見的特質，我則試圖從自我的深處掘出，投射到我捏造出來的身分認同。」

——英籍伊拉克裔的變裝表演者和作家阿姆洛．阿勒－卡迪（Amrou al-Kadhi）

在關注阿拉伯酷兒文化的[72]雜誌《Cold Cuts》所發布的YouTube影片中，查理拿眼線筆的方式就像在拿一把光劍。眼線筆具有神奇的屬性，確實也跟光劍一樣。三十二歲的查理首先從左眼的內角開始畫出一條螢光粉的眼線。他濃密的眉毛已經被遮瑕膏覆蓋。他的手往上揮，畫過這隻眼的內弧線、超出隱藏起來的眉毛，然後穩穩伸向髮際。接著，他把刷具放入彩妝盤顏色最黑的那格，從左眼的外角畫一條非常濃黑的眼線到太陽穴的粉紅眼線，創造一塊空白。再輕輕地將粉色眼線淡化、跟光滑的肌膚融為一體之後，他用金色亮粉眼影把空白處填滿。為了讓眼線看起來很時髦，他在黑色眼線下方進行打亮。眼線為眼睛和臉部其他區域創造明確的界線，眼睛是整張臉的視覺焦點。查理在兩隻眼睛四周灑了更多亮粉。現在，查理可以準備上假睫毛了，於是他用睫毛膠把假睫毛貼在原本的睫毛上。

最後，兩隻眼睛都打扮好之後，查理已經不再是查理，而是變身成布魯克林的黎巴嫩裔變裝皇后安雅．妮茲（Anya Kneez，沒錯，這個名字是故意聽起來像「你給我跪下」〔on your knees〕的意思)。查理告訴我:「眼線和睫毛完成時,就是我感覺安雅活過來的那一刻。那一刻,我會覺得:『好,她完成了。』」

在一九八〇年代初期,黎巴嫩發生十五年內戰的期間,查理的父母移民美國,是一對「非常黎巴嫩」、文化保守的父母。美妝、時尚以及他們周遭的世界是讓他進入另一種生活方式、可以呼吸新鮮空氣的管道。查理在他位於布希維克公寓的陽臺上受訪時表示:「身為移民的小孩,你在家以外的地方有一種生活,在家中又有另一種生活,是非常嚴格的生活。我雖然在這裡出生,但是我一直感覺自己不一樣。」雖然他很欣賞父母灌輸給他的黎巴嫩文化的許多元素,例如食物、音樂和層次豐富的歷史等,但是黎巴嫩比較保守的規範令他窒息。查理會跳脫出那些嚴格的界線,實驗不同的造型、性向和性別,儘管他只能偷偷來。他把眼線視為進入另一種生活方式的任意門,女性——以及男性酷兒——在那裡可以打扮和改造自己。

查理從小就開始畫眼線。二〇二二年,他在生日那天發布一張Instagram的照片,分享了自己小時候切生日蛋糕的畫面。照片中的他眼線畫得非常失敗,下睫毛完全沒畫好。他寫道:「從我可能是用麥克筆畫的差勁眼線,以及那件寫著『我是女生』的上衣(我暗自希望我還有那件衣服),而我當時根本連變裝是什麼都不知道,但我卻不知不覺在做那件事……很有意思,我們的童年回憶常常會像這樣回頭提醒我們,讓我們知道自己現在過的生活其實是有原因的。」

查理渴望自由，沉浸在另一種生活方式，於是在二〇一〇年從加州搬到紐約學習時尚。他說：「搬到紐約之後，我才成為這個耀眼的酷兒。紐約讓我真的有了生命，打開我對這個世界的眼界。所以，我剛來這裡時不禁驚嘆：『我的媽呀』，所有的酷兒都在這裡，而且好多人都在布魯克林！」住在紐約時，查理跟另外三位變裝皇后同住一間公寓，她們經常參加紐約各地的表演。在那個令他安心的地方，他開始為變裝皇后打扮，後來也決定為自己做造型。此外，身為設計師的查理一直都很喜歡女性的服裝，特別是一九二〇、三〇和四〇年代的復古浪漫和時髦裝扮。他很欣賞這整體美學風格的柔和，還有充滿個性的眼妝。

起初，查理的室友會幫他上臉妝、畫眼線，因為他不曉得怎麼自己化妝，就光觀察她們化妝好幾個月、觀看數十支YouTube教學影片後，查理掌握到要領，有時也會模仿其他皇后的臉妝和眼妝。他還記得，從眼妝愛用中性色和咖啡色的美國變裝皇后雷文（Raven）那裡得到不少靈感。查理後來發覺自己的五官很不一樣，擁有「大大的阿拉伯眼睛」，便開始鑽研身材姣好、歌曲中性暗示不怎麼隱晦的性感黎巴嫩歌手海法．維哈比（Haifa Wehbe，同時也有埃及血統）「畫得很美的煙燻眼線」。查理談到她帶來的啟發，說：「海法影響了整個阿拉伯世界的同志圈，她就好比我們的布蘭妮、我們的雪兒。」查理決定把美化眼睛的技巧放在他學化妝的清單上最重要的項目。

定居紐約後，查理花了兩年才把安雅・妮茲帶到這個世界。他會產生這個想法，起因是有一個阿拉伯藝術團體某次邀請他到一間曼哈頓同志酒吧表演。他把這份邀請視為以變裝皇后的身分向全世界，或至少他的世界出櫃的好機會。先前，這位設計師一直把自己的「酷兒生活」和「阿拉伯生活」分開。他的酷兒生活中有他的非阿拉伯裔朋友，他向他們出櫃；他的阿拉伯生活則有他的家人，但他沒有向他們出櫃。仔細思考他最想模仿哪一位阿拉伯女星之後，他的答案就是海法。他要讓安雅戴一頂海法的假髮，又長又茂密又烏黑。查理為這場活動設計了一件露背洋裝，在正面縫了四件胸罩，好複製海法的巨胸。他一穿上那件洋裝、畫好眼線，就變成安雅了。他說到自己可以在不同的人格和性別之間進行轉換的能力：「我很喜歡一個人可以改造自己的概念。」

那天晚上在酒吧，安雅表演了八分鐘的海法混合曲。查理回憶：「我走出那間酒吧，突然頓悟到我可以同時當酷兒和阿拉伯人。那對我來說是非常重要的一刻。」觀眾熱愛那場演出，他們似乎也很興奮能看見有變裝皇后，同時也是驕傲的阿拉伯人。查理發現，大部分的紐約變裝秀都沒有模仿阿拉伯女星的表演。他說：「那天晚上我得到好多的愛與支持。我那天晚上說：『我想要讓這個變成我人生中很重要的一部分，我想要成為阿拉伯酷兒的提倡者。』當海法和當安雅能帶給我慰藉。」

「創造安雅的那天，是我發現自己身為人的那天，所有封閉在我內心的一切都展露了出來。我一直都很喜愛時尚。我一直都很喜愛藝術。我一直都很喜愛演出和站在舞臺上的感覺。我一直都很喜愛我的文化。我一直都很喜愛酷兒。我一直都很喜愛化妝和眼線。成為安雅，我可以把我所喜愛的事物全部融為一體。我一直在尋找的一切，都在那天晚上成真。安雅出現以前，我是個非常迷惘的黎巴嫩同志男孩。」

「【變裝皇后】化妝時，模仿了女人獨自照鏡子時露出的表情，除了自己，不迎合任何人：畫眼線時，頭往後仰、瞄向鼻梁的高傲神情；給顴骨上色時，往旁邊瞥的樣子；塗口紅時，專注地垮著下巴，還有抿嘴時宛著生意人的表情。跟變裝皇后一樣，女人依賴幻覺。為了實現幻覺，她們會誇大某些特徵、削弱其他特徵。」

——《女朋友：男人、女人和變裝》（*Girlfriend: Men, Women, and Drag*）的作者
荷莉・布魯巴克（Holly Brubach）

「在這個通常會從我們身上奪走權力的世界，美妝讓我們可以訂立自己的戰線。」

——克莉絲朵・拉斯穆森

跟露西亞一樣，安雅化妝通常也要花三個小時左右。針對倒數第二個步驟的眼線，安雅使

用的是女神卡卡的品牌Haus Labs。她之所以很喜歡這個牌子，不僅僅是因為女神卡卡受到酷兒族群的愛戴，本人堪稱是榮譽變裝皇后，也是因為她的產品可以完美地畫在眼影或其他眼妝之上，包括亮粉、遮瑕膏和睫毛膠，而不會出現條痕或掉色。安雅不太會畫翼形眼線，她的眼線總是細而俐落（不過，她說她偶爾會畫粗一點的眼線，純粹為了「好玩」）。她也會用眼線在上脣的上方和一隻眼睛的下方點兩顆美人痣。查理說到安雅的眼線：「這取決於我想要多麼浮誇。我出門一定會畫眼線，我覺得少了它感覺好赤裸。試想沒畫眼線就戴上假睫毛的樣子，我才不要！」

安雅的變裝造型是種融合。她結合了海法、另一個黎巴嫩流行明星娜娃勒·阿爾－佐格比（Nawal al-Zoghbi）、雪兒以及查理的母親等人的身體特徵和表演技巧，雖然他母親根本不知道兒子的酷兒和變裝人生，甚至不曉得他會化妝。有一次，查理的媽媽準備參加一場婚禮，但她戴著老花眼鏡很難畫眼線。查理想要幫她，卻被她拒絕，因為她是個完美主義者，卻不知道她兒子很厲害。

查理喜歡認為安雅長得像他母親，體現了他母親的華麗。其實，他當上設計師就已經是在模仿她了，因為她早年是個裁縫，也是她教查理縫紉的。有一次，他甚至把安雅打扮成媽媽較年輕時參加某場婚禮的造型，縫了類似的洋裝，也用同樣的方式做頭髮、畫眼線和化妝。那天晚上他照鏡子時，感覺就像跟母親面對面。查理說：「我很想給我媽媽看安雅，因為一部分的我感覺她如果知道我模仿了她的妝容、洋裝和髮型等一切，她會很驕傲。我的媽媽就像個明星，跟我一樣熱愛時尚和美妝。」

二〇一〇年，查理的父母搬回貝魯特（Beirut），查理在二〇一二年也決定回去。搬回黎巴嫩之後，查理當上艾利・薩博（Elie Saab）的首席設計師，薩博是黎巴嫩的時尚大人物，曾替荷莉・貝瑞（Halle Berry）和珍妮佛・羅培茲等名人設計很棒的女裝。在當時那個熱鬧的夜生活和精緻料理很出名的貝魯特，查理過得很好，他把自己在紐約學到的東西應用在一個重要的時尚品牌。這裡的男女似乎都能體認到打扮的價值，方圓百里之內都看不到沒畫眼線的眼睛。

可是，這裡少了什麼，導致查理的酷兒之旅似乎中止了。他感覺自己在紐約找到一個酷兒團體，卻在貝魯特丟失了它。他說：「我心想：『酷兒在哪裡？非正規性別在哪裡？非二元性別在哪裡？』這裡的環境呈現非常有害的男子氣概、非常仇女。」查理跟朋友和志同道合的人一起努力做出改變，但是必須在一套嚴苛的規範之內這麼做（在黎巴嫩和大部分的中東地區，同性關係嚴格來說是一種犯罪行為）。雖然身為男扮女的演員、變裝皇后和喜劇演員的巴森・費加利（Bassem Feghali）是來自黎巴嫩，但變裝並不是一個很多人知道或接受的行為。

在私人的酷兒派對上，查理再度變身安雅，開始在酒吧表演變裝，包括克萊蒙梭街的Bardo（這間位於西貝魯特綠意盎然住宅區的酒吧現在已停業）。在其中一個場地，安雅躺在一張床上被一群人扛進來，彷彿是娜芙蒂蒂王后正要跟臣子會面，讓人聯想到佩珀・雷貝加的表演。他說，有些人一開始看不懂這些表演，但也有人很喜歡。查理雖然有化妝，卻決定留著鬍鬚。當人們對此表示疑惑時，他說他就是一個「多毛的王后」：「我會告訴他們：『我沒有想當女人，我不是女人，也不認為自己是個女人。我只是在向女人味致敬，在向我生命中所有帶給我啟發的女性致敬，包含我母親。』」

安雅的名氣漸漸變大，因此有更多地下俱樂部請她來表演。到了二〇一五年的夏天，安雅和她的朋友似乎已經成功在貝魯特建立起變裝文化，許多年輕一代的酷兒都穿著十公分高高跟鞋、臉上畫著貓眼妝來到秀場。此時，安雅已經變成這座首都許多年輕酷兒的「阿姨」（她比較喜歡被叫阿姨，而非「媽媽」），在讓他們感到安全的同時，也照料他們，教導他們變裝的藝術。查理帶著身為阿姨的驕傲口吻說：「我們開始看到年輕變裝皇后出現，做她們自己的秀或參加我們的秀。貝魯特有些場地開始舉辦舞會，我也開始擔任評審。基本上，我們創造了一個安全的地方，讓這些人可以出櫃做自己。」同一時間，安雅不能忘記這些皇后得悄悄走在貝魯特的街道，她採取的安全措施包括賄賂政府官員和警察，讓他們不要到安雅表演的地方進行查緝和逮捕。

變裝活動逐漸擴大的消息是透過口耳相傳和社群媒體的管道傳播。在這段期間，查理一直都跟父母同住，偷偷從事變裝。他會假裝自己有拍攝工作，以男生的身分走出家門、在秀場變身為安雅，然後又變回男生回家（儘管他的臉上有時還殘留眼線）。差不多也在這個時候，《魯保羅變裝皇后秀》爆紅。這個時機相當湊巧。他說，安雅在黎巴嫩協助推廣變裝的同時，「變裝文化也在主流媒體成為一種全球化的藝術形式。」

安雅和同伴所協助籌劃的迷你舞會漸漸擴大為貝魯特大舞會。二〇一八年，主辦單位邀請曾參賽《魯保羅變裝皇后秀》的「維瓦肖斯」從紐約飛過來表演（維瓦肖斯在表演期間說：「這個世界還沒有準備好[73]在黎巴嫩接受你們。」無獨有偶的是，大舞會結束後不久，便有一位檢察總長下令禁止貝魯特的同志驕傲活動，並威脅要以「煽動不道德行為」的名義拘留主辦者）。這些舞會向一九七〇和一九八〇年代《巴黎在燃燒》所描繪的紐約舞會文化表達敬意。現在，在這個國家約六百八十萬名的人口當中，已經有超過三十個變裝皇后，一部分就是安雅和她的朋友努力的成果。這些皇后彼此照顧，就像家人一樣，會互相畫眼線、借錢給彼此、互相關懷。從某方面來說，安雅做為貝魯特變裝族群的阿姨，就像雷貝加等變裝之母曾經照顧、支持紐約的黑人和西語裔變裝皇后那樣。

安雅在貝魯特住了七年後，政府因為貪汙和管理不當造成黎巴嫩經濟情勢嚴峻，迫使她在二〇一九年重回紐約。隔年八月，貝魯特發生大爆炸，炸毀該城市大面積的區域，至少有兩百一十五人身亡、超過七千人受傷、數萬人無家可歸。米哈伊爾（Mar Mikhaël）和傑梅茲（Gemmayze）這兩個曾被視為LGBTQIA＋族群避風港的貝魯特社區受到嚴重損壞。許多酷兒都經常光顧或在這些地區的商家工作，以避開歧視，但是這場爆炸和經濟衰弱的情勢迫使許多商家關門歇業。

安雅回到紐約後，跟許多海外人士一樣心生罪惡，覺得自己好像拋棄了家鄉的那些「姪女」們。不過，在二〇二一年十月某個深夜的布希維克，安雅似乎又再次盡情享受自己的文化，與之重新連結。原本似乎只是一場以阿拉伯裔的觀眾為主的低調聚會，到了半夜一點已經變成喧嚷的派對。

安雅是今晚的表演嘉賓，而這場活動是由頌揚中東與北非音樂和藝術的組織Laylit所舉辦。這位變裝皇后為醉茫茫的觀眾獻上了好幾個黎巴嫩女星娜娃勒・阿爾－佐格比在一九九〇年代左右的表演造型。安雅的第一套服裝是一件黑色的天鵝絨禮服，由她親手縫製，胸口有金色的變形蟲圖案串珠（查理仿效放在家中衣櫃上的一張娜娃勒的照片）。安雅以對嘴和跳肚皮舞的方式表演娜娃勒的熱門歌曲，包括〈在我心上〉（*Ala bali*）和〈我渴望的〉（*Elli tmaneito*）。她的服裝模仿了這位歌手的一些經典造型，包括上衣、印花背心配小喇叭牛仔褲、飄逸的中東寬袍連衣裙，以及上身帶有短擺裙邊、邊緣銳利以凸顯安雅腰部的西裝裙套裝。當然，她的眼睛有畫眼線，因為現年五十幾歲的娜娃勒出席公開場合向來都有畫眼線。

除了安雅，紐約其他阿拉伯變裝皇后的能見度也有所提升。差不多在她回到紐約的那時候，安娜・瑪絲蕾雅（Ana Masreya，意思是「我是埃及女人」）成立了「娜芙蒂蒂們」

（Nefertitties）這間位於布魯克林的夜總會，旨在透過變裝「為埃及、阿拉伯以及西南亞北非裔等地區的同胞建立橋樑和打造社群空間」。除了美學，安娜．瑪絲蕾雅也思考很多關於自己身為變裝皇后對阿拉伯酷兒族群代表的意義，以及支持他人最好的方法是什麼。她告訴BuzzFeed Video，二〇二〇年有兩件事迫使她思考這個問題，一是黑人性命攸關抗議活動，二是埃及酷兒社運人士莎拉．赫加齊（Sarah Hegazi）自殺事件。

這位皇后說：「我想看到大捲髮和眉毛的阿拉伯女性……，我必須看見我在電視上看到的那些女人成長……，如果我看不到，就必須讓它在這裡存在。我對於自己的埃及穆斯林身分感到很驕傲。安娜．瑪絲蕾雅結合了我身為酷兒住在埃及時面臨的所有困難，還有我對埃及、埃及文化、埃及女性和埃及阿姨等我所愛的一切美麗事物……，在鏡子裡看見安娜．瑪絲蕾雅，我感覺我看見一個自己能理解的變裝皇后，感覺我允許自己去做社會教導我不可以做的那些事。我感覺充滿自由和力量，他媽的超級美麗。」

「娜芙蒂蒂們」最早散布的海報有些印有娜芙蒂蒂胸像搭配安娜．瑪絲蕾雅五官的彩圖。在二〇二二年五月，這位變裝皇后在一場演出中打扮成這位王后，從頭到腳鑲有水鑽，穿戴鑲有黃金的高冠、相稱的華麗禮服和繁複的衣領。她的眼睛畫有眼線，並且經過打亮、塗有亮粉。畫了貓眼妝的安娜．瑪絲蕾雅跟安雅一樣，在向這位王后的美學致敬。

因為有眼線的幫忙，查理也得以凸顯自己身分認同的每一個層面，而非建構全新的人格或躲在虛假的人格背後。他可以同時具有很多身分：阿拉伯人、男人、女人、藝術家、酷兒。他說：「我從來不覺得自己在掩飾任何東西。安雅是我的途徑，變裝和變裝文化是我的途徑。藉由變裝，藉由化妝，藉由眼線，我能夠在來自世界各地的觀眾面前代表黎巴嫩和阿拉伯世界，向他們展示：『嘿，我們不只那樣，我們還是這樣、這樣和這樣。』看看我們的文化有多美。」

Rani
KOHL

Chapter

9

回到黑暗

公眾眼中的艾美·懷絲和眼線

艾美儘管名氣響亮，卻具有一種清新討喜「自我創造」的風格；她「不完美」的造型似乎更能凸顯她有多麼直率真誠。在今天這個名人都得過度修飾、接受媒體訓練、廣用濾鏡的時代，實在很難想像她這個水準的歌手會以類似的方式塑造自己的美學。

Daddy's
Girl

「假如曾經記錄一九三〇年代各種奇人異事的伊迪絲·西特韋爾女爵士（Dame Edith Sitwell）看見今天自己的同胞所做出的怪誕行徑，她或許會修改這句評語：「古怪並非無趣的人所認為的那樣，是一種瘋狂。」因為，一個人如果想到艾美·懷絲在那種狀態下還能夠把她瘋狂的眼線畫好，或是發現皮特·多赫提（Pete Doherty）出現一次戴兩頂帽子的癖好，怎麼可能沒想過這些人可能發瘋了？」

——時尚記者兼編輯艾瑞克·威爾森（Eric Wilson），二〇〇七年

二〇一一年的六月十八日，艾美·懷絲在飯店房間裡躁動不安地坐著，附近是塞爾維亞（Serbia）在貝爾格勒（Belgrade）最大的公園，也就是定期舉辦音樂節的卡萊梅格丹公園。其實，這位英國爵士樂偶像正準備在崇拜她的兩萬名粉絲面前演唱。[74] 二十七歲的艾美通常可以很有技巧地自己化妝，使用Illamasqua的腮紅、香奈兒的豔粉色口紅、同樣也是香奈兒的粉底以及倫敦芮魅眼線筆畫出的招牌翼形眼線。那些誇張的翹尾線條往往又粗又長，延伸到眉毛邊緣。

但是，那天晚上她的神情卻十分茫然、不知所措，看起來醉醺醺的。當時跟她在一起的[75]好友泰勒·詹姆斯（Tyler James）後來在著作《我的艾美》（*My Amy*）中寫到，艾美那時醉到眼睛幾乎睜不開，嘴巴一邊咕噥，頭一邊不時垂下又猛地抬起。她試著畫出能夠凸顯她深棕色眼

眸的招牌眼線，但卻畫不準，反而把額頭畫得亂七八糟。[76]她的個人造型師兼友人娜歐蜜．帕里（Naomi Parry）幫她把搞砸的妝容從臉上擦掉。

少了化妝需要的手眼協調能力，她只好不畫眼線就上臺，看起來就像素顏。此外，艾美經典的蜂窩頭也不見蹤影，挑染金色的頭髮看起來亂糟糟的。她一邊撥弄頭髮，一邊心不甘情不願地含糊唱出歌詞。[77]帕里雖然有嘗試為她做造型，但她相當反抗；她連穿衣服也需要助手幫忙，最後穿了一件印有竹子圖案的緊身迷你洋裝。她漫無目標地在舞臺上晃來晃去時，還一度把其中一隻包鞋脫下來丟向人群。這個女人只想要一個人獨處，完全不想出現在成千上萬名檢視她一舉一動的觀眾面前。

演唱會一分一秒地過去，艾美越來越焦躁，好像快哭出來了，或許是因為她發覺自己當下的狀態無法安撫不滿的粉絲。她雙手抱胸，露出手臂上的美女刺青。她眼神飄移不定，先是看向樂隊，好像想得到肯定，接著看向觀眾，然後又看著地面。艾美看起來脆弱無助，像個受到驚嚇、渴望有人保護的孩子。如果觀眾覺得這位歌手看起來很冷漠，那是因為他們無法想像糾纏她的心魔。但是，艾美其實盡了她最大的努力，想撐過這場令她痛苦萬分的演唱會。

攝影師們對她的外貌進行了特寫，滿足了觀眾的需求：這個顯然很不開心的女人的放大照。作家萊絲莉．傑米森（Leslie Jamison）在《錫屋》（*Tin House*）雜誌刊登的文章中寫道：「狗仔超愛艾美，對她愛不釋手。他們愛她的美麗，但更愛她的瑕疵；他們不只想要她的蜂窩頭，更希望她的蜂窩頭亂七八糟；他們不只想要她的貓眼妝，更希望她的眼線糊掉。」英國媒體、甚至是某位塞爾維亞部長後來都嘲弄艾美的那場演出，怪她生活太糜爛。其中一則英國頭條報導改寫艾美的一首歌〈你明知道我不好〉（*You Know I'm No Good*），將標題定為[78]〈他們明知道她不好〉（*They Know That She's No Good*）；另一則報導的標題則是：[79]〈艾美・懷絲在貝爾格勒丟人現眼〉。在很多人眼裡，這位歌手看起來自信過頭、做事莽撞，很少有人認為她是個容易緊張的表演者。她的父親米奇・艾美（Mitch Winehouse）在著作《吾女艾美》（*Amy, My Daughter*）中寫到，她那天晚上唱得很糟糕，部分原因是因為她有嚴重的舞臺恐懼。他說，艾美一直都很享受唱歌，但他不確定她是否對表演有同樣的感覺。

為艾美擔任髮型師將近四年、幫助她塑造蜂窩頭髮型的艾力克斯・福登（Alex Foden）告訴我：「我那時候便知道她狀況不好。艾美的眼線和蜂窩頭不只能給予她自信，那些就是她的自信。她從來不會不做頭髮、不畫眼線就出門。」艾美離世時，福登自己也在對抗成癮問題，所以當時已經不再替她工作。

艾美的團隊已經有預感[80]這場巡迴演唱會出問題，因為在前往英國機場的路上和抵達貝爾格勒之後，這位歌手也都沒有畫翼形眼線，顯然狀態很差。根據詹姆斯的說法，她當時幾乎失去意識，因此得被人從沙發上抱起來，帶進車裡。

這場持續四十五分鐘的演出是艾美最後一次公開表演。一個月後，她被人發現在位於北倫敦康登的家中身亡。她年紀輕輕就發生悲劇過世，震撼了娛樂圈，甚至是整個世界。英國警方調查死因，判定她是「意外」身故；艾美去世時，血液裡的酒精濃度超過合法駕駛限制的五倍。

「我想去一個能讓我挑戰自我極限，甚至超越極限的地方。」

——艾美．懷絲，一九九七年

一九八三年九月十四日，艾美．懷絲在倫敦的南門誕生。她的母親珍妮絲在著作《愛艾美》（*Loving Amy*）中回憶，她來到這個世界時就像一場颶風，打從一出生就十分我行我素。嬰兒時期的艾美[81]聰明又好奇，學步時期則是意外頻傳；她哥哥艾力克斯後來說她「令人頭痛」。五歲時[82]，她已經會拿梳子當麥克風，對著鏡中的自己唱歌。小時候，艾美非常頑皮早熟，曾經告訴母親她覺得自己如果殺人也不會被抓到。

此外，十幾歲的艾美總是相當浮躁，想像力也十分活躍。她的父母都說，要讓她靜下來很難，因為她總是充滿瘋狂的精力。她把這股精力投注在音樂中。她在畫了許多愛心和塗鴉的筆記本裡寫下情感濃烈的自傳式歌詞。她固定會聆聽各種曲風、編制許多播放清單，常常因此荒廢學業。她甚至跟朋友組了一個女子樂團，取名「酸甜女孩」，刻意模仿美國嘻哈樂團「鹽椒女孩」（Salt N Pepa）的名稱。

基於這種叛逆性格，艾美很早就對化妝有興趣，也或許可以說這是叛逆性格達到高潮的展現。這個離經叛道的少女自從父母在她九歲時分開後，便一直難以適應。珍妮絲說到那幾年的她：「我的父母分開之後，我就想，我可以想穿什麼就穿什麼，我可以罵髒話，我可以化妝，這真是太酷了。我去刺了青，每個地方都給它刺洞，我以前會翹課，跟我男朋友四處閒晃。」根據她的母親所說，雖然「艾美好像跟以前一樣正常過日子」，但是珍妮絲漸漸發現，她其實一直在「埋藏自己的感受。儘管她是個吵鬧直接的孩子（無論這是對是錯），跟典型的小孩一樣，但她卻覺得米奇也離開了她和艾力克斯，因此她的行為經常是為了尋求米奇的關愛。」

艾美特別喜愛眼線[83]和口紅，這兩樣東西不久便成為她美學造型的標準配備。十幾歲的她為了實驗各種造型，在化妝包放了[84]數也數不清的眼線產品，先是會畫細微的線條，後來進化為更大膽的筆畫。艾美喜愛化妝品喜愛到十歲時曾經被抓到在連鎖超市阿斯達（Asda）偷化妝品。

艾美漸漸成年的同時，她也偷偷養成自己強大的天賦，長時間待在自己的房間，那裡是她的避風港。然而，很快就可以看出，要把這麼厲害的才能關在房門後是不可能的。年僅十六歲的艾美在同樣身為歌手的詹姆斯協助下，被音樂製作人發掘，她粗獷的低音令人驚豔，被以為是年長許多的人擁有的嗓音。詹姆斯寫道：「我簡直不敢相信我的耳朵或眼睛，這個小女生唱起歌竟然像個每天喝三罐威士忌、抽五十根萬寶路香菸的四十歲爵士樂老將——她的聲音很不一樣。」

大約四年後，艾美成為鎂光燈焦點，在二〇〇三年發行首張專輯《法蘭克》（*Frank*）。根據專輯曲目，這個作品的發想來自她跟一個被認為不夠格的男人約會的經驗。她的音樂被形容為摩城＊和復古英國流行樂的綜合體，歌詞率性成熟，介於懷舊和野樸之間。艾美的性格對英國文化造成很大的衝擊，令媒體不知道該如何看待她。蓋瑞・穆霍蘭（Garry Mulholland）在二〇〇四年的《衛報》上寫道：「艾美・懷絲能夠、也應該變成巨星的理由很多，包括她的天賦、魅力、歌曲、聲音、態度。但，她不該成為巨星也有一個很大的原因：她拜託你們接受的那些框架？她自己根本擠不進去。明明聽起來像非裔美國人，卻是英國猶太人；明明看起來性感，卻不願配合這個形象；明明很年輕，聽起來卻很老；唱歌很成熟，講話卻很粗魯；音樂溫潤，歌詞卻齷齪。」穆霍蘭當然只說對了一半：艾美不久後便名揚國際，在二〇〇八年的葛萊美獎擊敗碧昂絲、蕾哈娜和賈斯汀・提姆布萊克（Justin Timberlake）等超級巨星，並跟東尼・班尼特（Tony Bennett）和王子（Prince）等兒時偶像一起演出。

＊譯註：指摩城唱片（Motown Records）出版的音樂。

「她茂密的頭髮往後梳成蓬亂的蜂窩頭，就像傳說故事的流氓用來藏刀片的那種。她的基本眼線變成華麗的渦形、小丑的裝扮、貓的面具。她溫柔可人的洋裝變成性感的裙子，以凸顯胸部曲線，這樣的胸部曲線對於任何身材的女人來說都相當驚人，更何況她只是一個幾乎與娃娃無異的少女。」

——文化與時尚記者蓋伊．特雷貝（Guy Trebay）

跟任何年輕的女明星一樣，艾美也被期許要展現出特定的樣子。畢竟，這是小甜甜布蘭妮和克莉絲汀．阿奎萊拉（Christina Aguilera）等流行音樂公主當紅的二〇〇〇年代初期，女性被要求擁有溫柔卻又撩人挑逗的外表。當時，頭髮不是筆直就是波浪捲、牛仔褲低腰到不行、蝴蝶髮夾和亮片很流行，理想的體態則是健美，鮮少豐腴（凱特．摩絲一九九〇年代的「海洛因時尚」樣貌仍蔚為風潮）。當然，這些主要由男性所訂立的規則也有例外，女性儘管被認為是「非主流」，卻仍秀色可餐。眼線畫得很模糊、衣著半鬆垮半緊身、給人邋遢感覺的艾薇兒，以及有著粉紅頭髮的紅粉佳人，在主流觀眾眼中都剛好在可接受的範圍。這兩名女子那時候也都還很令人嚮往，雖然沒那麼傳統。但，即使如此，艾薇兒的名氣還是不如仿效小甜甜布蘭妮和克莉絲汀早期魅惑造型的那些人那麼持久。

艾美堅決抗拒千篇一律的造型，在接受英國廣播公司的強納森．羅斯（Jonathan Ross）訪問時，說到「如果一個人擁有很多的特色，你能給他添加的東西很少。」（令觀眾高興的是，當她的經紀人被問到是否曾試著「捏塑」她的造型或說話方式時，她開玩笑地說其中一位經紀人曾企圖把她變成一個「龐大的三角形」。）對於在英國成名的辣妹合唱團（Spice Girls）所推動的「女力」概念，艾美也抱有強烈的觀點。她很抗拒英國流行樂壇，不喜歡被拿來跟同時代的歌星比較，如短暫走紅的蒂朵（Dido），相反的，她更欣賞美國爵士樂的女歌手黛娜・華盛頓（Dinah Washington）和妮娜・西蒙（Nina Simone）。

起初，艾美的風格跟她後期比起來相對低調。在排練和錄音室時，她只畫幾乎看不出來的細細眼線，頂著自然的髮型。在她的第一支音樂錄影帶〈比我強大〉（*Stronger than Me*）中，她的翹尾眼線很不明顯，磚紅色的裹身裙以當時的流行圈標準來說尚稱端莊。然而，隨著她的生涯不斷前進，她也找了造型師和髮型師協助她打造出原本就存在自己腦海中的外型，艾美終於展露真正的自我。

這並不表示，她沒有受到有色人種在內的其他藝術家所啟發。這位歌手受到搖擺六〇年代的復古造型很大的影響[85]，戚風樂團（The Chiffons）、水晶組合（The Crystals）、香格里拉（The Shangri–Las）和羅尼特組合（The Ronettes）等樂團都帶動了這種造型。羅尼特組合除了嗓音獨特，也因高挺的蓬鬆髮型、時髦的瀏海、翼形眼線和膝上短裙而出名。艾美的造型[86]實在太像這三人組，因此甚至讓已故的主唱羅妮・斯柏克特（Ronnie Spector）曾經在受訪時表示，她看見這位英國明星的照片時，還以為那是她自己，直到戴上眼鏡才看清楚。艾美也很崇拜法國演員碧姬・芭杜（Brigitte Bardot），她那一半往上梳、一半往下梳的蓬鬆凌亂髮型在一九六〇年代曾引起很多人效法。

這位女藝人去過邁阿密[87]之後，甚至喜歡上拉美女子的樣貌，想將她們的美學——濃密的眉毛、厚重的眼線、亮紅色的嘴唇和大圈圈耳環——跟她對一九六〇年代蓬鬆髮型的熱愛結合起來。她很喜愛瑪麗蓮夢露等經典女神，甚至在下背部刺了貝蒂娃娃的圖案。她全身上下還有另外十三個刺青，其中三個也是美女刺青（有一次受訪時，她被問到怎麼對美女圖像這麼有興趣，她說自己「只是很喜歡漂亮的女生」）。

帕里接受uDiscover Music的訪談時，說到艾美的風格，表示她後來沒有受到什麼指導，而是「想怎麼穿就怎麼穿。她非常有創意……我從不覺得自己要告訴她該怎麼穿，她有很強烈的自我，所以其實我只是把她的個人風格變得更好。」這位造型師形容艾美的樣貌好比「現代的鄉村搖滾風，不會過於復古，帶有一點《絕命大煞星》，還肯定有一些一九八〇年代的影響。」

福登說，艾美的蜂窩頭也是合力的結果。他說：「以前我會幫她做一個完美的髮型，但是她卻拿出排骨梳開始把頭髮往後梳，讓它看起來像鳥巢。我就只好坐在那裡搖頭。」他補充說，她有一次沒徵詢他的同意，就用Jolen的漂髮霜把頭髮染成金色，因為她正經歷一段「瑪麗蓮夢露時期」。

艾美非常投入時尚和服飾，曾經替 Fred Perry 設計一系列保齡球衫和迷你裙（我自己便擁有好幾件），因此十分嚮往創立自己的品牌。葛萊美博物館在二〇二〇年曾舉辦艾美・懷絲展，帕里在開幕期間接受訪談時，說到這位歌手喜歡穿緊身短洋裝，雖然這在當時並非趨勢。不過，她也很喜歡輕便的服裝，時常穿大眾品牌的運動休閒和低調隨興裝。艾美絕對有設計方面的天分。福登說，已故時尚設計師卡爾・拉格斐（Karl Lagerfeld）為了某一場演出替她打扮時，她卻把裙子的帶子剪掉，將其中一條綁在脖子上，創造出截然不同的造型。根據福登所說，站在後臺的拉格斐不但沒有嚇壞，還大喊他「愛死了」。二〇〇七年，這位設計師還告訴《太陽報》（*The Sun*），艾美是他的繆思女神。這位歌手也有實驗印花圖案，包括豹紋和格紋，此外也會使用各種物品裝飾自己，像是插在頭髮上的玫瑰花、飄逸的頭巾以及凸顯她小蠻腰的大皮帶。

艾美明白、也樂於接受眼線所帶來的轉變力量。她跟英國變裝皇后喬迪・哈什[88]（Jodie Harsh）是朋友，總是驚訝地看著她擦掉誇張的眼妝，恢復成男性。艾美也受到心愛的祖母辛西亞（Cynthia）很大的啟發，她也是身材嬌小、髮量很多、會畫眼線。她們兩人特別親近，艾美的其中一個刺青刺的就是她。辛西亞跟孫女一樣，擁有古怪突出的美感和性格，會解讀塔羅牌、穿亮紅色的印花服飾、畫藍色和綠色的眼線，並經常塗指甲油。艾美有時會穿[89]她的圍巾和上衣，並且畫眼線和塗口紅，要父親別跟母親說她會化妝（辛西亞在二〇〇六年死於肺癌，令艾美大受打擊，親朋好友都說她的狀況因此變得嚴重許多）。

這位歌手大膽的美感或許可以算是在二〇〇七年的音樂錄影帶〈回到黑暗〉（*Back to Black*）中確立下來，這首歌來自前一年發行的同名專輯。在影片裡，她的頭髮和眼線都衝到了新高。替她在那次拍攝現場做頭髮的福登說，這個大膽的造型有一部分是艾美在攝影場地無聊到發慌所造成的結果。為了讓她有事做，福登建議他們「玩弄」她的頭髮，使用兩包半、而非一包半的接髮，給她整整兩顆頭的髮量。「我說：『我們來讓妳滑稽一下。』她說：『什麼意思？』我說：『我們來看看可以把妳的髮型弄得多龐大。』我們把頭髮往上梳，她的眼線也畫得很大。因此，她走出拖車時，所有的工作人員都表示：『就是這個，這就是她的招牌造型。』」

福登說，眼線搭配蜂窩頭對這位歌手來說不僅是一個「造型」而已。他說：「她以前曾告訴我『過去的艾美死了』。當她畫眼線、頂著蜂窩頭的時候，她並沒有覺得自己戴著面具，她並不是在呈現一個『造型』，她是在創造新的艾美，她是在重新創造自我。」

「在完全曝光的時代，艾美關起門做事對自己和聽眾才是最好的。」

——《紐約時報》樂評人喬恩·帕雷萊斯（Jon Pareles）

艾美的彩妝師[90]塔莉雅．蕭布魯克（Talia Shobrook）搬到美國後，她開始自己化妝——《Vice》的艾瑪．嘉蘭德（Emma Garland）說，結果「她的翼形眼線變得越來越大膽」。艾美非常認真看待自己的眼線，一整天會不斷補畫，反覆畫在原本的線條上，以確保眼線邊緣保持俐落。福登說，假如剛好有一位美容師幫她畫了眼線，她會對美容師保守的畫法感到不滿意，之後自己再畫一遍。根據帕里所說，艾美在巡迴演出期間大部分也沒有彩妝師跟著，會自己快速把眼妝畫好。這位造型師曾經說：「她畫的眼線雖然不完美[91]，但那就是她的造型。」艾美儘管名氣響亮，卻具有一種清新討喜「自我創造」的風格；她「不完美」的造型似乎更能凸顯她有多麼直率真誠。在今天這個名人都得過度修飾、接受媒體訓練、廣用濾鏡的時代，實在很難想像她這個水準的歌手會以類似的方式塑造自己的美學。

艾美的生活雖然常常充滿混亂、步調快速，但是她的眼線幾乎不曾改變過。福登開玩笑地說，她的眼線簡直像是刺青刺出來的。不管是遛狗、寫歌、緊張地表演那些歌或是到超市、酒吧、海邊、康登鎮，甚至是上法庭時，她都會畫翼形眼線。諷刺的是，她在二〇〇七年的萬聖節沒有畫眼線，她的素顏顯然成了她的節慶造型。根據福登所說，艾美用這種方式畫眼線，也是在反抗她的唱片公司和大眾對女明星的僵化期待。

隨著艾美的歌星生涯逐漸發展起來、名氣越來越旺，隨之而來的許多責任和公眾放大鏡般的殘酷檢視，都使她在公私領域與藥物濫用、焦慮等各種心理健康問題作鬥爭。艾美曾經解釋[92]，她寫歌不是因為渴望獲得認可，而是因為她需要理解自己，因此她把情感灌注於音樂中，產生強大的效果。根據詹姆斯的說法，她「從來就不樂天安逸。她這個人十分複雜、孤僻、閉塞。」她的人生變得越來越複雜，眼線也跟著變得更加顯眼，從眼角往髮際延伸過去。

艾美說到她的裝扮，表示：「我越沒有安全感，頭髮就必須做得越大。我對我的樣貌非常沒有安全感，畢竟我是音樂家，不是模特兒。」她也說，她會依靠酒精來紓解焦慮。這位藝術家在年近二十歲時出現暴食症，餘生將持續對抗這個疾病。名氣無疑使她變得更沒有自信；她不斷收到自己的影像和公眾對她外貌的評論，讓她對自己的認知變得相當扭曲苛刻。她的父親記得，在她的生命[93]快要接近尾聲時，她會觀看自己在YouTube上的影片，問他覺得自己是否有才華、美不美麗。而這顯示她不夠信任自己，無法做出判斷。

媒體時常將艾美形容成「火車事故」，這是他們對不盡「完美」的女性名人所使用的預設詞。在以這個稱呼為書名的著作中，作者裘德．艾利森．S．道爾（Jude Ellison S. Doyle）解釋：「我們鎖定最亂七八糟、行為舉止最不當的女性，並拒斥她們，等於是在聲明我們認為什麼樣的女人才是好女人，」同時表示非傳統的女性是經過「允許」才能存在。因此，關於艾美的評論往往仇女意味明顯，就算包裝成笑話也是如此。《紐約時報》讀者艾倫．克羅斯（Alan Cross）在頂著光頭、畫了濃密眼線的小甜甜布蘭妮被拍到拿雨傘攻擊狗仔的不久後，寫給這家報社：「歌手艾美．懷絲被拍到[94]光腳走在街上，身上只穿著牛仔褲和紅色內衣，可謂布蘭妮口中的『時髦正式風』。」

數年來，媒體持續咬住[95]這個話題，就算艾美努力配合治療和復原也不放過：〈憤怒的艾美．懷絲因為粉絲在超市想要拍她而失控〉；〈眼神渙散的艾美．懷絲在她最喜歡的康登場所故態復萌〉；〈艾美．懷絲踉蹌走出餐廳，露出啤酒肚〉。某家報章雜誌有一次甚至在一篇關於不健康的生活型態會讓女性看起來比實際年齡老四歲的文章中，拿艾美當例子。她經常被描述成「四分五裂」、妝容在她徹夜不歸後變得「糊掉」或「花掉」。

福登說，艾美從來就不是媒體描繪的那種膚淺女明星。他說：「她就像一個嬌小的猶太老奶奶，總是照顧每一個人，心腸柔軟。她是你所有問題的最佳解方。很可惜的是，她無法把自己的理論真正付諸實現。人們以為她很難親近，但其實她以前會泡茶給狗仔喝，她也曾經給在她公寓外等候的粉絲小熊軟糖。」

福登說，艾美很容易被敗犬吸引——她自己曾經在學生時期被霸凌很多年，也是一個敗犬。此外，她很有母愛、想要小孩，有一次曾說：「在小孩身邊，你也可以當個小孩，假裝人生充滿魔法。」媒體雖然想讓讀者相信艾美理想的夜間活動是到夜店吸毒、喝酒狂歡，但她真正渴望的其實是正常與平凡。她在某次受訪時說道：「我知道我看起來像火車事故，但我其實很喜歡窩在家。」她說，她心中的完美夜晚是邀請十五個朋友來家裡吃晚餐，「這一點也不搖滾。」

公眾毫不間斷對她放大檢視，她根本無法逃離。有一次在倫敦某間酒吧[96]的洗手間，一位正照著鏡子補妝的女子看見這位歌手，說她長得就像艾美．懷絲，但是「更漂亮」。這起事件自然令艾美很不開心，也代表了困擾她、使她跟自身樣貌產生疏離的那些評論。她誇張的美學裝扮曾經是結合了她的影響力和獨特性的趣味表達方式，後來卻變成一種武裝。她的母親珍妮絲在書中寫道：「艾美很樂意讓自己的蜂窩頭、眼線和混亂生活型態成為她讓大眾看見的唯一一面，儘管我們都知道她這個人比那複雜許多。」詹姆斯形容她的蜂窩頭「既是復古風的宣言，也是她的安全感來源」，讓她不用把焦點放在那張她常常批評的臉。

艾美跟眼線之間的關係可能更深：她在二〇〇八年下旬前往聖露西亞[97]，要在那裡待好幾個月嘗試戒毒，便決定放棄蜂窩頭和性感洋裝，要做一個清新、出名之前的自己。然而，她還是有畫翼形眼線。這個造型是一種認可，同時也是她對自己願景的大膽聲明。

因此，她的眼線有時畫得不完美、花掉了或不對稱，便格外令人憂心忡忡。她的健康漸漸變差，使愛她的人十分緊張擔心。她的饒舌歌手朋友摩斯．戴夫（Yasiin Bey）提到她的落魄歷程，說：「這個人很想要消失。」

在阿西夫．卡帕迪亞（Asif Kapadia）二〇一五年執導的紀錄片《艾美艾美》（*Amy*）中，有一幕艾美沒畫眼線，臉上坑坑疤疤。剛成為超級巨星的她當時在一輛車的後座睡著了，被拿手機拍攝她的朋友給叫醒。她看起來很不情願、十分害羞，似乎不想被人看見自己沒化妝的樣子，用毯子蓋住自己的臉輕聲說話。

這一幕，她內心的脆弱被具體呈現出來，外在樣貌與情緒驟變之間的相互關聯，明顯到幾乎令觀者感覺到她被這部紀錄片利用了。

艾美並不是唯一一個把眼線變成自身歌壇要素的人。王子、瑪丹娜、大衛．鮑伊和女神卡卡都很注重眼線，使眼線在不同的音樂次文化和時期扮演關鍵的角色，包括哥德、華麗、油漬，當然還有搖擺的六〇年代（這裡只舉其中幾個例子）。

這樣化妝品常常被用來或被理解是要做出某種個人、政治或兩者兼具的宣言——就像艾美的眼線。超脫樂團（Nirvana）的成員寇特．柯本（Kurt Cobain）和他的妻子寇特妮．洛芙（Courtney Love）喜歡弄花或過度誇大自己的眼線，這跟他們的招牌睡覺頭一樣，都象徵他們音樂和性格當中的反體制特質。此外，柯本還會挑戰性別規範，有時用飄逸的花朵洋裝搭配自己的眼線。

皇后樂團的主唱佛萊迪．墨裘瑞使用男性眼線提升自己的風格（好奇的讀者可以瀏覽Instagram的@Freddies_Eyeliner，這個帳號便以他的眾多造型為主軸）。身為酷兒的他，父母是帕西人＊，接觸的產業和社會充斥著種族歧視和恐同主義，因此他小心營造了一個跟他的性別、性向和文化表達關係密切的形象。墨裘瑞的大膽造型展現了他對社會規範的反抗與排斥，世界各地都曾經有歌迷成群聚集，只為觀賞他那些令人難忘的演出，並因此欣賞到他那畫有濃厚黑色眼線的雙眼。

一九六〇和七〇年代，伊吉・帕普（Iggy Pop）、蓋瑞・格里特（Gary Glitter）、洛德・史都華（Rod Stewart）、埃利斯・庫珀（Alice Cooper）、暴龍樂團（T. Rex）的馬克・波倫（Marc Bolan）、史密斯飛船（Aerosmith）的史蒂芬・泰勒（Steven Tyler）、紐約娃娃的大衛・約翰森（David Johansen）及羅西音樂（Roxy Music）和接吻合唱團（Kiss）的成員等龐克搖滾、華麗搖滾和其他搖滾男性歌手，也都有使用男性眼線。英國歌手女妖蘇西克（Siouxsie Sioux）曾說七〇年代崛起的英國搖滾樂團史萊德合唱團（Slade）是「眼線的堆砌工」，而她自己的搖滾樂團蘇西與冥妖樂團（Siouxsie and the Banshees）所使用的標誌，就是蘇西克被眼線畫得猶如荷魯斯之眼的眼睛。

一九七〇和八〇年代，身為那個年代最具影響力的搖滾歌手之一的滾石樂團主唱米克・傑格（Mick Jagger）常常畫男性眼線，同團成員凱斯・李察和羅尼・伍德（Ronnie Wood）以及英國怪人合唱團（the Cure）的成員也一樣。克魯小丑樂團（Mötley Crüe）的尼基・希克斯（Nikki Sixx）、黑色安息日（Black Sabbath）的奧茲・奧斯本（Ozzy Osbourne）和扭曲姊妹（Twisted Sister）的迪・史奈德（Dee Snider）等當年的重金屬樂團成員以及珍過癮樂團（Jane's

Addiction）的戴夫・納瓦羅（Dave Navarro）也是。王子和大衛・鮑伊這兩位橫跨多種曲風的歷久不衰傳奇歌手都會畫超出眼角許多的長長眼線，不時畫貓眼妝或實驗不同的形狀和顏色；他們的眼妝強化了他們混淆性別、抽換人格的能力。相形之下，貓王和麥可・傑克森都畫低調的眼線造型來提升自己的眼睛。之後，打倒男孩（Fall Out Boy）的彼特・溫茲（Pete Wentz，跟艾美同年代）成為或許可說是二十一世紀初期最具代表性的男性眼線提倡者。

在搖擺的六〇年代，羅尼特組合和至上女聲三重唱（the Supremes）等黑人女性樂團主導翼形眼線造型，帶給艾美很大的啟發。羅妮・斯柏克特在回憶錄中寫道：「他們的鼓掌聲越大[98]，我們下次畫的眼線就越多。」這種風格將延續許多年，雪莉・貝西（Shirley Bassey）、芭芭拉・史翠珊（Barbra Streisand）、惠妮・休斯頓、蒂娜・透娜、妮娜・西蒙、艾瑞莎・富蘭克林（Aretha Franklin）、佩蒂・拉貝爾（Patti LaBelle）和伊特・珍（Etta James）等靈魂樂、福音音樂、鄉村音樂、爵士樂和節奏藍調歌手也會畫貓眼妝，並時常搭配蓬鬆的髮型。

一九七〇和八〇年代的女搖滾流行歌手也會畫眼線，其中最為人知的大概是瑪丹娜、派

＊譯註：帕西人是住在印度或來自印度（僑居國外）的瑣羅亞斯德教徒，他們擁有波斯人血統，祖先在西元八到十世紀之間因不願改信伊斯蘭教而移民印度。

蒂・史密斯（Patti Smith）、瓊・傑特（Joan Jett）、達斯汀・史普林菲爾德（Dusty Springfield）、佛利伍麥克的史蒂薇・尼克斯（Stevie Nicks）、偽裝者合唱團的克麗西・海特（Chrissie Hynde）、音速青春的金・戈登（Kim Gordon）和金髮美女的黛比・哈利（Debbie Harry），她們全都或多或少地擁護反文化。一九八〇年代的眼妝強調的是珠寶色調和大膽的藍與粉，但是接近一九九〇年代時，垃圾合唱團（Garbage）的雪莉・曼森（Shirley Manson）等人吹起一股髒亂美學的風潮，採用比較低調的配色和褐色色調。就跟打倒男孩的溫茲一樣，帕拉摩爾樂團的海莉・威廉斯（Hayley Williams）也協助樹立二〇〇〇年代的流行龐克美學，主打拂過眼睛的平板燙直髮、身體部位穿洞、寬皮帶、滑板和（超）緊身牛仔褲。零售商Hot Topic和搖滾巡迴音樂節Warped Tour等都有運用到這個造型。

曾在英國的媚比琳擔任總監的知名彩妝師莎朗・杜賽特（Sharon Dowsett）說，許多巨星都體認到眼線的「女王元素」，包括艾美在內。這樣化妝品可以讓一個人什麼都不必說，就展現自己身分認同的特質：「眼線直接畫過眼皮，表示這不是開玩笑的，不是鬧著玩的。基本上，眼線畫得越翹，就顯得越復古。」瑞典歌手妮娜・切瑞（Neneh Cherry）推出二〇一八年的專輯《破碎政治》（*Broken Politics*）時，杜賽特曾替她進行封面照的造型設計——照片中，切瑞的眼睛畫了明顯的眼線，使她擁有一種帝王般的神態。「就像娜芙蒂蒂和妮娜，艾美也是一個女王，她們每個人的帝后風範都不太一樣。我喜歡那種畫糟的眼線，我喜歡有點凌亂的眼線，這表示它背後有故事，讓它更加迷人有趣。」她這麼說，同時稱讚我那不完美、不對稱的眼線。

「她沒有裝扮成萬聖節的樣子，但是你可以在萬聖節扮成她，這兩者是不同的。」

——蓋伊．特雷貝引述電影工作者約翰．華特斯的話

艾美的風格對時尚和視覺藝術產生非常久遠的影響，影響範圍包括巴黎伸展臺和萬聖節街頭派對等。Illamasqua的藝術總監帕布羅．羅德里奎（Pablo Rodriguez）在帕里那部製作精美的艾美相關著作《黑色之外》（*Beyond Black*）表示：「現在所有的彩妝師都知道『艾美眼線』這個詞，指的就是又粗又黑的翹尾眼線。跟『琳達眉毛』或『芭杜頭髮』一樣，這變成她的註冊商標。我還記得她的造型在那時候完全是沒看過的，沒有人跟她一樣。她讓眼線液重新普及，再也沒有退燒。」這位靈魂樂歌手透過她的音樂和造型違逆了傳統。福登提到她的眼線，說：「有這麼強大的嗓音，其他一切也得跟著強大起來。擁有強大的嗓音，就會有強大的個性和強大的招牌造型。」二〇一二年，法國設計師尚．保羅．高緹耶（Jean Paul Gaultier）舉行一場時裝秀，將所有的模特兒根據艾美的風格進行裝扮，頂著貓眼妝和蜂窩頭。高緹耶說：「我認為，沒有任何時尚雜誌讓艾美．懷絲登上封面，是很丟人的一件事。她的風格非常特殊，她的姿態、她的穿著混合了不同時代的元素。」

在艾美曾經生活、最後身亡的康登，處處都看得到無數她的圖像和壁畫。二〇一四年，她的銅像被豎立在這個地區，雕像的臉上刻有她的招牌翼形眼線。我在二〇二〇年前去造訪時，雕像的跟前放有白色康乃馨。二〇二一年，艾美的翼形眼線被票選為英國史上最經典的美妝趨勢之一。此外，在二〇二三年年初，一部由瑪麗莎・阿貝拉（Marisa Abela）所主演的艾美傳記電影[99]《回到黑暗》（*Back to Black*）正在進行拍攝，不過有些人批評這是在剝削這位歌手的死。

福登最終希望推出一個讚頌這位歌手的妝髮系列，其中包含黑色眼線、黑色睫毛膏、紅色脣線筆、紅色口紅，此外還有裝在金色大罐子裡、以黑色大蜂窩頭為蓋子的髮型噴霧。福登說到自己的願景，表示：「她改變了我的生涯，也永遠改變了我的一生。她觸動了我的心，值得被永恆保留下來。」

> 「不管她在成名、成癮的時期發生了什麼事，她一直都保持自我；她非常率真，如果這不叫堅強，那我不知道什麼才算堅強。」
>
> ——香黛兒・杜塞特（Chantelle Dusette），紀錄片《重拾艾美》（*Reclaiming Amy*）

在生命接近尾聲時，艾美似乎想過重新出發。她二〇〇九年跟布萊克・菲爾德－西沃（Blake Fielder–Civil）離婚後，健康狀況好像有改善，有段時間完全不碰酒。她心中有[100]許多未來的計畫，例如她說過想要為作詞家開一家出版社。她被人目擊跟新對象手牽手快快樂樂的樣子[101]，也很享受跟自己的教女共度美好的時光。她開始重新上健身房[102]、清理衣櫥[103]、整理書本和CD。有時，她整個人的狀態看起來很好，眼線畫得銳利且目的明確。她看起來真的走在康復的路上。

然而，在二〇二一年艾美逝世十週年所推出的英國廣播公司紀錄片《重拾艾美》中，我們得知當時的她私底下還是經歷許多掙扎。根據她的朋友所說，艾美時而滴酒不沾，時而嚴重酗酒，身體從來沒有機會能夠真正康復。帕里在紀錄片裡說道：「問題在於，她從毒品改成酒精。」然而，「酗酒和成癮其實都表示她有更深的問題需要解決……【她的】心理健康。她並不想承認自己有心理健康的問題，因為在當時……人們不了解這個東西……她試圖隱藏這些問題，不好意思把自己的問題加諸於他人。」

艾美在二〇一一年酒精中毒死亡之後，她的家屬成立了艾美．懷絲基金會，旨在幫助面對困境的年輕人，教導他們如何建立韌性與自信，將音樂療法和其他復原途徑提供給通常難以負擔或獲得這類療法的人。《重拾艾美》接近片尾時，基金會的一個客戶談到，這個機構不僅改變了她的生命，還拯救了她的生命。她說：「我以前的狀況真的很不好，但我不想接受我酗酒的事實，我一向很會逞強，所以我有辦法讓全世界相信我有自信。」

影片的背景是基金會位於倫敦的小小辦公室，牆上掛了一幅大張的艾美黑白照片。在這名女子勇敢分享自己的故事時，艾美畫有濃厚眼線的雙眼投射出催眠般的、卸下警戒的凝視眼神，永遠存於照片中，提醒我們她的一生、遺愛和造型並未隨著她的離去而消逝。

Chapter

10

#彩繪眼線

網紅時代的眼線

她慢慢了解到，眼線述說的是跟血統、轉變、美麗和力量有關的普世語言。這個歷久不衰的化妝工具跨越無數個世紀和大陸，從一個文化傳到另一個文化、一個族群傳到另一個族群， 從娜芙蒂蒂傳到法蒂瑪。

Rani
KOHL
راني
كحل

今天，對胡達・卡坦（Huda Kattan）的數百萬名追蹤者而言，這位美妝大人物的名字跟「美豔」是同義詞；然而，在一九九〇年代的田納西州（Tennessee）和麻薩諸塞州（Massachusetts）郊區長大時，身為伊拉克裔穆斯林的她鮮少覺得自己美麗。她橄欖棕的膚色與捲髮使她與大部分都是白人的同學外表明顯不同，因此她經常遭到訕笑和霸凌。三十九歲的卡坦在播了兩季的Facebook Watch實境節目秀《胡達老闆》（*Huda Boss*）上說道：「我記得我那時候覺得自己一點也不漂亮，因為我跟別人長得不一樣。我是整間學校少數擁有褐色皮膚的人之一……。當你只是個孩子，渴望得到慰藉和歸屬感，但卻沒得到時……，那種感覺真的糟透了，到今天還影響著我。」

胡達在九歲左右[104]對美妝變得「癡迷」，這是她發揮創意的管道，也是她緩解不安全感的應對機制。儘管她的父母沒有很多錢可以給女兒花用，她還是在情況允許下盡可能購買化妝品進行美妝實驗。她用各種粉狀和霜狀的產品以及彩妝盤來調整自己的外表，發現她可以淡化或提升與生俱來的種族差異。她在《胡達老闆》上解釋：「化妝讓你更漂亮，讓你感覺更美。」貓眼妝後來成為她的美妝風格要素。

二〇〇八年取得密西根大學（University of Michigan）迪爾伯恩分校的金融學位後，這位企業家新秀拋下美國，搬到阿拉伯聯合大公國，找了一份招募人才的工作，卻在一年後因為經濟衰退而丟了飯碗。在這個職涯的交叉口，胡達終於決定認真對待她對美妝長久以來的熱情，於二〇〇九年搬到洛杉磯（Los Angeles），接受彩妝師訓練。在這段時期，她漸漸在美妝產業出了名，開始累積許多來頭不小的客戶，包括阿拉伯聯合大公國的皇室成員和伊娃．朗格莉亞（Eva Longoria）等名人。

早在凱莉．珍娜（Kylie Jenner）創立自己的美妝品牌之前，胡達就已在教育對美妝有感的人；她的名字「胡達」其實就是「指引」的意思。她在二〇一〇年Instagram成立自己的部落格時，並沒有中東地區的榜樣可以看齊。她在《胡達老闆》上說，她希望透過自己做的事接納不安全感，成為他人的典範。她在二〇一九年告訴《地鐵報》（*Metro*）：「在我開始經營部落格的那個時候，褐色皮膚的部落客並不多，所以我的目標是為褐色皮膚女孩發聲。」

在美妝網紅和教學影片不像今天這麼普遍的時期，胡達在自己的網站上提供顴骨修容、畫眉修眉、處理捲髮、使嘴唇豐腴及畫出完美煙燻眼妝的訣竅。她在二〇一一年的一篇文章中寫道：「我超級熱愛眼線，越黑越好！」為了跟一般的美妝品牌做出區別，她書寫這些文章時，語調就像日常對話般，語氣輕鬆隨意，彷彿正在和朋友分享如何化妝的秘訣。

這位網紅發布的內容相當受歡迎且能引起共鳴，因此她的部落格不久便將她提升到名人的地位，先是在阿拉伯婦女之間取的聲譽，接著在全球的美妝愛好者之間走紅。為了跟阿拉伯觀眾建立連結，胡達付出很大的努力，在影片裡用不流利的阿拉伯語跟他們交流。她的粉絲喜歡她的親和力和溫暖；胡達跟追蹤者說話時非常親切，這絕對是這些粉絲瘋狂崇拜她的原因之一。但這也不表示這位大人物不會受到批評。在她的平台和影響力不斷成長的同時，她曾經被批評使用美容方式改善外貌、化妝技巧偶有爭議、跟其他網紅關係緊張等等。

各大品牌注意到她的影響力，寄給她數千件公關品，希望她能向她的追蹤者推薦自家產品。然而，身為褐色皮膚的女性和長期間的美妝愛好者，胡達一直都很留意市場上的空缺，因此在親姊妹艾莉亞（Alya）和蒙娜（Mona）及丈夫克里斯（Chris）的幫助下，她決定創立自己的品牌「胡達美妝」，在二〇一三年推出。她的第一個產品是一系列的假睫毛，非常受到歡迎，連金．卡戴珊也愛用。

今天，胡達美妝是個身價數百萬美元的品牌，無論是美國的絲芙蘭、英國的塞爾福里奇百貨公司（Selfridges）、杜拜（公司總部的所在地）的自動販賣機，處處都買得到他們的產品。這是目前為止在中東和北非最受歡迎的美妝品牌，其Instagram、YouTube、臉書和抖音的追蹤者遍及世界各地，總共超過七千四百萬人。胡達常在自己的美妝和個人動態張貼實用影片（還有其他網紅使用她的產品的影片），顯露她美麗的眼線和吹彈可破的肌膚，下方往往充斥著仰慕的留言，例如「我美麗的達令」。

雖然胡達個人的眼線風格[105]非常獨特，但她的品牌卻一直到二〇一九年才推出眼線產品。胡達的說法是，除非她覺得自己能做出比其他人還要好的產品，否則她不願創造自己的眼線商品。她提到想把這項產品做得完美的渴望，說：「眼線是非常強大的，如果我的東西[106]無法擊敗市面上的所有產品，我就不要做。」當她總算推出「生命之線」（Life Liner）這款雙頭眼線產品（一頭是眼線筆，另一頭是眼線液）之後，人們對這項產品的期望高到預售就賣出七十萬份，遠遠超出生產的二十萬份。胡達說，生命之線是「中東女性的夢想」，它的黑「比你的靈魂深沉」；這個牌子後來還推出另一款「快速簡易精準眼線液」（Quick'N Easy Precision Liquid）。胡達在推出生命之線後告訴《暈眩》（*Dazed*）：「我無法一天不畫【眼線】，眼線真的可以改變眼睛的形狀、提亮眼部、讓你看起來更有神、讓眼睛獲得必要的關注。它就是讓我感覺很有女人味、美麗又性感。」

胡達致力於美化每一張臉，同時似乎也有意改變全球的審美標準。她曾說：「假如我不熱愛自己做的事，我要如何影響世界？假如我沒有在某方面改變世界，那我是在幹嘛？」

從Instagram臉演變到「超殺」臉

網路紅人的出現以及大膽眼線妝容的普及，都源自二〇〇〇和一〇年代的西方，正好跟卡戴珊－珍娜家族崛起的時期交疊，有人認為就是被這個家族所帶動的。在知名的電視實境節目《與卡戴珊一家同行》（*Keeping Up with the Kardashians*）中，金．卡戴珊經常畫煙燻眼妝，用粗厚的眼線襯出她細長的「蜘蛛狀」睫毛。擁有西歐和亞美尼亞血統的卡戴珊很快就因為她那「異國風情」的妝容、髮型和曲線而出名，這全都促成了她惡名昭彰的「種族模糊認同」；該明星被指控是利用褐色人種和黑人女性的美學來賺錢。

然而，金同母異父的妹妹凱莉・珍娜才是後來在這個產業發光發熱的名人，她在二〇一五年的秋季年僅十八歲時，推出了凱莉美唇組（Kylie Lip Kits）。同一年稍早，珍娜坦承自己有靠豐唇手術讓她原本的薄唇變得豐滿，但是這並未阻礙她的美唇產品取得成功，這些產品往往一上市就銷售一空。珍娜的粉絲追求的不只有她的嘴唇，還有她既性感又撩人的整體樣貌。為了實現種族模糊的外表，純白人血統的珍娜經常畫貓眼妝，在上眼皮畫出細細的黑線，還有明顯往上翹的翼形線條。這些眼線塑造出經典的小野貓與娜芙蒂蒂式美學，一些整形醫生猜測她也有透過提眉之類的醫美手術達成進一步的效果。美唇組推出一年後，珍娜又推出凱莉眼線組，內含一支斜角刷、一支眼線筆和一罐黑色或棕色的眼線膠。雖然最初的產品有獲得一些成功，但是現在已經不再販售。她的網站現在有賣閃亮或霧面色澤的眼線膠筆以及一款凱莉刷頭眼線液筆。

在寫下這段文字時，Instagram的演算法告訴我，有超過三億七千六百萬名追蹤者在滑過Instagram的動態時，會看見珍娜小心塑造出來的形象和眼線。她是最早吹起詭異的「Instagram臉」潮流的其中一人，而這個詞是由吉亞・托倫蒂諾（Jia Tolentino）在二〇一九年的一篇《紐約客》（*New Yorker*）文章提出的，指「宛如電子人的單一」臉孔，「明顯屬於白人，卻又擁有種族模糊的特性」。知名彩妝師蔻碧・史密斯（Colby Smith）在托倫蒂諾的文章裡說到

Instagram臉[107]具有「精選輯」的特性：「我們指的是非常古銅色的肌膚、南亞的眉毛和眼睛形狀、黑人的嘴唇、白人的鼻子，以及美洲原住民和中東人為主的臉頰輪廓。」二〇二〇年的十月，阿拉伯世界的推特爆發一陣迷因潮，起因是珍娜在Instagram和其他地方張貼了一支她替新產品擔任模特兒的影片。影片裡的她眼線畫得很濃，連下方的內眼線也有畫，因此看起來酷似中東偶像的原型（小時候的我所景仰的那些明星）。

珍娜的美學風格所引起的漣漪效應觸及範圍很大，影響了無數女孩對自我的認知。倫敦的臨床心理學家麗莎・歐爾班博士（Lisa Orban）說：「Instagram臉確實能影響使用者對自己『應該要有什麼外貌』的想法，而這會使他們很容易拿自己跟這些美妝網紅相比。這種拿自己跟人們認為的標準美進行比較的行為，他們不再將眼線融入整張臉的妝容，有些人甚至會試著『修正』自己，如透過選擇性整形手術來擁有相同的理想化特徵。」歐爾班說，在更極端的例子中，身體形象的問題可能引起身體臆形症這種焦慮症，患者會非常困擾自己外在的缺陷或缺點，可能導致憂鬱症，甚至自殺的念頭。

在二〇一六年刊登在《自然》的一篇研究中，學者伊莎貝爾・寇伊－迪布利（Isabelle Coy-Dibley）發明了「數位臆形症」一詞，主張這也屬於身體臆形症，但卻是「受到社會制約的臆形症，由社會壓力、審美觀念以及容易讓人透過圖像形式取得這些審美標準的科技所集體形塑而成。」現在的人不只可以觀察和批評自己的外貌，還能夠下載應用程式，把虛擬自我微調成普遍認為的完美。例如，Facetune和Makeup–Plus便允許使用者將各式各樣的化妝品加在沒有化妝的眼睛周圍，像是各種造型和種類的眼線，同時美化和扭曲自己的面容。寇伊–迪布利寫道：「這個現象會帶來一個很不幸的狀況，那就是在接下來這幾年，我們之中的許多人將認不出透過數位修飾創造出來的自我。」

來自倫敦的醫美從業人員提吉昂．艾索醫生（Tijion Esho）說，數位形象和現實樣貌之間的差異，讓一些人決定透過手術永久改變自己的容貌，他有很多比較年輕的患者都要求擁有卡戴珊家族成員的外貌。艾索說，由於在COVID–19疫情期間需求變大，他進行的臉部整容術「越來越多」，包括非外科手術性的隆鼻和豐脣。他說，大部分的患者都想進行上眼瞼或下眼瞼的整形手術，這會去除鬆弛的皮膚，呈現更緊緻光滑的效果，使患者的眼睛形狀看起來跟僅使用眼線所能達到的樣貌有很大的差異。

在COVID–19期間，人們對於透過整形和眼線等眼妝產品來美化眼睛的興趣大增，因為戴口罩會遮住臉部其他部位。根據數據分析集團凱度所進行的調查，世界衛生組織在二〇二〇年三月宣布疫情後，全球眼妝產品的銷售量在幾個月內激增百分之兩百零四。曾任巴黎萊雅執行長的尚–保羅．安鞏（Jean–Paul Agon）在二〇二〇年八月的法說會表示：「顯然，[108]看不見嘴脣時，眼睛變得超級重要。」《華盛頓郵報》報導，在COVID–19爆發後不久，拉斯維加斯一間絲芙蘭倉庫的員工出現加班情形，部分原因就是要應付消費者對眼線產品的需求。

到了二〇二三年的年初，所謂的Instagram臉已漸漸消失在數位世界，因為貝拉・哈蒂德有稜有角、沒那麼柔和的「超殺」臉（the snatched face）開始占上風。哈蒂德的臉龐線條明顯、沒那麼圓、下巴很尖、眉毛高聳、雙頰彷彿被雕鑿過似的。話雖如此，這種樣貌也有可能需要透過手術和整形來完成，如口內取脂術。[109] 這位模特兒坦承自己年僅十四歲就動過鼻子手術，並在二〇二二年告訴《Vogue》她希望自己有「留下祖先給她的鼻子」。然而，哈蒂德否認她的眼睛和眉毛有動過任何手腳。整形醫生薩嘉爾・帕特爾（Sagar Patel）在二〇二三年的二月告訴《The Cut》雜誌：「我們現在看到的[110]不是豐滿的嘴唇和小巧的鼻子，而是線條明顯的下巴和顴骨。在二〇一七年，重點是要看起來年輕可愛，但是現在人們的想法是：我不想要看起來像十五歲，我想要有二十八歲的樣子，而且很性感。」巧合的是，這種「新」造型的某些元素其實有出現在娜芙蒂蒂的胸像上，尤其是銳利的線條感。

為了形塑「超殺」臉，坎達兒・珍娜（Kendall Jenner）和亞莉安娜・格蘭德等模特兒和名人把經典的貓眼妝進化成「狐眼妝」，是一種將眼線往上撇的眼妝造型。在做這個造型時，眉毛要往上刷，畫得相對筆直（有時候這得需要靠剃除和重畫眉毛尾端才能實現），接著使用眼影和眼線將眼睛的外緣往太陽穴延伸、眼睛的內緣往鼻梁延伸。有一種稱作埋線拉提的手術可協助做到這個造型，方法是使用埋在皮膚下的可溶或不可溶縫線來拉繃上眼皮（哈蒂德在接受《Vogue》訪問時，說她有用臉部膠帶幫忙達成狐眼造型）。追隨狐眼潮流的網紅常常會把自己的頭髮綁成緊繃的高馬尾或髮髻，更進一步拉繃眼睛的邊緣。從許多不同的圖像中可以看出，裝扮這個造型的內容創作者有時候會用手指拉高眼睛的邊緣，讓眼睛看起來更斜。這會形成細長的「杏眼」形狀，有些亞裔美國人看見沒亞洲血統的人做這種裝扮，會批評他們盜用亞洲臉孔。

王蘇菲（Sophie Wang）在《史丹佛日報》（*The Stanford Daily*）寫道：「這些拉長眼睛的行為令我想起小學的時候，我的同儕會故意模仿『中國人的怪眼睛』，將眼睛的外緣拉高，仿效亞洲眼睛的大小和形狀。在【白人女子臉上】，這種『人工』的眼睛形狀很美，但是在亞洲人臉上，這種與生俱來的眼睛形狀卻會招人嘲笑。無論這個造型是透過化妝、拉眼睛或整形手術完成的，產生的效果都一樣：這仍然是老掉牙的嘲弄。」在《Teen Vogue》的某個社論對頁版，作家李莎拉（Sara Li）也表示同意：「【美國】主流審美觀又再次從另一個文化竊取過去用來攻擊該文化的五官特徵，這絕對不是湊巧。」

彩繪眼線崛起

寫下這段文字時，Instagram上有將近一千八百七十萬則貼文使用了「眼線」這個主題標籤，「睫毛膏」則有一千一百八十萬則貼文。按下這個主題標籤，可看見色彩、手工藝和創意的大爆發。其中，「彩繪眼線」時常會伴隨「眼線」這個主題標籤，擁有超過七十萬則貼文，匯集了特別創新的妝容。彩繪眼線最初源自一九六〇年代（想想崔姬的經典摩登眼妝就知道），但是網路讓我們現在很容易分享和模仿更多元的潮流。

在Instagram上找得到高低起伏劇烈的飄浮螢光線條，還有橢圓形、圓形、三角形和交疊翹尾等不同的造型。同樣受歡迎的還有：一條線變成兩條或兩條以上的「分岔眼線」；眼睛好像是事後才添加的「括號眼線」；以大小圓點裝飾的「大小圓點眼線」。眼睛邊緣可以畫的造型也是包羅萬象，包括葉子、聖誕樹、花卉、羽毛和水果等等。有時，眼線還會創造出「負空間」。其他眼線圖樣包括檸檬和萊姆、漩渦和蠕動曲線、棒棒糖和獨角獸的角，比較大膽的造型則有火焰、雲朵、天鵝、星星，甚至是愛心、閃電、蜘蛛網和蝴蝶。

可以做的變化似乎無窮無盡。有一位網紅@MakeupByRabe甚至運用自己畫眼線的技巧來她的Instagram追蹤人數已達十萬。她用眼線在眼皮上畫出「100K」字樣，並在字體上添加亮粉。她的帳號張貼不少富有創意的眼線造型，有些畫的是影視節目的相關意象。例如，在一則跟《犯罪心理》（*Criminal Minds*）有關的貼文，她畫了黃色眼線，並在上面寫「犯罪現場請勿靠近」的字樣，眉毛下方也畫了一點血跡，睫毛上的眼皮區域則寫有ＦＢＩ幾個字母。另一位創作者張貼的彩繪眼線造型則是以書籍封面的配色和設計為主題；在「書封妝容」的主題標籤中，可以看出許多作者和網紅也都做過類似的創作。

就連名人也會嘗試這種前衛的眼妝，特別是在頒獎季。伊朗裔的美國演員亞拉·沙希迪

（Yara Shahidi）曾經嘗試藍色負空間的妝容；美國抖音明星迪西・達梅利奧（Dixie D'Amelio）畫過龐克貓眼妝；英國演員辛西婭・艾利沃（Cynthia Erivo）在二〇二一年的金球獎線上紅毯展現了紫色眼妝，跟螢光綠的網紗洋裝和白色的皮手套形成色彩對比；歌手杜娃・黎波（Dua Lipa）、模特兒貝拉・哈蒂德以及演員杭特・薛佛（Hunter Schafer）和艾莉莎・黛咪都經常畫彩繪眼線，最後這兩位除了在極受歡迎的ＨＢＯ影集《高校十八禁》（*Euphoria*）一劇中會畫（這部戲因彩妝師朵妮・戴維〔Donni Davy〕未來感十足、時常閃亮亮的妝容作品而出名），就連戲外也是。薛佛是LGBTQIA＋社運人士，常會在Instagram張貼自己的眼線造型。她在二〇二一年告訴《Vogue》，她認為她的眼妝「就像一幅油畫，要透過很多層色彩來創造立體的效果。或者，眼線也可以非常平面，就像一幅線圖。」另外，美國體操選手西蒙・拜爾斯（Simone Biles）在二〇二一年的美國體操錦標賽上，也有畫飄浮眼線。歌手索蘭芝（Solange）畫「單眼線」已經畫了很多年，這是指從一隻眼睛畫到另一隻眼睛，毫未中斷的眼線；在二〇二三年的科切拉音樂節，哥倫比亞裔的美國表演者卡莉・烏奇斯（Kali Uchis）畫了貓眼妝來搭配她的杜嘉班納全牛仔布套裝；流行歌手蜜桃貓朵佳（Doja Cat）值得特別一提，因為她的眼線造型十分多樣，包括不對稱的負空間和互相交疊的翅膀；胡達和凱莉・珍娜也都有畫過彩繪眼線——胡達美妝推出的螢光眼影彩妝盤便特別打著適合用來創作彩繪眼線的口號。

除了彩繪眼線，其他眼妝趨勢還有：韓國很流行的「小狗眼線」，不將翹尾往上畫，而是往下畫；「睏倦眼線」，也就是除了上眼緣之外，還凸顯下眼緣，以營造「撩人」的效果；貓眼妝的另一種細微變化版本「小貓眼線」；翼形眼線上下擺動的「魚尾眼線」；將往上的翼形眼線畫成蝙蝠翅膀的「蝠翅眼線」；透過遮瑕膏完成的「透明眼線」；內外眼角都畫有長長翹尾的「女妖眼線」；還有目前為止我最愛的「四點妙計」，也就是用白色眼線液在眼睛周圍畫四個點——據說這能夠「催眠」男性，使他們「愛上妳」（大會報告：我用了沒有效）。演員茱莉亞．福斯（Julia Fox）曾試著自己發明一種極端的眼線造型，該造型讓人想起她以前的施虐狂歲月，凸顯她那「我根本不甩任何事」的性格。

Instagram的效果功能也有提供各式各樣的眼線濾鏡，抖音同樣如此。但，這些都沒有像彩繪眼線那麼火紅。然而，在臉書上的「不管了，我要罵死那些眼線」（That's It, I'm Eyeliner Shaming）社團超過一萬五千名的成員眼裡，並不是每個人的造型都很讚。這個社團提供一個空間，讓「眼線菁英抱怨他人」，同時也秀一秀自己難看的妝容。

網紅新兵衛

對新一批的網紅生力軍而言，他們的目標是要轉移人們對完美的Instagram臉或超殺臉的注意力，並引起對這些眼線圖案本身的興趣。他們不再將眼線融入整張臉的妝容，而是讓眼線獨立存在。傳統意義的「美」已不是重點，重點是藝術性和自我表達，或許還有為了在飽和的社交媒體中脫穎而出的嘗試。這些網紅做的事可能真的有道理，因為研究證實，鮮豔的色彩表現得比黑白或顏色柔和的創作內容還要好。

有些飽受青春痘等皮膚狀況所苦的人，會把眼妝畫得很誇張，以轉移自覺的缺陷，同時也承認這些缺陷，正常對待它們。眼睛變成最重要的五官特徵，因為可以掌控，於是便發揮才華加以掌控，而臉部的其他地方則素顏。這種同時帶有極簡主義和極盛主義風格的方式受到不少網紅喜愛，如經營「青春痘正能量」Instagram帳號的索菲亞・葛蘭（Sofia Grahn）。在@ISofiaGrahn這個帳號，她完全捨棄全臉粉底和修容，選擇把心力聚焦在眼睛上。她在其中一則貼文寫道：「亮晶晶的眼睛與青春痘的星空」，照片中她的眼皮貼滿閃爍的星星。另一則貼文則顯示她未遮掩的坑疤和藍綠色的眼線，寫道：「我致力要在這件事情上結合自己對化妝的熱愛，將所謂的瑕疵皮膚以原始未修圖的狀態呈現出來，搭配吸睛的美妝造型。」

二十四歲的英國新人創作者瑞安娜・安潔兒（Rhianna Angell）也致力為自己的整張臉呈現沒有修圖、極簡主義的真實面貌，極盛主義的繽紛造型只保留給雙眼。她的目標不是要看起來「迷人」，而是要好親近。我在二〇二一年的年初訪問她時，她的確就是那樣，說話溫柔，只有上了點淡妝，使用玫瑰色腮紅、顏色相稱的眼影和幾乎不存在的眼線（她那天放了一天非常該放的假，不用上班或經營Instagram）。她在自己的臥房跟我視訊通話，周圍有很多化妝品。她向我解釋，眼線是她用來表達獨特性和自信的工具。她說：「只用這一樣產品就能操控自己的樣貌，實在很不可思議。」她只需要揮動幾下刷具，就能把素顏變成愛黛兒等級的容貌。

安潔兒會走上網紅這條路，跟她祖母從她六歲時就經常在她面前化妝有關。她說：「對於小時候看著她準備出門的過程，我有非常鮮明、鍾愛的回憶。那是一種儀式。」安潔兒的祖母習慣把快用完的化妝品送給她，其中不乏一些高檔的牌子。送給她後，她會教安潔兒如何使用，在她還未滿十三歲的時候就讓她嘗試化妝。她會把這些東西放在一個小抽屜，安潔兒每次去拜訪她都會很興奮地跑去看。她的祖母雖然不畫黑色眼線（她說那看起來太老了），但她會畫棕色或藍色的。安潔兒會仔細觀察她如何透過這些線條提升自己的樣貌。

安潔兒在疫情期間原本有一份助理彩妝師的工作，卻也因疫情而被裁員時她的祖母常常會來看她，觀察她如何上妝。她深情地說：「我們從我觀察她，變成她觀察我。」少女時期的安潔兒也有受到另類搖滾樂團的影響，如打倒男孩和我的另類羅曼史（My Chemical Romance）。「他們的眼線畫得超棒，我心想：『我一定要像那個樣子。』畫眼線的時候，我感覺很有自信。眼線怎麼可能不增強一個人的自信？眼線拯救了很多人的顏面，尤其是在疫情期間。在沒辦法掌控很多事物的時候，假如你能掌控自己的樣貌或行動，那絕對是很正向的。這是自我關照的一種形式，也是在關愛自己。」

雖然她一開始畫的是比較傳統或情感風格的眼線造型，但是為了跟上潮流，安潔兒的動態（@Rhianna_Angell）現在張貼很多彩繪眼線的風格，包括：琥珀色的飄浮線條搭配紫色貓眼；

鮮豔的紅黑黃圖樣；彎彎曲曲的粉色眼線；五彩繽紛的羽毛線條。她臉上的其他部位並沒有大肆修容，有時只有使用一點點腮紅或修容餅。值得注意的是，她的貼文都沒有使用濾鏡，真實呈現自然光照在皮膚上的肌理。她常使用「正常看待皮膚肌理」（#NormalizeSkinTexture）這個主題標籤，這是Instagram網紅凱蒂·珍·休斯（Katie Jane Hughes）所發明的詞彙，重塑了我們對化妝和美容兩者關聯的認知。

安潔兒不想要描繪某種理想美，而是試圖尋找使她感覺美好的東西，包括眼線，並把重點放在分享各種訣竅和技巧。她說：「我的美妝影片從來不是想說：『噢，看看我，我多會實現這些不同的妝容啊。』我想說的是：『讓我告訴你如何實現這些妝容，讓我告訴你，你也可以對自己更有自信。』」安潔兒說，她知道身為白人女性，她擁有傳統上被認為很迷人的歐洲中心主義的臉蛋，但是她直言自己確實也有沒自信的地方。

二十四歲來自印度清奈的網紅莎莉妮·庫蒂（Shalini Kutti）也採取類似的做法。她說：「我想要用我的帳號讓人們明白的是，只要使用得好，化妝是很強大的。化妝是一種非常個人的經驗，可以賦予你發揮創意和表達自我的力量。」

庫蒂在一間稱作「自由平等美妝」（FAE Beauty）的印度化妝品新創公司擁有全職工作，這間公司擅長在印度美妝市場展現包容與革新。極簡妝容是這位網紅的利基，因此她特別專注在眼線和眼睛。目前為止，她在Instagram和YouTube上累積將近九萬名追蹤者。

跟安潔兒一樣，庫蒂對化妝的熱愛是遺傳自家族中的女性。她說：「我最早接觸的化妝品是我母親的化妝品。」此外，她的文化也對她的美妝之路產生很大的影響。「我在被灌輸化妝的觀念時，印度妝容的最高標準就是南亞眼線，我每次都一定會畫。所以，我想你可以說這真的是引我進入眼妝這個世界的誘餌。」庫蒂的動態也充斥著無濾鏡的妝容，只有使用一點粉底，另外就是水亮的嘴脣和眼線，包括金色和亮粉效果的飄浮線條、大量的負空間以及珊瑚色和白色條紋。她的Instagram自介寫道：「極簡妝容101＋無濾鏡的美妝療法。」

在社群平台自稱「無暇疵凱文」的凱文．寧（Kevin Ninh）會創作跟LGBTQIA＋議題有關的內容。這位越南裔網紅是非二元性別的酷兒。彩繪眼線豐富了凱文的造型，他也會實驗五彩繽紛或像素化的線條圖案，因為他喜愛動漫、韓國明星和寶可夢。在其中一則貼文裡，凱文把眼睛塗成同志驕傲的象徵：彩虹。說明文字寫道：「能夠帶來啟發、給予力量和發揮影響，讓人們變得更有自信，為自己的人生採取正面的行動，是非常棒的感覺。我很開心你們把我當成避風港，表達出自己真實的樣子。不管你們正在經歷什麼，別忘了我相信你們的強大和堅韌。」

有些創作者則特別迎合中年婦女或其他族群的受眾。@StungBySamantha的莎曼莎在自介中寫到，她要「杜絕人們對五十歲以上的女性持有的刻板印象」，因此她的內容專為年紀較大的肌膚提供畫眼線和其他化妝的祕訣。曾經出書的彩妝師麗莎．艾爾德里奇（Lisa Eldridge）在

Instagram上擁有超過一百七十萬名追蹤者，她專門分享將年紀較大的觀看者包容在內的美妝訣竅（這位創作者本身已超過五十歲）。她在自己的動態@LisaEldridgeMakeup張貼了凱特・溫斯蕾（Kate Winslet）和克勞蒂亞・雪佛（Claudia Schiffer）等年逾四十的演員照片，這些都是她曾為了重大活動和拍攝現場幫忙化妝的明星。越來越多網紅迎合越來越特定的族群，因此每一張臉孔、每一雙眼睛都可以有自己的造型。

社群媒體的「雙重潛力」

社群媒體也變成移居海外或活在專制壓迫政體之下的人用來交流想法、彼此連結的方法。例如，Instagram[111]提供伊朗女性一個管道分享自己的獨特性，有時候甚至促成她們的經濟獨立（儘管臉書、YouTube和推特等社群網站被這個國家的官方所封鎖，人們還是可以透過虛擬專用網路進入）。

根據學者拉丹・拉巴里的說法，[112]網路平台具有「雙重潛力，能夠加強既有的權力關係，也能夠讓心聲沒被聽見的族群發聲，賦予社會政治精英階層以外的人力量。」在這些例子裡，創作者都有使用化妝品來做為表達自我的工具，特別是眼線。Instagram最大的伊朗帳號之一「薩達芙美妝」（Sadaf Beauty）有四百萬名左右的追蹤者（二〇一九年，富比士將薩達芙列為世界上第二具有影響力的美妝網紅），而擁有超過六十萬名追蹤者的莎奇芭・阿茲馬蒂

（Shakiba Azemati）則會在平台上張貼眼線教學。在波斯網紅之中名列前茅的[113]模特兒愛爾娜茲．戈爾羅赫（Elnaz Golrokh）擁有大約七百萬名追蹤者，她因為在網路上張貼自己沒戴頭巾的照片，而被迫逃離伊朗。今天，這位畫眼線的內容創作者都在洛杉磯拍攝教學影片。

另外，一名年輕的伊朗女子[114]瑪爾琪．伊布拉希米（Marzieh Ebrahimi）在二〇一四年遭人潑酸後，照片在網路上廣傳。她會成為兇手的目標，據說跟她戴頭巾的方式有關。在她那張被瘋傳的照片裡，她沒被硫酸潑到的另外半張臉化了妝，其中一隻眼睛畫有眼線。人們分享這些關於伊布拉希米的貼文，除了在支持這些穿著遭到伊朗政權管束的女性，也是在喚起他人對她們處境的關注。順帶一提，[115]伊朗的網路犯罪單位據說曾經在二〇一六年調查金．卡戴珊是否為間諜，原因是她那些跟伊斯蘭教大相逕庭的價值觀影響了伊朗年輕女性。瑪莎．艾米尼死後，社運人士湧入卡戴珊的貼文，留下「瑪莎．艾米尼」的主題標籤，希望她能針對這起悲劇發表意見，以擴大對伊朗女權議題的關注。

除此之外，伊朗的LGBTQIA＋族群也會使用各種平台實驗自己的造型，因為他們發現網路允許他們跳脫公私領域的分界，可以分享許多不順從主義的表現。這些網紅有的會用眼線來模糊性別界線，即使他們常因為自己的發文而遭到酸民攻擊。根據《波士頓環球報》（*The Boston Globe*）的介紹，第一代的伊朗裔美國人居魯士．維希（Cyrus Veyssi）用他們的Instagram帳號「替美妝圈的波斯酷兒打造專屬的小天地」。這位網紅會張貼自己穿著飄逸亮色上衣、寬大衣和短版上衣的照片，他們的大眼睛有畫眼線，濃密的長睫毛被夾得捲翹。在其中一則貼文裡，維希為自己的素顏畫上煙燻眼妝和長長的翼形眼線，身上穿著金色亮片無鋼圈胸罩。

此外，他們也利用這個帳號協助人們了解祖國女性所遭受的限制，還有反思其個人成長，以及自己跟認同和外貌之間的關係。他們在一則貼文中分享：「我曾經無數次地看著鏡子，對自己的長相說各種惡毒的話。現在，我創造了無數種造型，使用化妝品這個工具來治癒舊傷的疤痕。」

身為褐色皮膚的移民之子，他歷經許多蛻變，而眼妝在這個過程中占據一個令人寬慰的特殊地位。維希告訴我：「我總是會在我的眼睛裡發現美，因為我從來沒把眼睛跟我的性別或身體異常聯想在一起。我的眼睛一向都能讓我保持穩定，因此我覺得它們自然成了我最顯著、有自信的五官。這給了我力量去探索凸顯眼睛的不同方式。對我來說，眼線總能夠強調我的女人味，認可我的性別認同，而不是要把【自己】塑造成不同的樣子。我因此在眼睛中找到安全感和美。」

「黑就是美」

二〇二〇年一月，[116] 抖音有一支影片遭到瘋傳，是一位黑人彩妝師使用黑色眼線來修容。她後來說到這支瘋傳的影片，表示：「若非必要，我不會用眼線修容。」抖音顯示，美妝產業儘管有所進步，卻依然無法充分迎合有色人種的受眾。另一方面，白人或蒙混成白人的網紅卻持續盜用或剝削黑人或褐色人種的化妝方式。時常參與身體自愛運動的英國演員賈蜜拉・賈米爾（Jameela Jamil）二〇二一年五月在一則Instagram貼文寫道：「黑人女性重新形塑了美妝產業，但問題是幾乎只有白人女性從中獲得利益。我要重複這些所有的言論給所有頂尖的美妝網紅，不只有卡戴珊家族。」賈米爾也提到芙蕾克絲・瑪咪（Flex Mami）和帕特・麥格拉斯（Pat McGrath）等黑人女性企業家為這個產業帶來的影響，呼籲讓她們以及那些「大大促成」眼線和煙燻造型崛起的南亞和中東女性都能得到應有的表彰。她說：「只是想針對這個拿種族風格在白人或蒙混成白人的臉孔上模仿種族特徵的美妝產業抒發一點淺見。」

法蒂瑪・卡瑪拉（Fatima Camara）在西班牙念高中時，常常會趁下課時間到廁所照鏡子，卻不喜歡自己看見的樣子。她會問自己：「我為什麼是黑人？我的嘴唇為什麼這麼厚？」

來自甘比亞（Gambia）和塞內加爾（Senegal）的法蒂瑪說，她有時會把嘴唇往內吸，試著想像自己如果生下來就是西班牙白人，會長什麼樣子。這位二十六歲的眼線網紅在出生前父母便移民歐洲，因此她從小就被白人的老師和學生所圍繞，很多人會嘲笑她的外表。法蒂瑪覺得今天有無數Instagram網紅都在盜用黑人文化，是一件很諷刺的事。她說：「當你打開Instagram，會發現好像人人都想當黑人！所以現在大家都想要我的嘴唇？超奇怪。好，你們以前都嘲笑我，現在卻想跟我一樣。局勢轉變得多大啊！人們挑選黑人美感的某些層面，卻在其他地方保持種族歧視，這讓我很火大。」

法蒂瑪認為，人們對於有化妝、特別是有畫眼線的女性所做出的反應，往往跟這些女性的種族和族裔有關。瑞．努森在《都是妝出來的》這本書中也表示贊同：「白人女性畫眼線跟有色人種女性畫眼線，會出現不同的解讀方式，因為這兩種人有不同的歷史，會面臨不同的偏見。」白人女子畫眼線看起來可能很潮或很有「異國風情」，有色人種女子卻可能被視為「有罪過」、有破壞性，甚至像喬洛女子那樣給人很危險的感覺。然而，法蒂瑪不在意這些刻板印象；在某方面，她甚至刻意符合這些刻板印象，加以嘲弄。

這位創作者說，她過了很多年之後才意識到，自己在學校經歷的公然侵略和微侵略行為是屬於種族歧視，就連老師也曾這樣對她。她說：「我現在很愛我的五官特徵，但是在小時候，我對這很沒有安全感，因為我的五官跟其他同學長得不一樣。」十九歲從西班牙搬到英國之後，她走上美妝這條路，不只是為了建立自信，也是為了體現和強化「黑就是美」的訊息。「身為黑人是我這輩子遇過最棒的事，這就是我想傳遞的訊息。」

除了在自己的房間拍攝眼妝教學影片，法蒂瑪一週有四天的時間會從事倉儲工作。她說，歧視黑人女性的不只有美妝產業，網紅產業也是。在疫情期間，她相信大部分的業配都給了白人女性。「有些白人化妝完全沒有我們黑人化得那麼好，卻有一、兩百萬名追蹤者，並拿到所有的美妝品牌業配。身為黑人女性內容創作者，我得比白人創作者努力一百倍。身為黑人……不管在什麼領域都得比白人努力十倍，這就是現實。」[117] 通訊公司MSL和網紅聯盟（Influencer League）在一份研究中發現，黑人網紅得到的報酬比白人網紅少很多。法蒂瑪說：「黑人女性要拿到業配比較難，就算拿到了，報酬也一定比白人女性少，一定。」

當英國品牌B完美美妝（BPerfect Cosmetics）詢問法蒂瑪能否參與拍攝時，她既驚訝又開心。她說：「美妝品牌通常會選擇使用混種女孩來表示自己有接納黑人，因此他們願意找我這種膚色這麼黑的人，我覺得很棒，希望未來也能繼續看到這樣的發展。」法蒂瑪擁有化妝技藝的第三級文憑，希望最終能夠展開自己的美妝學院，或許未來也可以創立自己的美妝品牌，以黑人女性和非洲文化為焦點。

眼線對法蒂瑪來說很個人。她說這款產品是「不斷贈送的禮物」，因為她可以使用自己喜歡的任何顏色或色彩組合，創造出自己想要的任何形狀。法蒂瑪的社群動態大部分都是很大膽明亮的風格。她的一些保羅·克利（Paul Klee）式造型和色彩筆觸非常生動鮮明，看起來好像經過數位修圖（其實並沒有）。法蒂瑪精通彩繪眼線的藝術，無論心形、虎紋、珠寶或蝴蝶翅膀都駕馭得很好。在其中一則貼文，她用塞內加爾國旗的顏色來妝點自己的眼睛，慶祝這個國家的獨立紀念日。在另一則貼文，她用花朵裝飾自己的眼線，問道：「你們有看過黑人仙子嗎？」在她的教學影片裡，她的雙手非常穩，就像是醫生在動手術似的。在神聖的齋月期間，法蒂瑪戴頭巾，並畫了特殊的開齋節眼線造型。她在一則貼文中表示：「戴頭巾時我覺得自己更美了。」

法蒂瑪最喜歡的品牌之一是珠薇亞的店，這間由黑人經營的公司有推出一款娜芙蒂蒂主題的眼妝盤（胡達美妝也有推出這個主題的眼妝盤）。法蒂瑪認為，珠薇亞的店做到了大部分的品牌沒有做到的事，那就是強化有色人種從古至今的貢獻。在西班牙上學時，她學到奴隸制和阿拉伯人征服西班牙的歷史，但學校從來沒有教她非洲女王和國王的事蹟，抑或是黑人建立的王國。她決定自主學習古埃及的歷史，並興奮地發現了娜芙蒂蒂這號人物、她那畫有眼線的眼睛和這個古代文明對化妝品的著迷。

她慢慢了解到，眼線述說的是跟血統、轉變、美麗和力量有關的普世語言。這個歷久不衰的化妝工具跨越無數個世紀和大陸，從一個文化傳到另一個文化、一個族群傳到另一個族群，從娜芙蒂蒂傳到法蒂瑪。

法蒂瑪說：「畫眼線時，我感覺自己跟這位非洲王后有所連結。表達她所代表的一切是最重要的。我跟這位王后一樣，不是追隨者，而是領導者。跟隨我，或者不跟隨，那是你的損失。」

謝辭

二〇二〇年十月我生日那天，COVID–19疫情正值高峰，我卻無處落腳。當時，我已經打包好倫敦公寓的行囊，準備搬到紐約，卻因為美國政府決定暫時停止移民程序、部分關閉世界各地領事館而必須作罷。在這個進退不得的時期，我待在黎巴嫩的父母家。雖然我早就有在考慮寫這本書，但我又想，那年八月貝魯特才剛發生爆炸事件，這種「膚淺」的主題肯定不會大賣。這世界上有這麼多悲劇正在發生，我怎麼可能寫一本關於眼線的書？此外，我的處女作《我們的普羅女性》（*Our Women on the Ground*）所涵蓋的主題也令我沉重無比。這些主題跟阿拉伯世界（這是我祖先的故鄉，但是我已經沒有居住在那裡）的衝突與社經混亂局勢有關，其中乘載的許多創傷在我的腦海裡激烈地繞圈子。我的母親雖然能夠理解我的焦慮，卻表示批判。她告訴我，《一線之間》（Eyeliner）這本書可以提供有色人種文化的多層次研究、揭開這些族群無人述說的故事，除了擴大他們帶來的貢獻，同時也帶給讀者樂趣。那天，她帶我走進西頓的市集深處，跟一個眼線粉小販買了傳統的眼線罐。我們仔細研究不同的品項，身邊環繞著銅製和陶製的容器。此時，她用一張東方兒女絕對熟悉的嚴肅臉孔說：「妳一定要寫這本書。」於是，我寫了。媽媽永遠是對的。

我要大大感謝舒薇塔・德賽（Shweta Desai）、飯田萌香（Moeka Iida）、蘿吉伊・阿嘉拔拉札德（Roghieh Aghabalazadeh）與莎麗蕾・阿嘉拔拉札德（Salileh Aghabalazadeh），這些了不起的女子協助我研究、理解各地語言，這本書有一半的成就得歸功於她們；謝謝麗娜・耶傑拉（Lina Ejeilat）讓我在佩特拉過了最充實的生日週，期間我們訪談超過八十位年輕和年長的貝都因男女，一邊認識他們對眼線的看法，一邊品茗和現場演奏的烏德琴音樂建立深厚的情誼；我還要謝謝她的父母哈耶爾和娜碧拉總是歡迎我到他們美麗的家，並做了好吃的椰棗餅乾給我吃。

謝謝蕾拉・沙迪德（Laila Shadid）、南西・柯瑞亞（Nancy Correa）、蒂賽爾・湯普森（Desire Thompson）、彼得・麥金塔（Peter MacIntosh）、史蒂夫・范恩（Steve Fine）、亞麗珊德拉・F・莫里斯（Alexandra F. Morris）、娜達・艾爾哈拉米（Nada Elrhalami）、法拉・蘇凱爾（Farah Shoucair）、拉斐爾・寇爾馬克（Raphael Cormack）、凱瑟琳・卓普夫（Katherine Zoepf）和維努・庫瑪（Vinu Kumar）給予額外的研究或翻譯建議與攝影協助；這本書的每一個事實資訊都有經過瑞秋・史東（Rachel Stone）認真查證。瑞秋，謝謝妳做得這麼棒；我也要謝謝哈布和斯萊曼這兩位見多識廣的約旦通，還有InsideJapan旅行社的卡娜・范・桑德（Kana Van Sandt）和理查・法爾默（Richard Farmer）。

疫情爆發第三年時，我到印度的喀拉拉為這本書進行研究，結果卻染上COVID–19，被困在飯店房間裡整整十二天。我非常感激那些送來水果盤和一隻金魚給我，希望為我打氣、讓我有伴的飯店員工。

感謝我的經紀人、同時也是良師益友的潔西卡・帕潘（Jessica Papin），以及雖然你不再是我的編輯、卻仍在遠處替我加油的葛雷琴・施密德（Gretchen Schmid），我很感謝妳們兩位對這本書的點子（還有我）有信心；也很感謝艾莉・斯第爾（Ellie Steel）和埃莉・梅羅拉（Allie Merola）敏銳的眼光和持續的支持，以及企鵝書屋（Penguin Books）和陳釀書屋（Vintage Books）的編輯、銷售與行銷團隊；此外，我永遠不會忘記《一線之間》的封面和內文插圖——謝謝妳們，琳恩・柏克利（Lynn Buckley）和梅賽德斯・德貝拉德（Mercedes deBellard）。

感謝那些堅定不懈給予我鼓勵的親朋好友，我永遠感激他們：欣德・哈桑（Hind Hassan）、尤娜・穆罕默德（Yumna Mohamed）、約瑟夫・威利茲（Joseph Willits）、娜達・巴克里（Nada Bakri）、努爾・馬拉斯（Nour Malas）、嘉布莉埃拉・史瓦茲（Gabriella Schwarz）、塔拉・福勒（Tara Fowler）、賈斯汀・塔索里德斯（Justin Tasolides）、蘿拉・赫斯特（Laura Hurst）、莎哈爾・塔巴賈（Sahar Tabaja）、達莉拉・馬哈達維（Dalila Mahdawi）、卡西亞・聖克萊爾（Kassia St. Clair）、西蒙・阿卡姆（Simon Akam）、莎曼莎・菲爾斯（Samantha Fields）、澤娜・哈希姆・貝克（Zeina Hashem Beck）、茱馬娜・納斯爾・畢爾瑟切（Joumanna Nasr

Bercetche）、阿依達・阿拉米（Aida Alami）、亞拉・羅瑪莉茲・馬斯里（Yara Romariz Maasri）、卡里姆・契哈耶博（Kareem Chehayeb）、塔瑪拉・瓦立德（Tamara Walid）、露絲・大衛（Ruth David）、安娜・路易・蘇斯曼（Anna Louie Sussman）、潔西卡・利曼（Jessica Lehmann）、丹尼埃爾・平托（Daniele Pinto）、亞米・裘利亞（Ami Cholia）、丹・歐唐內爾（Dan O'Donnell）、莉亞・拉克西（Rhea Rakshit）、阿迪・納拉揚（Adi Narayan）和雷尼・杜桑（Lenny Toussaint）。妲莉雅・舒克里（Dalia Shukri），我要特別點名妳，因為妳在貝魯特美國大學展現的眼線技巧一直讓我記憶猶新。希巴・阿尤比（Heba Ayoubi），我很抱歉我錯過了妳的婚禮。

這本書最初的靈感，是來自我跟愛書姊妹阿扎德・莫阿維尼（Azadeh Moaveni）在倫敦一間法式餐館吃飯時討論出來的內容，因此我非常感謝我們總進行有趣的對話，以及分享彼此的文化、想法和笑話。

最後，感謝麗娜（Lina）、艾瑪・拉瑪（Amal Rammah）和阿瑪德・加達（Ahmad Ghaddar），你們真的是我的支柱。

註釋

導論：眼線筆記

1. 儘管不像古埃及人那樣：Eldridge, L. (魯保羅015). *Face paint: The story of makeup*. Abrams Image.全球的眼妝市場：International Market Analysis Research and Consulting Group. (2023). *Eye makeup market: Global industry trends, share, size, growth, opportunity and forecast 2023–2028*. IMARC Group. https://www.imarcgroup.com/eye-makeup-market

術語釋義

2. 西方眼線通常：Byrdie. (2019, April 25). *So what is eyeliner made of exactly?* Byrdie. https://www.byrdie.com/what-eyeliner-made-of日本的一種眼妝技巧：Leiter, S. L. (2014). *Historical dictionary of Japanese traditional theatre* (p. 337). Rowman & Littlefield Publishers.

第一章　美人駕到

3. 二〇一〇年，科學家發現：Bhanoo, S. N. (2010, January 18). *Ancient Egypt's toxic makeup fought infection, researchers say*. The New York Times. https://www.nytimes.com/2010/01/19/science/19egypt.html

4. 同年，學者發現：American Chemical Society. (2010, January 11). *Ancient Egyptian cosmetics: 'Magical' makeup*

may have been medicine for eye disease. https://www.acs.org/pressroom/newsreleases/2010/january/ancient-egyptian-cosmetics.html
5. 儘管如此，零散的線索：這個章節中有關娜芙蒂蒂生平的細節都是參考：Tyldesley, J. (2018). *Nefertiti's face: The creation of an icon*. Harvard University Press.
6. 很大的需求：Wilder, C. (2016, March 1). *Swiping a priceless antiquity . . . with a scanner and a 3D printer*. The New York Times. https://www.nytimes.com/2016/03/02/arts/design/other-nefertiti-printer.html
7. 有些記者甚至嘲笑：Ritt, W. (1946, March 25). *You're telling me!* The Vidette-Messenger.
8. 第二次世界大戰結束：Jones, G. (2006). *Globalizing the beauty business before 1980* (Working paper). Harvard Business School. https://www.hbs.edu/ris/Publication%20Files/06056.pdf
9. 「這是持續流行的風格」：Brannon, L. (1985, October 13). *Permanent eyeliner: Eye surgeon tattoos eyelids*. News Herald (Panama City).
10. 眼線的文化意涵：Cormack, R. (2021). *Midnight in Cairo: The divas of Egypt's roaring '20s*. W. W. Norton & Company.

第二章　禁忌民族

11. 臉上塗什麼顏色：Bovin, M. (2001). *Nomads who cultivate beauty: Wodaabe dances and visual arts in Niger* (pp. 18, 33–38). Nordic Africa Institute.
12. 沃達貝人的由來：Phillips, D. J. (2001). *Peoples on the move: Introducing the nomads of the world*. Piquant Editions.

13. 跟她親近的人：Hafezi, P. (2022, September 28). Iranian woman whose death led to mass protests was shy and avoided politics. Reuters. https://www.reuters.com/world/middle-east/iranian-woman-whose-death-led-mass-protests-was-shy-avoided-politics-2022-28/
14. 有些人甚至會：Esfandiari, H. (1997). *Reconstructed lives: Women and Iran's Islamic revolution* (p. 6). Johns Hopkins University Press.
15. 面紗戴得很鬆：Moaveni, A. (2022, October 7). *'It's like a war out there.' Iran's women haven't been this angry in a generation*. The New York Times. https://www.nytimes.com/2022/10/07/opinion/iran-women-protests.html
16. 這位態度強硬的總統要求：Yee, V., & Fassihi, F. (2022, September 26). *Women take center stage in antigovernment protests shaking Iran*. The New York Times. https://www.nytimes.com/2022/09/26/world/middleeast/women-iran-protests-hijab.html
17. 女性識字率：Nada, G. (2020, December 9). *Statistics on women in Iran*. United States Institute of Peace. https://iranprimer.usip.org/blog/2020/dec/09/part-statistics-women-iran
18. 很有可能是因為根據聖訓：Book 29: Hadith 24 (Sunan Abi Dawud 3878). (n.d.). *Sunnah.com*. Retrieved August 20, 2024, from https://sunnah.com/abudawud:3878
19. 根據阿布・胡萊勒的敘述Book 38: Hadith 17 (Jami at-Tirmidhi 2539). (n.d.). *Sunnah.com*. Retrieved August 20, 2024, from https://sunnah.com/tirmidhi:2539
20. 當時的美妝趨勢所影響：Ravandi, M. (1978). *The social history of Iran* (Vol. 1). Amir Kabir
21. 藥妝店和零售商：取自作者在二〇二二年訪問大西洋理事會會員荷莉・戴格雷斯的內容：Dagres, H. (2022). *Author interview*. Atlantic Council.

22. 女性在婚前甚至不能：Anizadeh, A., et al. (2008). Introducing the items of the Museum of People's Culture Unit. *Journal of Iranian People's Culture*, (13), 211, 216–207.

第四章　佩特拉的海盜

23. 在幾百年前，阿拉伯聯合大公國的女性：Shayma Bakht, "The Legacy of Kohl," *Azeema* (September 2021): 155.
24. 彩色雙管眼線袋：Artist Unknown. (1920s–1940s). *Kohl-container* [Ornamented silk satin and bamboo, 47 cm × 26 cm]. British Museum, London. https://www.britishmuseum.org/collection/object/W_As1968-05-7
25. 「藍鴿」：Mhaidly, J. (2019, March). *Learn about the history of kohl from the Pharaohs until today*. An-Nahar. https://www.annahar.com/arabic/article/944420-تعرفوا-إلى-تاريخ-الكحل-من-الفراعنة-حتى-اليوم
26. 貝都因人的生活：Angel, C. C. (2011). Umm Sayhun: Geography and history of a permanent Bedouin settlement above Petra, Jordan. *Annual of the Department of Antiquities of Jordan*, 55, 9–24.
27. 西方遊客就已經造訪：Lawler, A. (2007, June). *Reconstructing Petra. Smithsonian Magazine*. https://www.smithsonianmag.com/history/reconstructing-petra-155444564/
28. 過去的首都：Sewell, A. (2017, November 20). *Meet the man living in a lost city carved in stone. National Geographic*. https://www.nationalgeographic.com/travel/article/petra-unesco-world-heritage-bedouin

第五章　不只是一種裝扮

29. 喬洛女子向來都呈現：Hackshaw, W. (2016, December 1). *Chola: That's who I am. Latino Rebels*. https://www.latinorebels.com/2016/12/01/chola-thats-who-i-am/
30. 這個團體努力爭取：這跟其他有關奇卡諾運動的細節都是參考：Rosales, F. A. (1997). *Chicano! The history of*

the Mexican American civil rights movement. Arte Público Press.

31. 湧現愛國主義：*American Experience. (2023, April 15). Zoot suit riots (Season 14, Episode 8) [Television series episode]. Written and directed by J. Tovares. PBS*. https://www.pbs.org/wgbh/americanexperience/films/zoot/

32. 雖然大部分都是墨西哥人：Peiss, K. (2011). *Zoot suit: The enigmatic career of an extreme style*. University of Pennsylvania Press.

33. 喬洛美學是從：這跟其他有關這種美學風格的細節都是參考：Ibarraran-Bigalondo, A. (2019). *Mexican American women, dress, and gender: Pachucas, Chicanas, cholas*. Routledge.

34. 這個獨特的造型源自：Calderón-Douglass, B. (2015, April 13). *The folk feminist struggle behind the chola fashion trend. Vice*. https://www.vice.com/en/article/wd4w99/the-history-the-chola-456

35. 這種情況不只出現在：Bettie, J. (2002). *Women without class: Girls, race, and identity*. University of California Press.

36. 為主題的電影極少：Martinez Morrison, A. (2007). Cholas and chicas, spitfires and saints: Chicana youth in contemporary U.S. film. *Text, Practice, Performance*, 7, 4-5.

37. 這個原住民革命團體：Rebrii, A., & Patchen, A. (2022, March 8). *Celebrating Zapatista and Kurdish women's struggles, on International Women's Day. The Nation*. https://www.thenation.com/article/world/zapatista-rojava-womens-movement/

38. 瞄準她的社群：CBS News. (2022, July 3). *San Jose repeals 'blatantly racist' policy of barring lowrider cruising*. https://www.cbsnews.com/sanfrancisco/news/san-jose-repeals-blatantly-racist-policy-of-barring-lowrider-cruising/

第六章　眼睛之舞

39. 在一九三五年，英國考古學家：Mackay, E. J. H. (1943). *Chanhu-Daro excavations 1935–36*. American Oriental Society.
40. 刷具是用紅銅：Vats, M. S. (1940). *Excavations at Harappa* (Vol. 1). Government of India Press.
41. 據說先知穆罕默德：Nair, S. U. (2015, July 10). *Arab flavours from 7th century still sparkle in Kerala cuisine*. Scroll.in. https://scroll.in/article/738373/arab-flavours-from-7th-century-still-sparkle-kerala-cuisine Salloum, H. (2016, December 28). *Kohl— The cosmetic of seductiveness*. Arab America. https://www.arabamerica.com/kohl-cosmetic-seductiveness/

第七章　藝伎的凝視

42. 這位藝伎將刷具：Beni Museum. (n.d.). *Red makeup in the Edo period*. Retrieved October 2022, from https://www.isehanhonten.co.jp/beni/makeup/
43. 藝伎最早大約出現在：Reuters Staff. (2007, December 2). *FACTBOX— What it takes to be a Japanese geisha*. Reuters. https://www.reuters.com/article/us-japan-geisha-factbox/factbox-japanese-geisha-idUST27307020071203
44. 學者揚・巴德斯利：Bardsley, J. (2021). *Maiko masquerade: Crafting geisha girlhood in Japan*. University of California Press.
45. 可以防止邪靈：Pola Research Institute of Beauty and Culture. (2020, May 26). *Japanese makeup culture history*. https://www.cosmetic-culture.po-holdings.co.jp/culture/cosmehistory/4.html
46. 眼睛和眼神：Ishida, K. (2018). Cultural understanding of the eye. *Aromatopia*, (149), 32–35. https://www.

fragrance-j.co.jp/book/b372610.html

47. 「埴輪」陶偶：Pola Research Institute of Beauty and Culture. (n.d.). *Japanese makeup*. Retrieved August 20, 2024, from https://www.cosmetic-culture.po-holdings.co.jp/culture/cosmehistory/4.html

48. 在飛鳥和奈良時代：Suzumori, M. (2018). Why do people wear makeup? *Journal of Japanese Cosmetic Science Society*, 42(1), 27–35.

49. 化妝史的傳統時期：Masterpieces of Japanese Culture. (n.d.). *The culture of Heian period in Japan*. Retrieved October 2022, from https://www.masterpiecejapanese-culture.com/japanese-history/culture-heian-period

50. 化妝品變得更容易取得：Masterpieces of Japanese Culture. (n.d.). *The culture of Heian period in Japan*. Retrieved October 2022, from https://www.masterpiecejapanese-culture.com/japanese-history/culture-heian-period

51. 女性會把胭脂塗在：Takahashi, M. (2017, January 24). *Isehan-Honten Museum of Beni—Explore Japan's traditional makeup culture*. Matcha. https://matcha.jp.com/en/3854

52. 等口號的帶領之下：Editors of Encyclopaedia Britannica. (2023, March 29). *Meiji Restoration*. Encyclopaedia Britannica. https://www.britannica.com/event/Meiji-Restoration

53. 有更多女性成為：Editors of Encyclopaedia Britannica. (2012, September 14). *Taishō period*. Encyclopaedia Britannica. https://www.britannica.com/event/Taisho-period

54. 「現代女子」的出現：Dunn, M. (2007, May 10). *Modern girls and outrage*. The Japan Times. https://www.japantimes.co.jp/culture/2007/05/10/arts/modern-girls-and-outrage/

55. 這個劇團的表演涵蓋：Takarazuka Revue. (n.d.). *Performances*. Retrieved October 2022, from https://kageki.hankyu.co.jp/english/revue/index.html

56. 一九二〇年代初期：這跟其他細節都是取自作者訪問紅博物館策展人的內容：Author interview with a Beni

Museum curator. (n.d.).

57. 昭和時代結束：這跟其他有關日本現代美妝的細節都是參考：Tamaki, Y., & Yokogawa, K. (2003). A study of the change in makeup practices through history and the acceptance of makeup fashion among young women. *Cosmetology*, 11(17), 83–94.

58. 戰前，只有對：Tamaki, Y., & Yokogawa, K. (2003). A study of the change in makeup practices through history and the acceptance of makeup fashion among young women. *Cosmetology*, 11(17), 83–94.

59. 在一九〇年代初期：這跟其他有關日本現代美妝的細節都是參考：Ishida, K. (2018). Cultural understanding of the eye. *Aromatopia*, 149, 32–35. https://www.fragrance-j.co.jp/book/b372610.html

60. 這項產品使用日本傳統：Alpha Beauty. (n.d.). *Flowfushi Japan UZU Eye Opening Liner: Kumano no fude shokunin liquid eyeliner with Kumano brush*. Retrieved October 2022, from https://www.alphabeauty.net/flowfushi-japan-uzu-mote-liner-liquid-eyeliner-with-kumano-brush

61. 不只女性會畫眼線：取自作者訪問日本化妝史研究者平松隆　的內容：Hiramatsu, R. (2024, August 15). *Interview with Ryuen Hiramatsu on the history of cosmetics in Japan.*

62. 化妝品的使用從統治階層傳到：Waraku Web. (2021, April 5). *What did samurai and nobles do? A great dissection of the history of men's makeup where men's aesthetics dwell*. https://intojapanwaraku.com/culture/155244/

63. 好比卡塔卡利舞：Japan Arts Council. (n.d.). *Types of kumadori makeup*. Japan Arts Council. https://www2.ntj.jac.go.jp/dglib/contents/learn/edc25/en/kumadori-makeup/types.html

64. 「無性別」次文化：Rich, M. (2017, January 5). With manicures and makeup, Japan's 'genderless' blur line between pink and blue. *The New York Times*. https://www.nytimes.com/2017/01/05/world/asia/with-manicures-and-makeup-japans-genderless-blur-line-between-pink-and-blue.html

65. 榮太郎的出生地：*About Karyukai*. (n.d.). Introduction to Hanamachi. Retrieved October 2022, from https://www.tokyo-geisha.com/html/kagai/ooimachi.php

第八章　少了它感覺好赤裸

66. 這個藝術形式最初是源自：Mark Edward and Stephen Farrier, eds., *Drag Histories, Herstories and Hairstories: Drag in a Changing Scene*, vol. 2, Methuen Drama Engage (London: Methuen Drama, 2021), xxi.
67. 創建雅典的忒修斯國王：(Doonan, 2019, p. 104) *Drag: The complete story*. Laurence King Publishing.
68. 描繪了一群羅馬人：Doonan, 2019, pp. 109–111
69. 臉譜十分多樣：Liu, H.-F. (1997). *The art of facial makeup in Chinese opera* (Master's thesis, Rochester Institute of Technology). Rochester Institute of Technology. https://scholarworks.rit.edu/cgi/viewcontent.cgi?article=4318&context=theses
70. 變裝運動團體：Doonan, 2019, p. 213
71. 瑪麗蓮夢露等明星：Doonan, 2019, pp. 178–179
72. 雜誌《Cold Cuts》所發布的 YouTube 影片：Cold Cuts. (2017, June 26). *COLD CUTS PRESENTS • ANYA KNEEZ: A queen in Beirut* [YouTube video]. YouTube. https://www.youtube.com/watch?v=ZsRBB6NHrRU
73. 「這個世界還沒有準備好」：Strange, T. (2018, June 11). Beirut Pride was forcibly canceled. Lebanon's LGBTQ community remains undeterred. *HuffPost*. https://www.huffpost.com/entry/beirut-pride-cancellation_n_5b1bdc4ee4b09d7a3d72d7d7

第九章　回到黑暗

74. 二十七歲的艾美：取自作者訪問艾力克斯・福登的內容：
  1. Author interview with Foden, A. (Year). [Personal interview].
  2. Parry, N. (2021). *Amy Winehouse: Beyond black*. Abrams Books.
  3. AC, C. (2021, July 11). What eyeliner did Amy Winehouse use. *Brand for Beauty*. https://brandforbeauty.com/what-eyeliner-did-amy-winehouse-use/

75. 好友泰勒・詹姆斯：這跟其他有關艾美在塞爾維亞的細節都是參考：James, T. (2021). *My Amy: The life we shared*. Macmillan.

76. 她的個人造型師兼友人：Parry, *Amy Winehouse*, p.242.

77. 帕里雖然有嘗試為她做造型：James, *My Amy*, p.303.

78. 〈他們明知道她不好〉：Peric Zimonjic, V. (2011, June 20). They know that she's no good... Amy Winehouse booed offstage in Serbia. *The Independent*. https://www.independent.co.uk/arts-entertainment/music/news/they-know-that-shes-no-good-amy-winehouse-booed-off-serbia-2299931.html

79. 〈艾美・懷絲在貝爾格勒丟人現眼〉：Morris, M. (2011, June 19). Amy Winehouse embarrasses herself in Belgrade. *SheKnows*. https://www.sheknows.com/entertainment/articles/833933/amy-winehouse-embarrasses-herself-belgrade/

80. 艾美的團隊已經有預感：*Amy*, directed by Asif Kapadia (New York: A24 Films, 2015).

81. 嬰兒時期的艾美：Janis Winehouse, *Loving Amy: A Mother's Story* (London: Corgi, 2015), p.22

82. 五歲時：Elizabeth Selby, *Amy Winehouse: A Family Portrait* (London: Jewish Museum London, 2014), 30.

83. 艾美特別喜愛眼線：Mitch Winehouse, *Amy, My Daughter* (London: It Books, 2012), p.25
84. 在化妝包放了：Janis Winehouse, *Loving Amy*, p.76
85. 很大的影響：
  1. Mitch Winehouse, *Amy*, p.68
  2. Sisario, B., & Coscarelli, J. (2022, January 12). Ronnie Spector, who brought edge to girl-group sound, dies at 78. *The New York Times*. https://www.nytimes.com/2022/01/12/arts/music/ronnie-spector-dead.html
86. 實在太像這三人組：Yaeger, L. (2011, July 25). Remembering Amy Winehouse. *Vogue*. https://www.vogue.com/article/remembering-amy-winehouse
87. 這位女藝人去過邁阿密：Mitch Winehouse, Amy, p.70
88. 英國變裝皇后喬迪・哈什：James, *My Amy*, p. 178
89. 艾美有時會穿：Mitch Winehouse, *Amy*, p.25
90. 艾美的彩妝師：Emma Garland in Parry, *Amy Winehouse*, p. 33
91. 「雖然不完美」：Illamasqua, "ILLAMASQUA X AMY WINEHOUSE: INTERVIEW WITH STYLIST NAOMI PARRY," streamed on September 30, 2021, YouTube video, 13:44, https://www.youtube.com/ watch? v= DSQz E5xMffI.
92. 艾美曾經解釋：Cydney Contreras, "Amy Winehouse's Best Friend Claims Her Being 'Hounded' by Paparazzi Led to Her Death," *E! News*, June 11, 2021, https:// www.eonline.com/ news/ 1279299/ amy- winehouses- best- friend-claims- her- being- hounded paparazzi- her- death.
93. 快要接近尾聲時：Mitch Winehouse, *Amy*, p.279–80
94. 「歌手艾美・懷絲被拍到」：Alan Cross, "Laugh Lines," *The New York Times*, December 9, 2007, https:// archive.

nytimes.com/ query.nytimes .com/ gst/ fullpage- 9F05E5D7173EF93AA35751C1A9619C8B63.html.

95. 媒體持續咬住 ‥ Daily Mail Reporter, “Angry Amy Winehouse Loses Her Cool as Fan Tries to Photograph Her at the Supermarket,” *Daily Mail*, March 16, 2010, https:// www.dailymail.co.uk/ tvshowbiz/ article- 1258428/ Angry- Amy- Winehouse- loses- cool- fan- tries- photograph- supermarket.html; *Daily Mail* Reporter, “Bleary- Eyed Amy Winehouse Falls Back into Her Old Ways at Her Favourite Camden Haunt,” *Daily Mail*, April 5, 2010, https:// www.dailymail.co.uk/ tvshowbiz/ article- 1263696/ Bleary- eyed- Amy- Winehouse- falls- old- ways- favourite- Camden- haunt.html; Jessica Satherley, “Amy Winehouse Stumbles Out of Restaurant Exposing Her Pot Belly,” Daily Mail, September 11, 2010, https:// www .dailymail.co.uk/ tvshowbiz/ article- 1311111/ Amy- Winehouse- stumbles- restaurant -exposing- pot- belly.html.

96. 有一次在倫敦某間酒吧 ‥ James, *My Amy*, p.248.

97. 前往聖露西亞 ‥ Blake Wood and Nancy Jo Sales, *Amy Winehouse* (London: Taschen, 2018), p.26–27

98. 「他們的鼓掌聲越大」 ‥ Regensdorf, L. (2022, April 6). Why statement black eyeliner is a reigning makeup move this spring. *Vanity Fair*. https://www.vanityfair.com/style/2022/04/black-eyeliner-reigning-makeup-move-this-spring

99. 艾美傳記電影 ‥ Shaad D’Souza, “The Media Exploited Amy Winehouse’s Life. A New Biopic Looks Set to Do the Same with Her Death,” *The Guardian*, January 24, 2023, https:// www.theguardian.com/ music/ 2023/ jan/ 24/ back-to black- new- amy- winehouse- biopic- sam- taylor- johnson- marisa- abela.

100. 許多未來的計畫 ‥ James, *My Amy*, pp. 271, 310–311

101. 快快樂樂的樣子 ‥ Mitch Winehouse, *Amy*, p.287

102. 重新上健身房 ‥ James, *My Amy*, p.247

103. 清理衣櫥 ‥ Mitch Winehouse, *Amy*, p.283

第十章　#彩繪眼線

104. 對美妝變得「癡迷」：這跟其他有關胡達生平的細節都是參考二〇一八到二〇一九年在Facebook Watch上播出的《胡達老闆》節目第一和第二季，由蒙娜・莫妮卡・卡坦（Mona Monica Kattan）和胡達・卡坦主持，https://www.facebook.com/watch/hudabossshow/：This and other details about Kattan's life are from *Huda Boss*, seasons 1 and 2, featuring Mona Monica Kattan and Huda Kattan, aired 2018–2019 on Facebook Watch, https:// www.facebook.com/ watch/ hudabossshow/.

105. 胡達個人的眼線風格：*Huda Boss*, "Episode #2.1."

106. 「如果我的東西」：Janvi Thanki, "18 Inspiring Huda Kattan Quotes to Channel Your Inner Businesswoman," *Harper's Bazaar Arabia*, October 2, 2019, https://www.harpersbazaararabia.com/ culture/ people/ the list/ huda- kattan -quotes.

107. 具有「精選輯」的特性：Tolentino, J. (2019, December 12). The age of Instagram face. *The New Yorker*. https://www.newyorker.com/culture/decade-in-review/the-instagram-face

108. 「看不見嘴唇時」：Biron, B. (2020, August 11). Masks may be causing a blow to lipstick sales, but eye makeup sales are booming as Americans find creative ways to use cosmetics. *Insider*. https://www.businessinsider.com/eye-makeup-sales-rise-lipstick-dips-due-to-mask-wearing-8

109. 這位模特兒坦承：Rob Haskell, "Bella from the Heart: On Health Struggles, Happiness, and Everything in Between," *Vogue*, March 15, 2022, https:// www.vogue.com/ article/ bella- hadid- cover- april- 2022.

110. 「不是豐滿的嘴唇」：Singh-Kurtz, S. (2023, February 1). The big dissolve: They blew out their faces. Now they're melting them down. *The Cut*. https://www.thecut.com/2023/02/buccal-fat-removal-dissolve-fillers-bella-hadid-angular-

face.htmlInstagram

111. 提供伊朗女性：取自作者在二〇二二年訪問大西洋理事會會員荷莉・戴格雷斯的內容：Author interview with Holly Dagres of the Atlantic Council in 2022.

112. 網路平台具有：Rahbari, L. (2020). Duffs and puffs: Queer fashion in Iranian cyberspace. *Middle East Critique*, 29(1), 69–86. https://doi.org/10.1080/19436149.2020.1704503

113. 模特兒愛爾娜茲・戈爾羅赫：Saul, H. (2016, May 20). Iranian model Elnaz Golrokh leaves Iran with her boyfriend after sharing photos without hijab. *The Independent*. https://www.independent.co.uk/news/people/iranian-model-elnaz-golrokh-leaves-iran-with-her-boyfriend-after-sharing-photos-without-hijab-a7037801.html

114. 瑪爾琪・伊布拉希米：Tehran Correspondent, “Cleric Reopens Scars of Acid Attacks After Threatening Iranian Women,” *Al-Monitor*, October 13, 2020, https:// www.al monitor.com/ originals/ 2020/ 10/ iran- cleric- scars- acid-attacks- threat- iran- women- tabatabaee.html.

115. 伊朗的網路犯罪單位：Maggie Mallon, “Iran Is Arresting Instagram Models for Copying Kim Kardashian’s Style,” *Glamour*, May 20, 2016, https:// www .glamour.com/ story/ iran is-arresting- instagram- models- for- copying- kim-kardashians- style.

116. 抖音有一支影片：Morris, N. (2020, January 22). Black woman uses eyeliner as contour on TikTok video—Proving that the beauty industry ‘isn’t inclusive enough’. *Metro*. https://metro.co.uk/2020/01/22/black-woman-uses-eyeliner-contour-tiktok-video-proving-beauty-industry-isnt-inclusive-enough

117. 通訊公司ＭＳＬ：MSL. (2021, December 6). MSL study reveals racial pay gap in influencer marketing. *Cision PR Newswire*. https://www.prnewswire.com/news-releases/msl-study-reveals-racial-pay-gap-influencer-marketing-301437451.html

國家圖書館出版品預行編目（CIP）資料

一線之間：流轉於民族歷史、流行象徵、身分認同的眼妝符號／扎赫拉・漢克爾（Zahra Hankir）著；羅亞琪譯.
-- 初版. -- 新北市：臺灣商務印書館股份有限公司, 2024.10
360.面；14.8×21公分（Ciel）
譯自：Eyeliner : a cultural history.

ISBN 978-957-05-3594-5（平裝）

1.CST: 化粧　2.CST: 審美　3.CST: 流行文化

538.175　　113014432

人文

一線之間

流轉於民族歷史、流行象徵、身分認同的眼妝符號

Eyeliner: A Cultural History

作　　者—扎赫拉・漢克爾（Zahra Hankir）
譯　　者—羅亞琪
發 行 人—王春申
選書顧問—陳建守、黃國珍
總 編 輯—林碧琪
副總編輯—何珮琪
責任編輯—李佳樺
封面設計—蕭旭芳
內頁設計—黃淑華

業　　務—王建棠
資訊行銷—劉艾琳
出版發行—臺灣商務印書館股份有限公司
231023 新北市新店區民權路 108-3 號 5 樓（同門市地址）
電話：（02）8667-3712　傳真：（02）8667-3709
讀者服務專線：0800056196
郵撥：0000165-1
E-mail：ecptw@cptw.com.tw
網路書店網址：www.cptw.com.tw
Facebook：facebook.com.tw/ecptw

EYELINER by Zahra Hankir
Copyright © 2023 by Zahra Hankir
This edition published by arrangement with Penguin Books, an imprint of Penguin Publishing Group, a division of Penguin Random House LLC.
through Bardon-Chinese Media Agency
Complex Chinese translation copyright © (2024) by The Commercial Press, Ltd.
All rights reserved including the right of reproduction in whole or in part in any form.

局版北市業字第 993 號
初版一刷：2024 年 10 月
印刷廠：鴻霖印刷傳媒股份有限公司
定價：新台幣 490 元

法律顧問—何一芃律師事務所
有著作權・翻印必究
如有破損或裝訂錯誤，請寄回本公司更換